天下文化
BELIEVE IN READING

1/2 圖1、2 ｜ 2015年鄭崇華率台達團隊前往巴黎參加COP21氣候大會，並於周邊會議和展覽發表台達在環保層面的努力。

3 | 4 / 5

圖3 ｜ 2010年，美國前總統柯林頓訪台參加王者國際經濟論壇，鄭崇華也受邀在論壇中發表「21世紀的挑戰」演說。

圖4、5 ｜鄭崇華與重量級大師《綠色資本主義》作者艾默里．羅文斯、《世界又熱、又平、又擠》作者湯馬斯．佛里曼，共同關心環境議題。

自然資本
Natural Capitalism
主辦
DELTA
主辦媒體

《世界又熱又平又擠》觀點論壇
Hot, Flat.
Bruce Cheng
Charles Kao

6
7

圖6｜代表台達環境與教育基金會致贈《梁從誡》紀錄片予梁從誡先生的夫人方晶老師。

圖7｜紀錄片《看見台灣》東京首映會。

8
9

圖8、9｜感念李國鼎、孫運璿兩位推動台灣經濟奇蹟的舵手，分別在成大、清大舉辦講座，鼓勵科學教育。

10 | 11

圖10 ｜趁著校慶慶祝活動，鄭崇華回到台中一中校園。

圖11 ｜ 2006年，獲清華大學頒授榮譽博士學位。

12 | 13 / 14

圖 12、13 ｜教育改變鄭崇華的人生，拋磚引玉提供相關資源給泰北的孩子。

圖 14 ｜深感於台達成就來自於濟濟人才，鄭崇華大力推動線上課程，關注高等與技職教育學用落差的議題。

「當適性教學遇上 DeltaMOOCx」

2009台达杯国际太阳能建筑设计竞赛颁
小学奠基仪
台达环境

15 | 16 | 17

圖15、16 ｜ 2008年四川大地震後，台達基金會將太陽能建築設計競賽的第一名作品，建成「楊家鎮台達陽光小學」。

圖17 ｜ 固定舉辦技術交流研討會，邀請台達同仁們吸納新觀點、開拓新視野。

18 | 19 / 20

圖18、19｜注重研發，台達在世界各地設有辦事處與實驗室。圖18拍攝於台達新加坡研發中心，圖19為位於美國北卡的電力電子研究中心。

圖20｜台達以自身工廠智能化為基礎，發展跨應用領域的、軟硬體整合的智能製造解決方案。

21 | 22

圖21 ｜因為鄭崇華對宇宙天文的興趣延伸到對地球環境的大愛，2008年獲中央大學提名，並得到國際天文學聯合會審議通過，將一顆新發現的小行星命名為「Chengbruce」。

圖22 ｜深刻體會到地球環境與天然資源的珍貴，鄭崇華很早就開始關注建築節能，從而以師法自然的綠建築工法來打造台達生產基地，圖為台達台南分公司，台灣第一座黃金級綠建築廠辦（2006）。

23
24

圖23、24｜不只台達的工廠和辦公室，鄭崇華亦將綠建築的概念推動於小學。重建後的那瑪夏民權國小，取得最高等級鑽石級的綠建築標章。

財經企管 BCB786

鄭崇華演講集

台達的成長之路

鄭崇華——著

目次

輯二

【實踐】創新科技，讓經濟與環保齊頭並進

輯三

【扎根】為國家培養一流的人才

【願景】為地球打造安全、健康、永續的未來

推薦序

擁有遠見的企業家

遠見·天下文化事業群創辦人　高希均

我與台達鄭崇華創辦人，都在1949年的戰亂中來到台灣，那時只有13歲。然後在這裡讀完中學與大學。1959年成大畢業的鄭創辦人，也曾想到留學，但他選擇留在台南亞航就業，近身見證台灣工業起飛的整個過程。我則很幸運的申請到獎學金，同一年赴美修習「經濟發展」。多年後，我在美教書做研究，1970年代後，常利用各種客座、顧問、訪問的機會回台，甚至後來創辦雜誌及出版社。

這位企業家和我，早年互不相識。是他的經營理念與企業家精神，使我們變成了好朋友。人生道路看似不同，其實有著許多在戰亂中成長的共同理想。

要落實這些理想，我們都熱愛閱讀，渴望追求知識，從中汲取進步觀念；我們都重視教育，相信教育不只能翻轉人生，還可以改變世界；我們都堅持在自己的崗位上，做對社會有價值的事，數十年如一日。

遠在1971年，鄭創辦人白手起家，帶領一開始只有15人的公司，發展到今天是舉足輕重的跨國集團。世界上許多一流品牌的電子電器產品裡，不可或缺的就是台達精心研發、製造的零組件。這些零組件，透過不斷研發改進，做出全球龍頭的大格局。

我們在鄭創辦人身上，看見了一位企業家的遠見思維。近來大家耳熟能詳的「節能減碳」，鄭創辦人早就落實在他的企業當中，不只考慮到生產過程、消費端的使用狀況，連工廠建物本身都做到相當優秀的節能減碳效果。大家都知道電子產業日新月異，唯有看得夠遠的經營者，才能洞察未來的市場需要，把握先機，讓企業不斷創新成長。

《鄭崇華演講集》一書中，收錄自1993年迄今的重要演講稿，內容涵蓋鄭創辦人的成長與求學歷程，如何白手起家、經營成功的事業，並反思人類對環境帶來的傷害，致力於生產節能產品、綠建築等，實踐企業的社會責任。

因著鄭創辦人堅持做「對社會有價值的事」，使台達成為「被社會所需的企業」。台達一路成長至2021年，年營收達3,146.71億元，創下歷史新高。其經營成功的原因為，無論面對多少困難和挑戰，鄭創辦人始終堅守友善環境、回饋社會、照顧員工與永續發展的核心價值及信念。

30年來，全球政經情勢變化多端，相信各位讀者可以從這些精采的講稿中，深切體會到鄭創辦人一路走來始終不變的人生價值與經營哲學，並且獲得有益的啟發。

2022年11月於台北

自序

台達，做對了什麼？

鄭崇華

想要將過去數十年來的演講內容整理成書，這個念頭一直放在我的心中，但因為工作忙碌，一直沒有付諸實踐。直到某天我偶然與高希均教授提起，高教授立即熱心且充滿行動力的促成此書誕生。

在遠見天下文化的協助之下，我開始整理過去的演講文稿，沒想到第一次居然整理出355篇，因為數量太多，編輯請我再精選一次，結果數量還是高達155篇。幸好在編輯團隊的鼎力協助之下，從演講對象與場合的重要性、海內外及各地域的平衡性，以及內容的多元性等諸多考量之下，最終才精選出本書中收錄的48篇文稿。

趁著這次整理歷年演講文稿的機會，我也自問：在坊間眾多的書籍之中，出版一本自己過去的演講集，究竟能為讀者帶來什麼價值呢？

其實我本身是個不太懂宣傳的人，也不習慣宣揚自己，但過去為何常受邀在不同的場合發表演講與致詞？除了承蒙各界的厚愛與善意之外，我想或許也是因為台達一路發展的過程，恰好能夠為產業及社會帶來一些啟發。

■ 開始演講的契機

台達自1971年成立之初，當時僅有15個員工，但由於注重品質，在客戶之間累積很好的口碑，公司不知不覺間迅速成長，1971至1980年間，公司年複合成長率達到69.42%，而1981到1990年也有41.13%。從田埂邊小廠房起家的台達，總算是站穩了腳跟，在全球版圖裡找到一方立足之地。

也是在這段期間，我開始接到海內外的演講邀約。

我第一次站上國際演講台，用英語演說，是1990年代受IBM邀請，那並不是一個公開演講，而是以供應商的身分，分享與IBM的合作經驗。在那次的新興國家供應商大會中，IBM邀請了許多他們認為重要的供應商，而台達是台灣唯一受邀的廠商，令我非常訝異，因為相較其他台灣企業，台達的規模並不算大。

當時我心想，台達這麼小的公司，誰都不認識我們，究竟該分享什麼呢？於是我一開始先展示了台達歷年來的營收成長，草創期我們的營收並不高，直至1983年進軍電源供應器市場，立刻出現一個陡峭的成長曲線，果然引發在座與會者的好奇，紛紛追問台達究竟是怎麼做到的？

接著，我便分享了自己歸納出的3個幫助台達快速成長的因素，分別是堅持品質、持續跟著市場變化與時俱進，以及確立全球化策略布局，為全球的客戶提供服務。同時間，我也分享了一個創業初期，為了打入IBM供應鏈而發生的小故事，這場演講的完整內容就收錄在本書中的105頁。

不瞞各位，在台達創立之初，我及團隊只顧著埋首工作、想方設法爭取更多業務，力求產品的品質，能夠滿足客戶的需求與期待，卻很少停下腳步去回顧我們已經累積起來的成果。直到開始準備IBM的簡報，我才有機會去探究、分析台達一路走來究竟做對了什麼，以及未來該如何克服新的挑戰，持續在產業中保持領先的位置。

順利結束這場IBM的分享之後，我又陸續接到GE及其他大公司的演講邀約，有機會能和這麼多經理人一同交流，是我的榮幸，也為我帶來很多寶貴的啟發；而台達的知名度也漸漸打開，促進全球客戶對我們的了解，可說是無心插柳帶來的意外收穫。

在台達一路發展的過程之中，也曾歷經諸多大環境的挑戰，但是都能憑著追求卓越的專注，以及秉持為環境、社會、股東、客戶、消費者、員工創造價值的理念，堅持做對的事情，在關鍵時刻做出更好的選擇，成長茁壯至今。

而書中收錄的每篇文稿，都是我在不同階段，對於當時的世界環境、科技產業，以及社會發展的思索與想像。多年過去，如今這些內容竟然大體上都已成真。從這個角度來看，即使當前全球面臨各種不確定性的變化，期盼這本演講集可為帶給大家一些思考的方向。

■ 想要帶給讀者的價值

書中收錄的48篇演講稿，分成「信念」、「實踐」、「扎根」及「願景」四大架構，呈現我個人由內而外的生命實踐原則，並依時間順序，自早年至近期排列。

在「信念」一輯中，我想要與大家分享的觀念是「堅持做對社會有價值的事」。

我從小在福建鄉下長大，成績很好，但是卻沒有很確切的夢想，對未來職業的想像也從警察、醫生，一直在變。我的父親還勸誡過我：「不要一天到晚胡思亂想，要腳踏實地好好做事。」我的父親是名淡泊名利，一生救人無數的中醫師，他要求我要循規蹈矩、有正義感、做事全力以赴，這些信念都影響我的一生。

孤身來到台灣之後，當時我只能仰賴舅舅供給讀書及生活，所以我開始強迫自己要認真念書，否則書念不好，人家可能就不會幫你出學費。在這個過程中，我遵從父親的教誨，對每件事情都盡力做到最好。後來我對科技產生興趣，不論是進入亞航、TRW工作，或是後來創立台達，都是帶著同樣的心態。因此，不論你做的是什麼職業，有什麼夢想，只要堅持你想做的事情，都能為社會創造價值。

在「實踐」一輯中，我分享的是自己經營企業的心得，我相信透過科技的創新力量，可以讓經濟與環保齊頭並進。因此，台達一直致力於了解未來的市場需要，開發製造對社會真正有價值的產品。想要達成這個目標，必須仰賴公司全體同仁的共同合作。

例如台達創業之初，公司有機會拿到飛利浦的訂單，但是因為飛利浦急著量產，要求隔天就要收到2,000套零件，而當時卻已經是下午5點！我原本想拒絕，沒有想到當年的老員工許美華卻一口答應，當天就帶著同仁通宵趕工，不只如期交貨，而且整批貨都沒有出現問題。

因為公司有許多像許美華這樣的同仁，願意腳踏實地，貫徹確實去解決每一個問題，我們才能讓節能產品的性能、安全規格、品質水準達到標準，甚至是與時俱進，台達提供的產品從電源供應器、綠色解決方案，到打入電動車供應鏈，背後的精神都是希望可以用科技創造更好的世界。

而「扎根」一輯，我想要談的則是培養人才的重要性，尤其是在這個「大缺工」已成為許多企業最嚴峻挑戰的時代，我們更應該為下一個世代盡一份心力。我自己在求學過程中，有幸遇到很多好老師，他們為我的生活及知識帶來寶貴的啟發，如今，我也想要將過去好老師們給予我的無私關懷，持續傳承下去。

台達過去也有許多學歷不高，但表現非常優異的員工，我們因而開設了獎學金制度，讓有潛力的同仁可以出國深造，為公司帶來更多貢獻。隨著台達累積的能量愈來愈多，除了內部同仁之外，也能夠開始為教育盡更多心力，例如做線上課程平台、設置校園獎學金，或是促成更多產學合作，都希望能夠幫助大學的經營，並加速科技的創新，進而提升台灣的國際競爭力。

最後一輯「願景」，則是期盼各界攜手一同為地球打造永續的未來。因為宇宙在自然運行之中，結合了這麼多巧妙的條件才創造出地球，大家要用感恩之心來愛護地球環境，讓地球永續運行。

過去我常常跟大家講綠色、環保的重要性，因為我們從過去歷史中可以得到借鏡，自第一次工業革命以來，倫敦的河水被大量汙染，而同樣的情景，在美國、台灣等地也一再發生。身處科技製造產業，我們不能為了自己賺錢，卻造成環境汙染，而是應該記取教訓，避免再發生同樣的問題。

自1990年代以來，科學家持續呼籲全球排放過多的溫室氣體，造成自然環境不斷改變，我們必須立即採取行動，以應對氣候危機。很可惜的是，這些努力收效甚微，許多人即使意識到問題的嚴重性，卻仍固守當前的生活方式。

台達很幸運的是，我們一直依照自己的信念，從環保中找到商機，靠著做對的事情而獲利。如今，隨著極端氣候帶來的影響愈來愈大，全球企業也開始正視永續議題，制定碳排政策，令我感到非常振奮，也期盼透過書中的內容，邀請更多人一起為地球的永續發展而努力。

【信念】

堅持做對社會有價值的事

只要我們不放棄自己的夢想，

堅持在自己的崗位上，做對社會有價值的事，

而且專注踏實的去做，事情就會愈來愈好。

1

走出自己的一片天

向成大電機系畢業生致詞（1999年5月）

各位親愛的同學：

今天非常感謝母校的安排，讓我有機會再次回到這裡與各位學弟、學妹共聚一堂。我是民國48年電機系畢業的，到現在已經快40年，其間陸續有機會回來，每一次回到母校都感到無比的熟悉與親切。

成大四年，我大部分的時間都住在學校宿舍裡，那時候宿舍在校區圖書館後面，一共有好幾棟兩層樓的房屋。記得有個星期天，有個人跑進寢室站在我睡的床邊，一開始摸摸我睡的床，我正覺得奇怪的時候，他對我笑了笑，然後說：「我以前也睡這張床。」幾年前我回母校的時候，也想去看看我以前住的宿舍，可是已經不在了。

今天真是非常高興與大家見面，在這裡我深深感受到優秀年輕人的氣息。各位離畢業的日子愈來愈近了，每個人都有不同的計畫，有的就業，有的深造。我是過來人，我今天的報告就從離開校門談起，向大家報告我的工作歷程與感想。接著是創立台達電子公司的歷程，公司成長中一些經營的經驗，以及將來的方向。最後留下一些時間討論，希望對大家有一點幫助。

成大電機學生在40年前到國外留學的比例已經開始增加，那時候和我比較熟的同學，有好幾位申請海外留學。如果當時我的環境許可，我一定會繼續深造。當年成大還沒有研究所，我會申請出國留學，選修物理，因為我對物理有興趣，在學校裡這門課我也讀得比較好。可是我是隻身在台，不但經濟上不許可，美國也不會批准簽證，因此只有死了這條心，安安心心待在台灣就業。現在回想起來這反而是幸運的事，因為如此才有機會，全程親身參與台灣由農業社會一步一步發展工業，並進入國際市場的歷程。

我畢業服完兵役後，第一個工作是在台南亞航。我記得當時，同學們在忙著準備留學、找工作，亞航給我們班上每一個同學寄了一封信，希望我們去應徵，住在北部的同學可以憑信領取免費機票到台南考試。後來發現大部分同學都來了台南，即使不就業的同學也來了，同學們說免費乘飛機到台南，大家聚一下也不錯。記得那一次共錄取了六位，我是其中之一。因為是第一份工作，記得很清楚，我的起薪是台幣2,199元，在那個時候算是很高的薪水，一般公司只有600～800元月薪，較高的薪水正是我需要的，因為我結婚很早。也許是因為一個人在台灣，希望有一個溫暖的家，服完兵役後不久我就結婚了。

■ 出社會後的學習與體會

我在亞航儀器部一共工作了5年，我進入亞航的時候正是亞航生意最好的一段時間。公司第一次買了一架Conveyer 880噴射客機，儀表系統及自動導航都是很新的電腦系統。後來韓戰開始，大量美軍軍機送來台灣亞航維修。我在亞航的5年，學到了許多新科技及工作經驗。我的老闆是美國波音公司新請來的，作風大膽，只要你肯學，他會給你許多工作做。我開始時做飛機儀表修護及測試設備校正。因為一開始只有一架噴射機，無法買全部的測試設備，於是自己研讀設備使用手冊及測試程序，設計一些測試設備。當時年輕，幹勁十足吸收快，一面學立刻有機會去嘗試，真是忙得不亦樂乎。

後面一段日子被派去招考新人、訓練新進員工，為了應付當時的需求，我曾經考了一批台南的鐘錶師傅與大學生一起工作，大學生負責讀操作手冊及解說，鐘錶師傅動手來Overhaul（徹底檢修）許多飛機儀表，配合得相當成功。

最後的一、兩年我除了在工廠的工作，時常被派到飛機上，支援及負責系統方面的工作，因此我對飛機的飛行儀表系統、自動導航及一部分艙壓控制系統都很熟。當時的工作壓力實在很重，噴射客機往往是夜裡到台南機場，把各種問題清除掉，半夜或第二天一大早飛回台北，國際航線的客人等著要飛，絕對不可耽誤。那時候開始我漸漸感到壓力太大，不在乎忙，但怕出事情。覺得有許多事過去從來沒有經驗，公司就大膽的要你去處理，萬一有沒注意到一些事，飛機掉下來可不是開玩笑的。

正好當時美國TRW精密電子公司要在台灣投資，設立電子零組件工廠，我在報上看到廣告，就跑到台北去應徵，結果被錄取為生產經理。那個時候我在亞航的主管正好到美國出差，因為他不在，我辭職很順利。

TRW把工廠設在台北縣樹林鎮，在建廠的時候把當時錄取的9位主管送到美國受訓，受訓完畢再回來負責架設生產線、訓練員工開始生產。TRW在美國算是高科技公司，如太空人登月球之馬達控制系統是TRW設計製造的，但台灣的TRW是做電視裡的變壓器、汽車收音機裡的可變電容器等電子零組件。我剛進入TRW很失望，因為再也沒有那麼多新東西可以學、可以試。做的是另外一套，安排大量生產的各種製程及生產線，技術上總覺得太簡單，與我進入公司的期望相差很遠。

在美國受訓期間，雖然我是負責生產部，仍有多餘的時間可以到其他部門，如工程部去實習設計產品等等。我是個不怕忙的人，我到工程部學產品設計，在生產部還有IE學Time motion study（時間動作研究）、Machine Set-up（機器設置），實際上到生產線當作業員、當Set-up man（設定員）、當Foreman（領班），每一種工作都實際經歷一段時間，很有自信回來一定可以勝任，把工作做好。

美國的主管也覺得我學得不錯，一回到台灣就很快把工廠就緒。TRW好幾間零件工廠都在美國中部的鄉村，當地美國人非常友善有人情味，他們都很清楚台灣工廠生產順暢，他們的廠就會被關，可是每個人都非常熱心教你，你學得很快，他們就說這樣他們會更早失業，真是非常可愛。週末他們會輪流請你到他們家裡去，一般他們住的環境都很好，這一段時間交了不少美國朋友，至今還會互寄聖誕卡問候。

■ 發現問題，學習解決問題

我回到台灣把工廠設置好，開始訓練員工及生產，卻發現問題一大堆，過去在美國受訓時從來沒有發生的問題都出現了，經過了大半年才把問題解決，讓生產正常。這個經驗讓我體會到，一個正常運作的工廠，實在不容易體會或了解到一個新設工廠可能遇到的問題，有機會去設新廠，可以學到許多經驗。我在TRW

任職也大約5年，後來從生產部調到工程部，亦協助開發本地的材料供應商。不久換了一個新來的總經理，一到任就個別面談所有的主管，他認為我對公司的產品、作業流程很熟，把我調去與他自己及會計部做公司的5年計畫。TRW是一個典型用目標管理的公司，每個總經理上台，就是做5年計畫，其中第1年做得非常詳細，2、3年次之，4、5年比較不詳細，這3個月我學很多財務管理制度、成本估算以及財務預測及報表之經驗，對我以後創業幫助極大。

最後的兩年，我被調到品管部，後來升為企業品保經理，負責全公司的品管部門（當時已經有4個廠）。我接任之初，公司品質做得不很好，有許多退貨，我接任以後，一方面是總經理的支持，另一方面是自己的認真，一面學一面做，把公司的品管概念及制度做了很大的改良，強調第一次就把事情做對的觀念，當時被認為是最嚴格的品管經理，公司品質的聲譽也大為改善。

在品管部工作一段時間之後，工作反而輕鬆，我下面的主管們都做得不錯，我經常到各工廠走動，而常被廠長找去解決一些生產的問題，有的時候為了解決一些生產的問題，忙到半夜回來。我對處理新工作興趣很濃，我的想法是有人投資，讓我來實驗，即使無報酬也非常值得我去嘗試。

民國60年，國內有些公司如大同，開始生產電視機內銷，大部分是由日本整個套件進來，我發現他們零組件取得不易，而且價格昂貴，於是我就決心辭去工作自行創業，生產零組件供應國內廠商。剛開始做得非常辛苦，才體會到創業並不是想像那麼簡單，更非有技術就能成功，實務上有許多問題令人傷透腦筋。不過既然做了，就必須努力，實際上去學習，從艱苦中漸漸適應面對問題，克服困難，反而有成就感及增加信心。

在TRW時，我被公認為最嚴格的品管經理，那時候參觀一些國內的工廠，一些外國人常笑說這就是中國人經營的公司，換句話說，他們印象裡中國人經營的公司不注重品質，管理沒有制度，做事馬馬虎虎，因此我心裡很不服氣，便立志創造一個以品質、研發為主的公司。

■ 創業後的體會與努力

公司剛成立之初，雖然只有15人，但要求品質符合國際水準，否則就不要做，決心把品質做好，爭一口氣，第二年就拿到大同公司最優品質獎。這麼多年來，由於注重品質，的確做到產品不良率低、信賴性高，在國際間有口皆碑，公司在不知不覺中迅速成長。

在新產品開發上，每年投入研究開發新產品的經費約為營業額6%。除了培養及延攬優秀設計、開發人才從事高層次新產品的開發工作，並與國外技術領先學校合作，設獎學金引進最新技術。為了因應快速市場變化，有的產品在國外有設計單位，不斷改進製程。在民國66年遷到桃園龜山工業區開始，就成立獨立的自動化部門，自行設計及製造自動化生產設備，對品質及效率都有很大的貢獻。

多接近市場及顧客，才能了解市場的變化及顧客的需要。民國70年，我們算是國內第一家推出了全系列電源雜訊濾波器的廠商，因為當時看到了數位化產品在市場上愈來愈多，FCC（Federal Communications Commission，美國聯邦通信委員會）及VDE（Verband Deutscher Elektrotechniker，德國電氣工程師協會）開始在管制EMI（Electromagnetic Interference，電磁干擾）／RFI（Radio Frequency Interference，射頻干擾）的雜訊，市場對電源雜訊濾波器立刻會有需求，而且技術上適合台達做。

為了讓公司業務持續發展，必須要開發新產品，我們發現個人電腦為了要減少重量及空間，解決散熱的問題，全部使用交換式電源供應器代替過去的線性電源供應器。任何設備都要用電源供應器，這將是一個很大的市場，而且在技術上由線性電源供應器改用交換式電源供應器，正好給新廠一個大好的機會，所以我們加緊研發，於民國72年推出市場。

當時台灣做交換式電源供應器只有日商，我們還算是早進入，而且全靠台達的技術。同時我們也是世界上第一家使用表面黏著零件在電源供應器上的廠商。當時送樣品到UL（Underwriters Laboratories，保險商實驗室）、CSA（Canadian Standards Association，加拿大標準協會）、VDE做認證，他們都說要更長時間評估，因以前沒人這樣做。民國79年，美國Trish Associate評選全美優良電源供應器廠商台達名列第二，Microtech顧問公司報導台達銷售名列全球第三，後來幾年升到全球第一，台達進入電源供應器是後面公司大幅成長的關鍵。

在國際化及工廠擴充方面，我們在民國69年成立美國辦事處。民國76年開始歐洲辦事處並成立墨西哥工廠，民國78年投資設立泰國廠、東京辦事處，同時在美國維吉尼亞綜合理工大學設立電力電子實驗室。這29年來（截至演講時），全體員工腳踏實地的努力經營，由於我們在品質及產品開發上之繼續投注，生產技術及自動化之不斷改進及進步，不但業績不斷成長，並且建立了良好的國際市場地位及得到顧客的肯定。我們的優勢是研發基礎打得較深，生產能力強，但我們一向不重視宣傳，加上過去是做零組件，知名度不夠。

■ 出校門，才是學習的開始

21世紀是個資訊的時代，我們可以感覺得到整個社會環境——如購買商品的方式及人們生活的方式——會有很大的改變，企業必須要因應環境及市場的變化而改變，才能生存。

成長首要之務，在人才的培養及管理上的因應。**企業的新人類需要有創意（Creativity）、反應靈活，能快速的應用新科技策略（Technology Strategy），突破傳統觀念、習慣的束縛（Boundary Constraints），應對這多變不定（uncertainty）的環境及市場**。我們台灣目前的經濟狀況尚可，但我感覺傳統的硬體製造比例還偏高，利潤低，替別人加工比例高，市場自主性及投資風險受顧客影響，因此要多加重研發及開發銷售通路，才能走得長遠。同時企業要多用年輕人，才更容易合乎以上的需求。

最後，我想強調的是，學校的教育幫我們建立了一個根基，讓我們知道如何去自我學習，但是活到老，學到老，出校門工作才是另一階段學習的開始。因應不停變化的世界環境，學習應是不間斷的，讓我們共勉之。

2

三點認知，迎向新世紀挑戰

致台達全體同仁新春敦勉詞（2001年1月）

各位親愛的同仁：

在新世紀的第1年，台達電子也正式進入了第30年。去年台達全球的總營業額突破了25億美元，較1999年成長了3成，過去10年營業額的平均年成長率為34%，30年來的平均年成長率也超過34%。回憶過去30年中，公司之所以維持穩定的成長與發展，這都是全體員工兢兢業業的具體成果，在此我謹代表公司向全體員工的努力與付出，致上最誠摯的感謝與敬意！

去年黃光明先生接任台達電子總裁，在TQIP（Total Quality Indicator Project）績效目標管理制度的推展及引進經營共識課程下，有效提升公司整體的經營效率及共識。而難能可貴的是在全球資訊及通訊產業物料短缺、供需失調的狀況下，有賴採購、生管及相關部門同仁的通力合作，使得公司依然能夠順利出貨。

在台達生產基地部分，原來中壢廠及桃園廠附近購地興建的新廠房，將使台灣工廠的總面積從過去的41,050平方米，增加為119,150平方米。另外在江蘇吳江所新建置的生產基地，第一期兩座新廠面積共達125,650平方米，幾乎等於現有東莞石碣廠的總面積。台灣與吳江新廠都將預定在今（2001）年的6月底同時完工，這4座工廠的建立，一方面將大幅度增加產能，同時也增加了新訂單的壓力與挑戰。

台達從創立至今30年一路走來，我們見到不少過去赫赫有名的公司在市場上淘汰消失，同時也有不少新的公司快速成長。這種變化告訴我們，人類知識與科學的進步，以及市場不斷快速變化，是一種自然的現象。市場的需求變化與科技的成長，帶來開發新產品的新商機，這個例子過去是如此，將來更是如此。

■ 如何突破當前的困境？

80年代PC使用交換式電源供應器取代過去的線性電源供應器，帶給台達進入電源供應器的商機；而現在HDTV及新型顯示器取代了電視及傳統影像管監視器，同時也將帶來投影顯示器及其他新型顯示器的商機。而新世紀資訊時代的來臨，我們期望擴大頻寬增加通訊的容量及速度，也將帶來光通訊零組件的商機。**將來市場還是會不斷改變，也不斷有機會出現，這要靠我們的智慧和市場的敏感度，不斷順應潮流，在先知先覺中把握時機及時**

行動，公司才有機會永續經營並不斷的成長。

亞洲各國近幾年所歷經的經濟風暴，至今仍在努力突破困境，這種現象處處讓我們體認到國際環境與情勢的詭譎多變。放眼觀之，台達人要如何準備自己的競爭力來面對新世紀的挑戰？這裡我舉出以下三點認知與要實施的工作與大家共勉：

一、**動作敏捷，因應變革**：因應新世紀快速變化的市場，同仁們必須隨時充實自己。在認知上因應環境的變革，隨時做出高敏感度的反應，立即且具體的化為實際的行動。我們必須了解到市場的變化與產品的週期是息息相關的，如果未能有效反應市場上未來的需求，將無法開發出高附加價值的產品，在經營上整體的利潤與競爭力將立即被市場淘汰，這也是我們在企業文化中所強調敏捷（Agility）的觀念。

二、**創新技術生根，開發新產品**：產品如同人的生命，有生有死，一代接一代。在營運正常的時候如果不規劃適當的資源，開發新產品以取代舊有產品，企業將因為缺乏新產品的延續而被淘汰。產品選擇的幾個重點首先是確實掌握市場的需求，其次是選擇與公司核心技術相近及具競爭力的產品，分析比較其投資報酬率等因素，做出明確的決定。

三、**戴爾模式的推行**：在90年代，戴爾公司集其多年創業及經營的經驗，創造了「直接」的經營管理模式。戴爾大量縮減主要的供應商數目，每項材料或零組件都選用最好的少數供應廠商為其夥伴，要求及時出貨（Just in Time）。工廠採用的接單生產模式，從接單生產到出貨至顧客做到只需4到6天，而同一條生產線可同時生產不同的機種。一台電腦從上線、組裝、測試、載入不同的軟體、燒機到出貨，一共只需要4小時。

這種直接、快速的流程，不僅產品物美價廉，服務更是讓顧客滿意，而且因為無庫存，資金周轉率高，公司的營業額及利潤成長，打破了過去的世界紀錄，各廠也紛紛學習其經營管理模式，成功者利潤倍增。其實我們許多同仁都了解戴爾的做法，我們過去幾年推行企業改造運動，接著上SAP（企業資源規劃），21世紀的開始更應全面參考戴爾模式來積極的進行企業再造，相信兩、三年內應有具體的成效。

提出以上幾點，我期許全體台達同仁具體化為行動，讓我們公司整體生產力向上提升。再次感謝各位過去的努力，最後祝各位同仁新年萬事如意、闔家平安！

3

經營企業，眼光要遠

「遠見人物企業前景論壇」致詞（2002年3月）

我個人在40多年前走出成大校門後，5年在亞航工廠，5年在美商TRW，加上台達電子創業30年，加起來足足40多年，全部時間都在工廠及公司從事企業經營，很少參加公司以外的演講活動，這次答應來參加這個活動，一則是盛情難卻，更重要的是我一向認同高教授的理念，敬佩他創辦《遠見雜誌》。雜誌內容正如其名，讓人們更有遠見，長期來對經營管理、世界各主要項目發展趨勢與將來的變化與前景有深刻的了解。像這種健康而高水準的雜誌，不僅提升國民素質，而且對社會風氣更有正面的影響及貢獻。

對於今天要討論的主題，電子產業可以說是目前發展快速、日新月異的產業，而且涵蓋的範圍非常廣，我來回思考，覺得一般談到電子產業的資訊報導非常多，倒不如利用這40分鐘，談談自己從創業到現在30年來經營電子產業的一些心得與體驗，還有公司的願景、企業文化等經營理念與大家分享。並請大家指教，還希望後面大家踴躍提出問題與意見來共同討論。

■ 借鏡台灣經濟奇蹟

我於民國48年（1959年）成大電機系畢業，當時留學的風氣已經很盛，我們同班同學大約有一半到海外留學。因為我是隻身在台，受限於許多條件出不去，因此只好乖乖的在台灣就業，當時覺得有點遺憾，現在回憶起來也算是一個幸運的機遇，能讓我有機會親身體會到台灣從1960年代開始發展工業的整個歷程。談到台灣經濟的發展，正如高希均教授在1991年出版的《台灣經驗四十年》一書中所指出的「台灣經濟奇蹟創造的三大主力」來自：政府把握住了正確的基本經濟發展策略、工商界人士掌握住了有利的投資機會、勤奮的勞工投入了生產行列。

第一項談到過去的政府，中日抗戰勝利、國民政府退守台灣、二二八事變、白色恐怖，這些經驗留下了歷史的包袱，當時不論是國際形勢以及內部經濟都極為不利，幸好後來的政府當局做了一件非常對的事：就是重用如尹仲容、陶聲洋、李國鼎、孫運璿等幾位有遠見、有魄力、清廉無私、視國家社會發展為己任的官員，他們每次都能在困難的環境中，把握時機做了許多對的決策，營造一種環境，促進經濟工業的發展。

去年是台達創立的30週年，我們覺得如果沒有這些官員的智慧及努力，為我們造出良好的創業環境，哪有今天台灣的經濟及工業的發展？飲水思源我們永遠忘不了對他們的感恩。所以我們在30週年慶祝活動中，有幾項如感恩音樂會、拍攝李資政孫資政的掌握風雨世代光碟片等，希望這段歷史能永留於世，做為後人學習的最好榜樣。

■ 不斷創新，創造更多商機

台達電子創立於1971年，公司的創立與成長，等於是跟隨台灣經濟與電子產業發展的脈絡。台灣從1960年代開始，政府機構裡因為有尹仲容、陶聲洋、李國鼎、孫運璿等有智慧、負責任又清廉的政治人物，他們的創意與遠見，引進了許多外商公司來台投資。當時如GIT（通用器材公司）、美國的TI（德州儀器）、TRW（精密電子公司）、RCA（美國無線電公司）、Zenith（增你智電子公司）、荷蘭的Philips（飛利浦）等跨國公司，在外國人投資獎勵政策下，紛紛來台設廠，啟動了台灣的經濟起飛，也帶動了國內電子工業的發展。

1970年初期，電視機、收音機的外銷量已超過百萬台，外銷總額超過10億美元，帶動了國人經營的電子產業，如大同、聲寶，也製造電視內外銷。那時國內的電子零組件大都依賴日本進口，國內工廠非常需要零組件的供應。1971年台達創立，前3年全部都是供應國內廠商，1974年開始供應RCA、Zenith、Philips等外商，同時也提供外銷。當時公司成長快速，前10年的銷售平均年成長47%。因為品質良好，第2年就獲得大同公司的「最佳電子零件供應商」獎牌；供應給RCA的電子零件，也得到RCA的Outstanding Performance Vendor Award（傑出表現供應商獎）。

1980年代，資訊業蓬勃成長，台達的產品重心也漸漸從電視市場轉移到電腦市場，從Apple（蘋果）、Digital（迪吉多）、HP（惠普）、IBM、王安電腦（Wang Laboratories），一直到後來的Dell（戴爾），都成為我們的主要客戶。我記得1979年，PC及其他數位產品，曾因為電磁干擾，而被限制進入歐洲市場。當時我們開發了150個以上不同型號的EMI Filter（濾波器），獲得美國的UL、加拿大的CSA，以及德國的VDE等Safety Approval（安規認證），成為台灣第一家EMI Filter的廠商，不久更成為全世界第二大的EMI Filter供應商。

80年代資訊產品的電源供應器，所有客戶都改為使用輕、薄、短、小且效率高的交換式電源，我們在這方面較早就有準備，訓練了一批設計工程師並開發了一系列產品。1983年開始大量生產，供應各大資訊廠家，也因此逐漸成為全球最大電源供應器的供應商。1984年起，台灣的電子工業開始超過紡織業，成為出口第一位的產業，在電子產業中，電子零組件占第一位，約28%。

1986年台幣大幅升值，工資上漲，且勞力供應不足，加上很多客戶希望供應商能在他們的工廠所在地交貨及提供服務，因此，我們除了1980年在美國設有營業服務處之外，1987年在歐洲也增設相同的機構、墨西哥廠於此同時開工，1989年在泰國成立泰達電子及設置日本公司；在中國大陸方面，1992年東莞廠開工，2001年吳江廠開工。

■ 永續經營的五大競爭優勢

台達成立以來，業績一直持續穩健成長，長期維持合理的利潤。我認為能擁有長期的競爭優勢，應歸功於下列各項因素：

第一是「**全球化組織機構**」：台達立足台灣、布局全球。我們不是為了全球化而全球化，是因為市場的需求。在公司全球化的布局下，對顧客提供全球的供貨及服務。所有的跨國大客戶都希望把生意交給具備全球供貨及服務能力的業者，我們建立的全球化布局也就占了很大的優勢。

第二是「**技術的領先掌握市場商機**」：創新與新產品研發一直是我們努力的重點。在研發方面，我們公司強調要從基礎來扎根，多年來，我們訓練了許多經驗豐富的設計工程師。同時，我們與國內外研究單位合作，國內各優秀的大專院校以及中科院、工研院等機構都與我們有許多的合作計畫。1989年，為了讓Switching Power Supply（交換式電源）技術領先全球，我們在美國的Virginia Polytech（維吉尼亞綜合理工大學）成立R&D Lab（電力電子實驗室），請李澤元教授（Dr. Fred Lee）來擔任負責人。1999年，我們又在上海設立了研發中心，並很榮幸再度請到李澤元教授來主持。經過多年的發展，中心現在已有一百多位博士、碩士級的一流研發人員，主要來自於我們密切合作的8所大學。我們也在2000年開始與麻省理工學院（MIT）合作「活氧計畫」，提升了我們的技術能力。

第三是「**製造的競爭力**」：有效把先進的技術發展成有競爭力的產品，重視生產效率與產品的品質和可靠性，把對的事情一次就做好，一向是我們全體員工持續不斷努力的目標。台達自己有一個很強的自動化工程部，重要的專案在產品設計階段就讓自動化部門參與，同時設計出最經濟有效的生產製程及設備，不僅可降低成本，而且提高品質，贏得客戶更高的滿意。除此之外，我們建置了全球資訊網絡系統，為顧客提供全面性的服務。前一陣子頗受歡迎的一本書《世界是平的》（*The World Is Flat*）當中在講述跨國企業的全球競爭力章節中，就拿台達在泰國投資的泰達電做為範例舉證。

第四點談到「**公司的企業文化**」：台達的企業文化乃是勇於變革，永續經營（Be bold pursuing change and build a sustainable organization），其中包含了顧客滿意、品質、創新、合作以及敏捷等五項。至於企業道德，我們認為這本來就是該做的，所以並沒有在企業文化中寫出來，從公司創立開始，我們就嚴格執行，即使拿不到生意，也絕對不給回扣，更不許員工到不正當的聲色場所。我們是股票上市公司，但絕對不介入股市的起伏，只管把公司的事情做好。

第五也是非常重要的，就是「**企業的社會責任**」：我們身處在這個社會，企業是社會的公民，應取之於社會，用之於社會。在落實企業責任上，除了繼續不斷研發、生產環保節能的產品，我們成立了台達電子文教基金會，舉辦許多公益的活動，如提供各種獎助學金、舉辦音樂會、公園種樹、廢電池回收、兒童夏令營、救災捐助等等，並在台中國立科學博物館捐贈了一間「物質世界」展示區，推廣兒童的科學教育。近年來更積極投入環保節能教育工作，捐贈台北國立科學教育館綠色能源巡迴展示車，到各地推廣學童的節能環保教育。此外還提供機會讓學生赴荷蘭攻讀環保領域的碩、博士學位，贊助永續能源學術研究等。今（2002）年初我們更邀請到《綠色資本主義》（*Natural Capitalism*）的作者羅文斯博士（Dr. Amory Lovins）來台灣舉辦自然資本論壇，並在台大開課，希望帶動學生以及企業界共同來關心、解決環境的議題。

■ 做對的事，賺到更多的錢

接下來，讓我們來思考一下，21世紀我們面臨的問題中，最嚴重的是什麼？我認為是維持人類及生物生存的生態環境。

地球因人類活動的頻繁與工業的發展造成破壞汙染，漸漸失去了生態平衡。由於這種破壞是漸進的，大家忙於自己的工作與生活，而沒有注意到問題的嚴重性。生態環境的惡化，約從200年前工業革命時開始，這200年與地球年齡46億年或是地球開始有人類出現的時間相比，真是短之又短，但這人為造成的自然環境破壞，情勢愈來愈嚴重，必須快速採取行動。

根據一些科學家的研究，地球上一次的大災難發生在6,500萬年前，因為受到一顆大隕石的撞擊，使得全球生物滅絕，恐龍因而絕跡。核子物理學家尼爾森（Ron Nielsen）在其著作《為了我們的孩子而寫的求生手冊》（*The Little Green Handbook*）中收集了許多專家的研究結果與預測顯示，目前維生系統的不斷惡化，恐將再次爆發大的災難，時間很有可能就在21世紀中葉；另有一說更為驚人，1970年提出「蓋婭假說」（Gaia Hypothesis）的知名英國科學家羅夫洛克（James Lovelock）預測，地球溫度不斷上升，目前全球65億人口可能有數十億人死亡，下個世紀最多只有5億人能存活，這是比較悲觀的說法。在座各位都很年輕，等大家到達我這個年紀，說不定就會遇上危機。

邀請羅文斯博士來台灣演講時，他說了一段話很有意思，是引述Patagonia（巴塔哥尼亞，一家戶外活動服飾與設備的生產廠商）創辦人修納（Yvon Chouinard）的話：「每回嘗試做對的事，總是讓我賺到更多的錢。」（Whenever I try to do the right thing, and I end up making more money.）

我記得羅文斯博士話一說完，全場觀眾都笑了起來。但是其實這句話是很有深意的，尤其是在仔細觀察環境保護意識與產業發展的互動趨勢時，它特別可以讓人咀嚼再三。

經營企業的眼光要遠，了解未來的市場需要，開發製造對社會真正有價值的產品，我相信對社會有貢獻及價值的產品，自然會賺錢。台達近年來很關心自然環境惡化、能源短缺、地球暖化等問題，並積極著手研發潔淨能源與替代能源，研究如何有效的使用能源及資源，這項工作機會很多，不僅有助解決環保及能源需求，也是很好的商機。

4

我如何成為這樣的我？

發表於《中一中90年傑出校友專刊》（2005年4月）

我只要有機會到台中，一定會回母校來看一看，因為這裡是我從初中二年級到高中畢業，生活了5年永遠忘不了的地方。

我是福建建甌人，父親是醫生，母親是小學教師。民國38年學校因內戰停課，我三舅舅在福州頗有名氣的英華中學教書，為了不中斷學業，我母親要我跟隨舅舅到福州繼續上學，等我到了福州，學校也停課了，家鄉被共軍占領，回不去了，還好舅舅找到了台中一中的教職，因此我就跟隨舅舅來台中一中插班就讀，沒有料到從此與父母離別40多年。

在家鄉讀完小學五年級時，我好奇去參加初中升學考試，幸運被錄取跳班進了初中，因此許多小學六年級的課，如算術的雞兔同籠等，從來都沒學過，因此認為數理方面非我所長，興趣就朝向文科方面發展。 我記得小時候當班長、寫文章、參加校內校外的活動，相當外向。來台後身邊唯一的親人舅舅，後來也找到其他工作離開台中一中，從此我孤伶伶的住在學校宿舍，自己照顧一切，變得內向沉默寡言，下決心一定要把功課學好。

■ 從文藝少年到理科青年

自知數學底子太差，因此對初二、初三的代數幾何特別用功，當時的校長是金樹榮先生，辦學認真是母校的一貫傳統，老師素質也高，尤其是代數的倪老師及三角的嚴老師教得特別好，我上課非常用心聽講，使得我在這二科都得到很高的成績，老師也誇獎我，因此我對數理不但信心大增，也培養出興趣。

台中一中真是好學校，讓我有機會接受好老師的教導培育，而老師大概也因為我隻身在台的關係，對我特別愛護照顧。台中一中不僅是我就讀的學校，也算是我的家，平日上課的日子與同學在一起，生活過得很快樂，怕的是放假，整個校園和宿舍空蕩蕩的，沒有幾個人，好不寂寞。幸好學生宿舍的後面一排是單身教職員宿舍，約有20位老師住在那裡，我最難忘的是每當中午有老師不來吃中飯的時候，老師們常會找我到老師伙食團辦的老師桌去代吃，在當年，算是我最豐盛的營養午餐。

因為寒暑假留在校園裡，因此校園裡裡外外及附近許多地方都跑遍了。冠中亭是我常去的地方，旁邊有個水池，讓我有機會看到青蛙蛋孵出蝌蚪再長出小青蛙，還有學校裡的圖書館、標本室、學校後門外的大運動場、棒球場、忠烈祠等等，都是我的回憶。夏天夜晚，也常一個人坐在校內操場乘涼，那個年代沒有空氣汙染，明亮的星星及月亮高掛在天空，特別容易讓人想念離別的父母及家人，想著他們是否也在一起看月亮！

我是長子，小時候一切都有父母照護及安排，離開家後許多生活的細節都要靠自己，初中時實在過得很辛苦，畢業後接著考高中，我只報台中一中的高中升學考。那年的考題特別難，考後自覺考得不理想，深怕會落榜，真不知道以後該怎麼辦，幸好放榜時不但錄取了，還名列前茅，真是太高興了。

到了高中似乎比初中時成熟許多，對隻身在台的生活也漸漸適應，旁邊有許多好朋友，老師們也對我特別好，日子過得很充實，同學們知道我經濟比較困難，常常選我當伙委，可以免交伙食費。民國43年我高中畢業，畢業之前最大的願望是能繼續升學。當時最大的煩惱是學費沒有著落、能否考進理想的大學。還好後來進了成大，另一位從國外回來的二舅舅及好心的舅媽願意供我上大學，再靠獎學金及當伙委補助生活費。

我覺得學校教育不僅提供個人應有的基本知識，同時培養正確的待人處世與工作態度。進入大學對基本知識及將來想從事的工作知識再進一步的學習，讓你畢業以後有自我學習能力。成大校風樸實，教授大部分都很好，我在成大雖然讀的是電機系，但對物理頗為入迷，很希望將來有機會從事這方面的研究。

■ 從孑然一身到成家立業

我記得成大畢業的時候，國內研究所很少，而出國留學的風氣一年比一年興盛，當時理工科的大學畢業生，台大幾乎全部出國，成大的出國比例也漸漸增加，但還是以就業的居多，因此成大對台灣的發展其實貢獻是很大的。我因為隻身在台，沒有經濟上的支援，只能羨慕其他出國的同學，自己則乖乖的當兵、就業。我的女朋友與我同屆，畢業後就當助教，我由於身旁沒有親人，非常渴望有家的感覺，因此服完兵役後就結婚。3年後老大出生了，又過了兩年老二也出生了，我因為工作的關係，把家交給了太太。雖然她有時也會抱怨我留給小孩的時間太少，但她總以我及小孩為第一優先，對這個家全心全力付出，讓我沒有後顧之憂，我真的很感謝她為我們所做的一切。

亞航是我的第一份工作，當時的待遇比一般公司都要好。我在亞航儀器部負責維修新買來的噴射民航機儀表及新進的電子設備，5年中忙得不亦樂乎，也學習了許多新科技。後來加入美商TRW，先到美國受訓，再回來參加台灣設廠製造電子零組件，一做也是5年，期間擔任過製造、工程、品管等部門的主管，有非常多很好的學習機會，但是因為外商公司看上的是台灣的廉價勞工，對研發與設備的投資一點都不積極，訂單一不夠就資遣員工，好的技術不拿到台灣來，因此決定要自己開設一家擁有技術的公司，證明台灣人也可以做出最好的產品。

雖然如此，我還是很感謝我的老闆們，我從他們身上學到很多東西，我很慶幸有這10年的寶貴工作經驗，這對後來台達的創立有很實際的幫助。

1971年離開 TRW後，我向幾位朋友籌了30萬，在台北新莊成立台達，一開始只有15個人。當時台灣的電視零組件幾乎都是日本進口，我們看好這個市場，就從生產電視線圈和中週變壓器開始，這時才發現創業的辛苦比原先想像的要多。但是那時我已經36歲了，也拉不下臉再回到 TRW，只好逼自己撐下去。 一開始先做國內電子公司的生意，在3年內漸漸把國內的電視廠訂單一家一家接到了以後，再拓展外商如 RCA、Zenith，及飛利浦的大訂單。

80年代是個人電腦蓬勃發展的時代，我記得早期家裡如裝上一台電腦，電視畫面就被干擾，從歐洲開始，接下來是美國，各國對電磁波干擾都有嚴格的規定。我認為電磁雜訊濾波器會是很有潛力的市場，同時技術上離我們產品的技術也比較相近，當時忙著跑迪吉多電腦、王安、IBM、全錄……等，為客戶設計專用的EMI Filter，解決產品電磁干擾的問題，同時也設計了全系列的標準EMI Filter，與當年美國最大的EMI Filter廠商抗衡，那時候台達有100多個標準EMI Filter得到UL、CSA、VDE等各國安規Approval，成為EMI Filter產品最完整的廠家。

從15個人到世界最大

80年代讓台達快速成長的另一項產品，是開關電源。電源供應器是所有電子產品都需要用的零組件，由於電腦業者大量採用輕薄短小、效率較高的開關電源，取代傳統的線性電源，我們認為這是可以與全球廠商站在同一起跑點競爭的好機會，因而找了一批對線路設計有經驗的工程師。

剛好那時RCA台灣資遣了一批工程師，我請他們到台達，一起花了兩年的時間開發，才正式向客戶宣布我們的新產品。後來電腦市場快速發展，我們也幸運抓住這個機會，隨著客戶一起成長，推出新產品，爭取新客戶，擴大公司規模，在海外設立分公司，以接近市場及客戶，建立未來全球營運的基礎，並成為世界最大的電源供應器廠家。

由於零組件事業漸趨成熟，加上工廠作業員的招募愈來愈難，1990年時我們在泰國設立泰達電子，隔年也在大陸東莞設廠，到後來我們決定投入視訊產品，為公司創造另一個蓬勃發展的機會。一直到今天（2005年），台達全球年營收將近35億美元，而這都是大家一起努力的成果。

台達發展過程充滿各種不同的挑戰，有說不盡的故事，感謝不完的人，也有很多發自內心的感觸。**回頭看我所做的事，都是我認為應該做而且有興趣做的，一旦投入後就會全力以赴，也就愈做愈高興，愈有成就感，因此成功的機會比較大**。我一直勉勵自己不要被一時的挫折所打敗，而要能再接再厲向自己所設定的目標努力，因為透過辛苦奮鬥得來的成果，才能真正的長久延續下去。一路走來，這樣的想法好像還是對的。我覺得台達今天能夠經歷34年還維持穩健的成長，主要是因為我們對技術的執著及對品質的嚴格要求。同時我們也隨時注意市場的變化，在最短時間內提供符合客戶需求的產品及服務，這應該也是台達能夠與世界競爭的主要原因之一。

台達就像我的第三個孩子一樣，我花在它身上的時間與心血，比另外兩個孩子還多，有時候我也會覺得內疚，沒有完全盡到當父親的責任。 還好我的小孩都相當負責盡職，也都能堅守自己的工作崗位與團隊一起奮鬥，不需要我操心。

由於公司的接棒運作已漸上軌道，讓我有時間思考並處理人生中想做的一些事。記得1982年決定進入開關電源市場時，全體經營團隊立下我們的公司經營使命：「提供高能源效率的新產品，追求更好的生活品質。」

■ 電源產業領導者的使命

兩年前我看了一本書，書名是《綠色資本主義》，主要在談論生態發展與環境的重要性，及如何有效運用自然資源，達成工業與生態均衡發展的模式。我仔細讀了這本書，這是相當有意義的一本書，也對書中的一些觀點深表贊同。人類在發展經濟的過程中，浪費了非常多的能源，並嚴重的破壞了自然環境，導致人類本身的生存也受到了威脅與挑戰。

以石油為例，據估計目前全球的蘊藏量只夠未來40年所需，甚至更短。我很難想像沒有石油時我的孩子們怎麼過日子，我也很好奇為什麼幾百年的古董被大家當成珍寶，願意用非常昂貴的價格買回家收藏，而老天爺花了幾十億年才孕育出的自然資源，大多數的人卻可以任意揮霍而不自覺？我認為癥結點，同時也是一個非常困難的課題，就是在於如何建立社會大眾正確的觀念及共識，讓諸如汽車工業等成長很快又耗能很大的產業，能不斷的推動創新產品，改善濫用資源的現象，做到真正善待資源，保護環境。

我知道要改變觀念、推動發展，需要不斷付出及努力，而台達身為電源產業的領導者，有責任以不斷開發節能產品為使命。今後會有更多的新產品問世，同時電源效率也不斷逐年提升，近幾年投入太陽能板、燃料電池等替代能源開發的領域，我希望在大家的努力下，政府、企業與民間會覺醒重視環保問題，並付諸具體行動，把科技開發的成果轉化成促使社會進步的動力，不要繼續破壞我們所居住的地球。

我從學校畢業已經快50年了，到現在我還是很懷念以前那一段求學過程，雖然我必須靠打工養活自己，但是每一天都過得很充實，也非常感謝過去許多師長們對我的教導與啟發，我更深深的以身為校友為榮。希望同學們也能珍惜這一段求學的日子，做為人生中永遠的回憶。

2005年，獲母校台中一中頒授傑出校友的榮耀。

5

掌握節能與環保，機會就是現在

「上海遠見高峰會」致詞（2005年11月）

高教授，各位女士、各位先生，大家好：

今天我感到非常榮幸，能夠有這個機會，和各位先進一起談談：企業如何兼顧發展和環保。

創辦台達30多年來，我經常提醒自己和公司的幹部們，**要能掌握商機，就要做到兩件事：一是能掌握時代的方向、看對趨勢；二是能及時的開發出市場需要的產品或服務，這就是創新。**

過去25年，中國的GDP平均每年成長8%，國家富強了，人民的物質生活水平也提高許多，不久以前我看Discovery訪問現在的年輕人，許多人的願望都是能像好萊塢電影裡的俊男美女一樣，開著轎車在街上跑，好像這樣才能顯示出身分地位，是自己有能力過好日子的證明。

這讓我想起40年前，我還是一個年輕的工程師的時候，第一次到美國TRW公司去受訓，那位美國廠長很客氣，在受訓的第一個週末，執意要請我吃晚餐，傍晚下班後坐上他的新轎車，在郊外的公路上開了兩個半小時，終於在山頂上看到了一座燈火通明的餐廳，讓我大開眼界。吃過晚餐，回程又開了兩個多小時才回到旅館，已經是深夜了。當時我覺得：美國人真注重生活品味，但現在想起來不禁要反思：「真有必要這樣做嗎？」把住宅社區及生活設施分散，不僅增加交通流量、浪費資源，而且製造空氣汙染。這其實是美式生活給人類帶來的不良示範。

中國的經濟成長了，人民生活水準提高了，但是中國人的生活方式有必要重複美國人的老路嗎？

我的好朋友梁從誡先生在11年前成立了大陸第一個民間的環保團體，他跟我提到溫家寶總理說的話，說中國的問題，簡單講就是一個乘法、一個除法。我覺得這話講得真好。現在全世界每天平均生產8,200萬桶石油，單一個美國就要用掉1/4，其中3/4消費在交通工具上。要是中國學美國的樣，家家戶戶都要買一兩輛車，那全世界一天生產的石油，一個中國都不夠用。

■ 危機即是轉機

中國這幾年來的成長是了不起的，但是環保總局副局長潘岳今（2005）年5月在財富論壇上大聲疾呼，中國單位產值的能源消耗居然是日本的7倍，美國的6倍，印度的2.8倍！以中國的人口資源和環境結構，生態環境的反撲與社會政治的議題，已經逐一浮現，我們必須及早警覺、善加因應。

潘局長說得非常深入：在中國，高能耗產業占工業用電量60%以上。2003年，中國已是世界上鋼、鐵、銅的頭號消費大國，而中國2004年的GDP增長為9.5%，照這樣發展下去，一個地球勢必不夠用。因此，我們亟需防患於未然，調整產業結構，提升資源使用效率，並研究先進國家工業發展的經驗，取長補短，不要學美國對自然資源揮霍無度，更要拋棄「先發展後治理」的念頭。

太陽系孕育了46億年，才將地球演化到如今我們賴以維生的環境，而我們居然在工業革命後短短的這兩百多年裡，就把祖產耗盡！我每次聽到石油只剩下40年可用，就覺得人類應該為此好好反省。不僅是石油，其他的天然資源照這樣浪費下去，很快就會耗盡，而且將造成難以挽救的環境汙染！

所以，為了人類長遠的生存，我們需要改進生產、消費與生活的模式。我們的都市規劃不可以設計成需要開4個小時車去吃一頓飯，也要提倡節省能源的產品設計，讓自然資源回收可重複使用，更要提倡建造既節能又健康舒適的綠建築。我認為我們要在這樣的願景裡，去**激發創意、開拓視野，迎接新一波的產業革命。而這也就是新時代的企業家們所應該掌握的商機。**

■ 掌握趨勢，就掌握了商機

說到這裡，我要向各位介紹一本1999年由霍肯（Paul Hawken）、艾默里．羅文斯（Amory Lovins）與亨特．羅文斯（L. Hunter Lovins）合著的《*Natural Capitalism*》，大陸翻做《自然資本論》，台灣翻成《綠色資本主義》。

這本書就在講怎麼透過各種設計巧思，提升產品製程和生活所需的能源效率，以創造財富，同時達到保護地球的目的。這本書的精采之處，在提出許多生動實際的例子，證明這些觀念不只是理想，而且能加以落實。其中許多例子我都親自前往查證，甚至跑到歐洲及泰國去看它介紹的綠建築。以泰國的那棟綠建築住宅為例，不僅屋內布置典雅，整體通風良好，庭園造景配合風向，使進入室內的空氣溫度得以降低，並且增加含氧量，讓人住得健康。再應用許多科技的基本原理，用高度隔熱的外牆及屋頂把熱擋在戶外，還用Low-E（低輻射）玻璃濾除含熱的輻射，讓自然光進入室內成為健康環保的光源。最重要的是，這棟舒適宜人的住宅，耗能居然只有一般住宅的1/15！

由此可見，**只要我們認真去做，我們有太多的辦法可想**。艾默里．羅文斯也曾提到一家上海的地毯工廠，光是調整了熱循環系統的管徑以及管路的位置，就使推動電力減少了92%。前一陣子我買了一輛Toyota的油電混合車Prius II，每公升汽油可以跑

35.5公里，也就是每百公里耗油不到3公升，效率是一般車輛的3倍左右，這也是節約能源，消除空氣汙染的具體例子。

台達每年製造出1億個電源供應器，供應計算機、通訊、消費、工業自動控制及醫療等市場，我常常勉勵同仁，我們把台達的電源供應器效率提高1%，就可以少蓋一個30萬千瓦的發電廠，減少大量二氧化碳的排放。我們每節省1度電，就相當於節省了0.4公斤的標準煤、4公升的淨水，少產生了0.272公斤的粉塵，以及0.997公斤的二氧化碳，這無論是對環境、對人類、或是對整個地球，都是很大的功德。我相信，只要我們認真去做，就一定能兼顧環保和發展。

聽說中國政府已經宣布了新的能源策略，要使用跨越式（資源回收再利用）的技術，以最快的速度改進建築、工廠，和產品製造過程的能源效率。看到中國開始熱烈探討「循環經濟」，「可再生能源促進法」也即將在明年正式施行，這真是一個正確的方向，一個可喜的消息。

■ 兼顧環保與獲利的經濟成長模式

13億人口的乘法，讓中國不得不重視環境問題，「先發展後治理」的老路，是不能再走了。大中華經濟圈要能持續繁榮，華人企業要能善盡世界公民的義務，就要相信中國的企業家有能力實現優質的經濟成長模式，從中兼顧環保和利潤。

在這個目標的鞭策下，多年來，台達集團積極推動製程節能、致力提高產品能源效率，研發製造許多高效率的節能產品。我們從公元2000年開始試用無鉛銲錫，2001年更設立「重金屬及毒性物質檢驗實驗室」，得到SONY的環保夥伴認證（Green Partner Certificate），今年更領先開發推出無汞平面背光板，用於液晶電視及顯示器。歐盟RoHS指令（Restriction of Hazardous Substances Directive，危害性物質限制指令）規定：明（2006）年7月起，所有電機電子產品不得含鉛、汞等6大類危害物質，這證實了我們做的是對的。

產品方面，台達新成立的生產太陽能光電板的旺能公司，雖然裝機到現在只有兩個月，已經做到97.5%的直通率，太陽能光電板的效率是16.7%。我們也希望未來合適的時候，能到大陸來生產。燃料電池方面，我們積極研發氫燃料電池的零組件及成品，目前已發展出原型產品（prototype），希望能和專家們共同努力、相互切磋，讓這項產品的開發，早日有所成果。

除了能源產品，台達其他的產品向來也是按環保的原則來設計。因此我們在顯示器及HDTV領域，也選擇無輻射投影顯示器產品，在市場上得到很好的評價。尤其值得一提的，是我們設計、製造的高檔劇院投影機，去年讓我們的銷售商得到歐洲最大的多媒體評鑑機構EISA（The Expert Imaging and Sound Association，歐洲專業影音協會）頒發2004 – 2005 European Projector of the Year（年度最佳投影機大獎）的殊榮。

■ 善用資源，就是贏家

我認為大中華經濟圈應該善用科技與知識，將經濟發展與環保、優質的生活，擺在同等地位來追求。產品的製造與設計，必須能兼顧使用者以及環境的需求，尋求自然資源使用極少化與效益極大化。

這幾年在中國，我接觸過許多基礎研究能力很強的學者專家，他們在專業上所投入的熱情、研究之深入，很讓人佩服，也值得好好開發。如果大家能同時注意到環保，發展跨越式的技術，把創意發揮出來，會是一股很大的力量。

各位朋友，21世紀的人類應該要覺醒，不要再對自然物資及能源不當使用或做無謂的浪費，把這美好的自然環境破壞殆盡，讓後代子孫無以為繼。因此，我們要有新的工業革命，觀念要改變、做法更要改變。一方面，時機已經很緊迫，需要立刻採取行動；另一方面，這也是一個創新的契機，值得有志的企業家們把握。而我們的機會，就是現在！

6

創業，讓我體會到的人生價值

「清華大學頒授榮譽工學博士」感言（2006年6月）

陳校長（文村）、劉校長（炯朗）、羅先生（益強）、各位貴賓、各位教授、各位同學：

今年3月，我應清華科技管理學院之邀到清大來參加「孫運璿科技講座」，與同學們分享我對21世紀環保節能課題的看法，沒想到這麼快再度回到這裡，還接受清大授與這份殊榮。在此我要特別感謝校長、院長，及各位審查委員、教授們的盛情與肯定，這對我來說真是一項莫大的鼓勵；也要感謝清大精心安排這麼好的一個典禮，請到各位貴賓在百忙之中抽出時間過來參加，真是十分感謝各位的光臨。

從清華學堂於1911年，也是民國前1年創立以來，清大為國家社會培養出無數傑出的青年才俊，能得到清大頒與的榮譽學位，我感到特別光榮。在此我要感謝台達電子同事們35年來的努力與支持，成就了今天的台達集團，這份榮耀，大家理應分享；

我也要感謝我太太與家人的照顧與扶持，尤其我母親今年100歲，這是我能給她老人家最好的禮物。再度感謝各位。典禮為我安排了30分鐘的專題演講。本人才疏學淺，若要在各位飽學之士面前班門弄斧，實在惶恐。倒是最近時時惦記著台灣社會氣氛不是很好，想著身為社會的一份子，我們可以做些什麼？

近來公司裡有些年輕同仁跟我談到社會上的紛紛擾擾，讓他們對未來愈來愈憂心，我總是告訴他們：「這只是短暫不好的現象，要更堅強一點。」他們問我，我的信心從哪裡來？我說，**盡量去做，只要實實在在，一樣一樣把事情做出來，信心就會油然而生**。

我是個鄉下長大的孩子。小時候遭逢中日抗戰，為了逃避敵機的空襲，除了我的父親，全家都遷到福建更鄉下的地方去住。抗戰勝利以後，我讀完初中一年級，國共內戰，學校停課，母親讓我跟我的三舅父離開家鄉繼續上學，我離開家鄉不久，其他地方的學校也先後停課，共軍已進入我的家鄉，我已無法回去。

我跟著單身的舅父輾轉來到台中一中讀初中二年級，我小學五年級跳級考入初中，小學六年級的數學我沒學過，數學一直不好，自認理工非我所長，應往文科發展；又怕數學若趕不上，將失去上學的資格，因此特別用心努力學習，當時的數學老師不但教得好，而且對我愛護鼓勵有加。這位倪老師，我永遠也忘不了他，我記得因為我個子小，總是坐在最前排專心的聽講，第一次小考，很幸運考到了滿分，從此他就特別注意我，有時下課還來摸摸我的頭，如果我考試的成績低於80分，他會笑笑問我，這次怎麼失常了？從此我規定自己，數學成績的最低標準是80分。所以我的數學成績變好了，不僅信心大增，而且對數理的課程也特別感興趣，除了課本，暑假裡還找了一些數學及宇宙的一些課外書本來看，可以說因為環境的改變與好老師的鼓勵與教導，改變了我的興趣，也改變了我的一生。

■ 夢想與實現

這件事給我兩個啟發：一是不要輕易斷言非我所長而放棄，應結交良師益友，讓你更有機會發覺自己的潛力與興趣；二是給自己訂下較高的標準，才會有更好的成果。

回想起來，那段日子是艱苦的考驗。很難想像當時如果沒有離開家，現在我是怎麼樣？會不會是一個一事無成的人？所以對這次離家，我真覺得是這一輩子十分幸運的一件事，要是沒有經過這段生活的磨練，似乎不會那麼有信心在一點條件都沒有的情況下去創業，也不會在創業的過程中鍛鍊出面對問題、克服困難，還有不懼不亂、樂觀奮鬥的精神。

我很幸運成大畢業服役後，就找到台南亞航的工作，當時逢到韓戰，接著是越戰，美國軍機都到亞航來維修，加上CAT及其他的民航機，亞航業務量成長得非常大，我的工作是飛機儀器的維修，大部分在工廠裡，有時也要到飛機上協助查出系統的問題在哪裡，讓我有機會學習到飛機的各種系統及儀器。現在飛機上儀表板的所有儀表，包括黑盒子，也就是飛航紀錄器，我都熟悉拆過修正，還有如自動電子導航等最先進的電子科技，同時因為是飛機，對品管及可靠性的要求，養成很好的習慣。我在亞航工作5年，後來適逢政府獎勵外商來台投資，加入TRW建廠及工作5年，歷經生產工程及品管等部門主管的職務，這10年的工作經驗累積，將我推上了創業之路。

創業之路，對我而言就是一連串夢想的實現。從TRW到自己創業進入電子零組件市場，從內銷做到跟全世界大公司做生意。後來PC時代來臨，因為曾經製造磁性元件與雜訊濾波器累積了關鍵技術，加上看到市場的變化與產品需求，台達進入交換式電源供應器的領域，從早期宏碁電腦「小教授」個人電腦的電源做到Apple、IBM、HP、Dell伺服器大電腦的電源系統，成為世界最大的電源供應廠商，進一步擴展到通訊電源與消費性電子產品電源等其他電源管理產品領域。無論是大的夢、小的夢，憑著信心與踏實的腳步，我與台達同仁一起圓了一個又一個的夢。

信心之外，我也一直鼓勵同仁，**企業不應該是炒短線賺錢，**

而應把眼光放在創造對社會真正有價值的產品。我個人一向崇敬尹仲容、陶聲洋、李國鼎、孫運璿幾位先生，他們為社會無私奉獻的精神，總讓我想到我的父親。

我父親是個中醫，當地人都說他是個好醫生，抗戰勝利的前兩年，我們住的地方突然鼠疫流行，我的外婆也染上了鼠疫，那段時間，我見到爸爸每天除了專心治療外婆，也為了其他病人忙個不停，有時很晚還出去出診，聽說大部分都是鼠疫病。媽媽非常擔心爸爸自己會被傳染，甚至傳染給家人，可是爸爸說救人的命是做醫生的職責，他不辭辛苦不怕危險，不僅治好了外婆，還救了許多人的生命。當地的人都忘不了他，我父親是個不求名利的人，他不顧自身安危，盡職的工作精神，讓我深刻體會到這才是人生的價值。

■ 做對世界有價值的事

談到這裡，我忍不住又要提今天人類不可忽視的問題，也就是自然環境問題。過去我曾經看過的幾本書，保羅·霍肯先生寫的《商業生態學》（*The Ecology of Commerce*）、羅文斯博士等人寫的《四倍數》（*Factor Four*）與《綠色資本主義》，都讓人清楚認識到環境及資源耗損問題的嚴重性。

我最近看的是尼爾森博士所寫的《*The Little Green*

Handbook》，目前還沒有中文翻譯本（按：2007年出版中文譯本）。書中不但把目前人口膨脹、環境破壞、自然資源的流失、大氣的破壞、逼近的能源危機等等，做了清楚的描述，也費了許多功夫蒐集各方面的數據資料比較分析，並做合理的估計與判斷，把各項問題數字化。作者是一位核子物理學家，我十分敬佩他處理問題的科學態度及嚴謹性，並深深贊同他所提的警告：環境惡化的問題是最近200年才發生的，對人類歷史來說其實很短，是相當近期才發生的事，雖然我們每天還照常生活，但事態已經非常嚴重。我們今天的所作所為將禍及子孫，即使我們面臨的問題解決起來很困難，仍然必須盡全力來了解問題所在，想辦法解決，為子孫提供一個安全、健康、永續的未來。

企業要賺錢，但是在賺錢之外，應該還要更關心社會，更關心人類賴以生存的環境，注重維護自然環境，開發出更好的產品，提升人類整體的生活品質。台達近年來很關心環境議題，為自己的工作創造更高的價值。身為世界第一大市場占有率的交換式電源供應器廠商（有的電源占全世界的1/2），即使目前產品效率已經從過去的60%以上，不斷進步到超過90%，我們仍然不斷想著要如何繼續提升效率；因為以這樣的市場占有率規模，每進步一個百分比，我們就可以為世界上省下可觀的電能。

為了同樣的理由，我們也著手研發潔淨能源與替代能源的產品，研究如何更有效的使用能源及資源。我們這兩年積極推廣節能綠建築的觀念，把許多觀念使用到工廠、辦公室裡來實施，希望能使用最少的能源，得到和現在一樣、甚至更好的生活品質。

拉拉雜雜談了許多事，無非只是想以自己的經歷跟粗淺的想法，與各位分享一個信念：**只要我們不放棄自己的夢想，堅持在自己的崗位上，做對社會有價值的事，而且專注踏實地去做，事情就會愈來愈好。**

我的父親要求我做人要規規矩矩，要有正義感，同時要知足常樂、工作要全力以赴。他在書房自己寫的對聯：「勤儉是美德，知足是快樂，工作是幸福，懶惰是罪惡。」影響了我的一生。今天我也非常高興有這個榮幸，可以以「校友」身分引述清大的校訓：「自強不息，厚德載物」來與大家共勉，希望我們共同繼續用務實的腳步勤懇經營，自強不息，實踐厚德載物的理想，為自己生信心，也為社會帶來希望。謝謝大家。

7

現在不做，將來會後悔

發表於《成大電機系友會會刊》（2009年2月）

自然環境變化，能源及天然資源供需失衡，二氧化碳等溫室氣體過量排放，造成全球暖化與氣候異常，已是今天的熱門話題。沒錯！大家都在談論要加強環保、阻止地球繼續暖化，每一個人該捫心自問的是，真正做到的有多少？

我們聽到政府說了許多，也看到企業表示支持，但落實到執行面時，我們到底有沒有認真、嚴肅的去關心、去處理這些問題？這次立法院會，對於談論了好久的「再生能源法」，仍然沒有重視，而且還一再拖延，反倒迅速通過離島開設賭場的「博弈條款」了，真是令人啼笑皆非。

在最近的一本暢銷書《世界又熱、又平、又擠》（*Hot, Flat and Crowded*）中，作者佛里曼（Thomas L. Friedman）引用了一段1992年里約熱內盧地球高峰會議中，一位當年只有12歲的加拿大小女孩鈴木（Severn Suzuki）演說時陳述的心情，她說：

我今天代表兒童環境組織（Environmental Children's Organization）發聲，我們是一群12到13歲的兒童，努力想要改變地球的現狀。我們辛苦募捐旅費，來到這個離家5千英里的地方，是希望告訴你們這些大人，必須改變自己的做法。

今天站在這裡，我只有一個目的，就是要為我的未來奮戰，失去了對未來的希望，可不像選舉失敗或是投資股票失利那樣，我要替未來的世代說話，我要代表各地處於饑荒、沒有人傾聽他們哀號的兒童說話，更要為無數無處可去、瀕臨死亡的動物說話。

現在我不敢出去曬太陽，因為臭氧層有破洞；不敢呼吸，因為不知道空氣中有什麼化學物質。過去我和爸爸會在家鄉溫哥華釣魚，可是幾年前我們發現魚全身長滿了癌；現在我們每天都會聽到某些動植物絕種，永遠消失不見。我曾經夢想這輩子要去看一大群野生動物，以及充滿鳥類和蝴蝶的叢林、雨林，現在我只擔心它們無法繼續存活下去，好讓將來我也可以帶我的孩子一起觀賞這些事物。親愛的大人們，當你們像我這個年紀時，需要擔心這些事情嗎？

這些情況都已經發生在眼前，但你們卻表現得時間好像還很充裕，好像還可以從容解決。我是個小孩，我不知道該怎麼解決這些問題，但我希望你們了解，其實你們根本也不知該怎麼讓鮭魚重新回到乾涸的小溪、不知怎麼讓絕種的生物死而復生、不知怎麼讓變成沙漠的森林重新生長……。

如果你們不知道如何修復，就請別再破壞！

在學校，大人們教導我們在這世界上要守規矩；大人教導我們不該跟別人打架，而是設法用和平的方式解決事情、尊重別人；更教我們不要傷害生物、要懂得分享，不要貪心。但是，為什麼大人們所做的，都是你們告誡小孩子不可以做的事情？請不要忘記你們為何參加今天的會議，並記得你們做這些事情是為了誰。

我們是你們的後代，你們正在主宰我們所成長世界的模樣。父母有辦法安慰自己的孩子：「一切都會沒事！」、「這不是世界末日」、「我們正在盡力而為」……，但我想今天各位已經不應再用這種話語來安撫我們。

我爸爸說：「看一個人要看他做的事，而不是他說的話。」你們做的事讓我在晚上哭泣，大人總說愛我們，但我感到懷疑。希望你們能說到做到，謝謝！

小女孩的這段話，清晰提醒了我們應該面對並處理自然環境問題。慚愧的是，經過了17年，鈴木小朋友的話我們到底做到了多少？環境問題絲毫沒有好轉，反而日趨嚴重、惡化，這等於是讓包括鈴木小妹妹在內的我們的下一代，在不斷失望與反覆驚愕中成長。

■ 來自不同文化的震撼

3、4年前，我收到一張來自朋友的聖誕賀卡，裡面夾了一封信，他說因為我長期關注環保，他想跟我分享一個發生在德國的真實故事：

德國是個工業化程度很高的國家，說到Mercedes-Benz、BMW、Siemens……這些品牌，沒有人不知道。世界上用於核子反應爐中最好的核心泵，就是在德國的一個小鎮上產生的。在這樣發達國家中，人們的生活一定是紙醉金迷、燈紅酒綠吧。

在去德國考察前，我描繪著、揣摩著這個國度。到達港口城市漢堡之時，我們習慣先去餐館，駐地的同事免不了要接風洗塵。走進餐館，我們穿過桌多人少的大廳，心裡疑惑：「這樣冷清清的場面，飯店能開下去嗎？」更可笑的是一對用餐情侶的桌子上，只擺有一個碟子，裡面只放著兩種菜，兩罐啤酒，如此簡單，是否影響他們的甜蜜聚會？如果是男士買單，是否太小氣，他不怕女友跑掉？另外一桌是幾位白人老太太在悠閒用餐，每道菜上桌後，服務生很快的幫她們分配好，然後就被她們吃光光了。

我們不再注意她們，而是盼著自己的大餐快點上來。駐地的同事多點了些菜，餐館客人不多，上菜很快，我們的桌子很快被碟碗堆滿，想到後面還有活動，就一陣狼吞虎嚥，快快結束了這一頓大餐。結果還剩了大約三分之一的食物。結完帳，我們剔著牙，大搖大擺出了餐館大門。

出門沒走幾步，餐館裡有人在叫我們。不知怎麼回事，我們好奇回頭看，原來是那幾個白人老太太，在和飯店老闆嘰哩呱啦說著什麼，好像是針對我們的。

看到我們回來，老太太改說英文，我們就都能聽懂了。她在說我們剩的菜太多，太浪費了。我們覺得好笑，這老太太多管閒事！同行的同事說：「我們花錢吃飯，剩多少關妳什麼事？」老太太更生氣了，馬上掏出手機撥打電話。

一會兒，一個穿制服的人來了，自稱是社會保障機構的工作人員。問完情況後，這位工作人員居然拿出罰單，開出50馬克的罰款。這下我們都不吭氣了，駐地同事只好拿出50馬克，並一再道歉。

這位工作人員鄭重對我們說：「需要吃多少，就點多少！錢是你自己的，但資源是全社會的，世界上有很多人還缺少資源，你們不能夠也沒有理由浪費！」我們臉都紅了。但在我們心裡卻都認同這句話。一個先進又富有的國家，人們還有這種意識，我們得好好反省。

我這個朋友並舉了來自網路上的回應佐證，他說：「其實跟我去過德國的經驗很接近。」我們一致發現德國人在食衣住行方面都很簡約：

- 食——幾乎三餐都以麵包、火腿為主食，偶爾加菜也就是多個沙拉或炒蛋。
- 衣——一般人很普通，室內都是T恤，外出加外套，很少五顏六色的華麗打扮。
- 住——由於人口密度不高，房子普遍算大，但裝潢相當樸實，而且非常節省用電，白天幾乎是不開燈的。走廊、客廳、廚房、房間等小燈隨手開關。垃圾嚴格分類，瓶罐很少丟棄，都盡量再利用。用水很省，冬天一星期洗1至2次澡而已（聽說法國人洗得更少，難怪香水業發達），水龍頭出水量不大，自然用水會減少。
- 行——大眾運輸系統發達，小小一個漢諾威，40萬的人口有超過10條地鐵，接駁多使用自行車，減少空氣汙染與能源消耗又可以運動健身，另外，德國人開車很少使用空調。

基本上德國人的生活比台灣人簡單很多，沒有卡拉OK，夜生活消費極貴，頂多有小酒吧喝啤酒而已（沒有下酒菜），所以很多外國人來到台灣之後，都認為台灣是天堂，吃喝玩樂場所又多又便宜。

台灣並不是個天然資源豐富的國家，而且人口密度高，平時宴客吃飯，我們總看到桌上很多剩菜，大多是因為主人怕客人吃不飽丟了面子。事實上，我們真的需要徹底改變生活習慣。這也就是我剛剛講的「落實執行」，每個人養成不浪費的習慣，將這種觀念一傳十、十傳百，很快的，我們的素質就可以趕上如德國這般的歐洲先進國家，當大家的生活習慣都是如此時，不知不覺我們就降低了對環境的破壞。

■ 如何看得更遠、走得更快？

台達電子創立於1971年，創業之初就遭逢能源危機，所以我很早就體會並注意到能源與環境問題，並且當時就將公司的經營使命定為「環保．節能．愛地球」。經過38年的努力，台達從一個15人的小公司，慢慢成長茁壯，到現在已經擁有跨國規模，去（2007）年的集團營收，達到53億美金。目前台達在交換式電源管理產品與無刷直流風扇產品居世界領導地位，其他包括電源管理的整體解決方案、高階視訊產品、工業自動化產品、網路通訊產品……等，都是台達深耕已久並深獲客戶肯定的領域。

過去我們一直致力於將產品的效率不斷提升，以防止無謂的電力耗損，並開發電力回收系統。進入21世紀之後，我們積極投入潔淨能源的領域，在太陽能方面除了傳統的Solar Cell（太陽能電池），聚光型太陽能的電力系統也有非常好的開發成果。高雄世運主場館的屋頂太陽能電力系統，使用的就是台達電子與關係企業旺能光電的產品組合，總共使用了8,844片Solar Cell模組，裝置容量高達1MW，是目前戶外運動場使用太陽能發電最大規模。此外，我們也積極開發LED節能照明產品，更將原本使用於IT產品中散熱風扇的部分，逐漸擴展規模，並開始進入新的市場以及小型風力發電領域。

這一次的全球金融風暴（2008年），對企業界而言是很大的衝擊與挑戰，我們應該用正面的態度來面對，因為**危機可以讓我們更為覺醒、不沉溺於安逸，同時讓我們看得更遠、走得更快，更積極朝未來的方向去努力**。我們每年都投入許多資源在研發工作上，在此不景氣的時刻，更是養精蓄銳、儲備能量的好機會，對於有志之士，相信是可以一起投入努力的環境。

前述的《世界又熱、又平、又擠》一書，作者佛里曼不僅是美國、更是在世界輿論中擁有極大影響力的新聞工作者，他繼前一本《世界是平的》（*The World is Flat*）之後，用了3年時間，親自到世界各地作深入的調查與採訪，讓我們對目前各地的情況，有著身歷其境的了解。另外，4年前我讀的《綠色資本主義》、美國生態建築師麥唐納（William McDonough）及德國化學家、環保倡議者布朗嘉（Michael Braungart）所著的《從搖籃到搖籃》（*Cradle to Cradle*）等書，台達都透過基金會贊助出版，並且也捐助了一些在成大圖書館內，都是值得一讀的好書。

8

以智慧行動，實踐理想

「台達盃國際太陽能建築競賽頒獎暨楊家鎮小學奠基儀式」致詞（2009年6月）

尊敬的石理事長（定寰）、省台辦鐘主任（遠超）、綿陽市王市長（琦安）、孟（副）理事長（憲淦）、仲主任（繼壽）、各位領導、嘉賓、楊家鎮小學全體師生、媒體朋友們：

很高興能在六一兒童節這天來到楊家鎮，參加「2009台達盃國際太陽能建築設計競賽」的頒獎典禮，和「楊家鎮台達陽光小學」的奠基儀式。綿陽這片土地曾經飽嘗傷痛，今天，在各界的愛心援助與齊心協力下，重新燃起了希望與朝氣。

■ 困境中的陽光與希望

台達環境與教育基金會自2006年開始，支持舉辦國際太陽能建築設計競賽，至今已是第3個年頭。台達贊助這項競賽，是希望將可持續發展的太陽能技術、綠色建築的設計概念，應用在現實生活中。期待這些競賽的優秀作品，能從一張張設計圖紙，變成一棟棟真正的房子，讓人們實際體會到綠建築的好處。

去（2008）年四川大地震後，台達基金會和競賽主辦方決定將2009年競賽的主題定為「陽光與希望」，並決定通過台達電子集團捐贈的一千萬元，把第一名的獲獎方案，在楊家鎮建成小學。這就是楊家鎮台達陽光小學的由來。

競賽消息發布後，一共號召了一千多個海內外團隊報名，最終有200多個團隊提交作品。這是一個很好、很讓人感動的成績。因為大家都知道，孩子是國家和民族的未來，也都希望通過參賽，替四川災區奉獻一份自己的微薄心力。

過去一年，楊家鎮小學的師生們在簡易克難的板房中，度過了酷暑與寒冬。我們希望能盡快為他們打造一所健康、節能、環保概念的綠色陽光小學。這樣，當他們在陽光、舒適、節能的教室裡學習，一定能感受到設計師的智慧與巧思。**從小的潛移默化，能夠培養出我們下一代對能源枯竭、地球暖化等環境議題的關心**。這也是我們今天為綿陽兒童帶來的一份節日禮物。

■ 為地球盡一份心力

再過幾天（6月5日），就是一年一度的世界環境日，聯合國環境規劃署將2009年的主題定為「你的星球需要你，聯合起來應對氣候變化」（Your planet needs YOU！Unite to combat climate change）；中國則以「減少汙染、行動起來」呼應這項活動。

人類從18世紀至今發展工業，短短兩百年間，對自然資源的耗用，達到前所未有的顛峰，過度燃燒石化燃料，地球生態付出了慘痛的代價。全球暖化已是不爭事實，世界各地氣候異常災難頻傳，愈來愈多科學家提出警告，倘若任由溫室效應的情況惡化下去，人類生存將會受到極大的威脅。

作為企業公民的一份子，台達集團始終以「環保、節能、愛地球」為經營使命。因為我們深知，今天不做，明天會後悔！

在座各位願意支持綠色建築的發展、支持清潔能源（太陽能）的應用，就是以智慧行動在實踐「保護我們的地球、保護我們的下一代」！

四川是充滿生機與希望的土地，相信通過大家的齊心協力，明年眼前將是一所嶄新的學校，校園裡綻放出鮮豔的花朵，孩子們的臉上掛著燦爛的笑容，這正是台達和所有人共同的期盼。

最後，我要特別謝謝國台辦、省台辦、綿陽市及涪城區政府的領導們的大力支持。感謝山東建築大學劉慧同學的設計團隊及指導教授。感謝中國建築設計研究院的專家，以及即將投入楊家鎮小學重建工程的施工隊。有了大家的參與，災區的重建史上，將會留下陽光燦爛的一頁。再次感謝大家的到來。也祝福全體小朋友們，兒童節快樂！

9

看見台灣的美和憂愁

「《看見台灣》東京首映會」開場致詞（2014年12月）

大家好！本人十分榮幸與高興，能夠邀請各位先進一同觀賞這部由齊柏林先生所導演的空拍電影《看見台灣》。

相信大家都知道台達產品中有一系列的投影系統，包括超短焦1至3萬流明的高解析度投影系統，許多拍攝影片的專家及導演會到我們公司來使用我們的大螢幕投影設備，也因此我們的同仁結識了齊柏林導演。他是一位熱愛空拍，同時自己還租用直升機等設備自行拍攝影片，而他的空拍影片都相當精采。

■ 從另一個角度看台灣

有一次，我的同仁告訴我，齊導演準備辭去他的工作，專心進行空拍工作，因為直升機的租用成本高昂，他甚至把自己的住宅抵押做為融資，我的同仁們想知道我是否有意願幫助他。我當時認為，不要因為我伸出援手後，而害了他辭去了現在的工作。

後來我才知道，他已經辭去了工作。我就是被他這股熱忱與決心打動，因此我決定贊助他拍攝這部電影，而我也衷心期望他的電影能夠獲得好評。

沒想到這部空拍電影造成了台灣有史以來最大的轟動，總計一千場次的上映與超過百萬人次的觀賞，且座無虛席。後來又被提名金馬獎，並獲選為最佳紀錄片的殊榮，我個人覺得這部影片的內容及空拍表現真的是十分優異，裡面除了帶出了台灣之美，同時也告訴了我們台灣的憂愁，某些產業破壞了台灣優美的天然環境，這些畫面也促成了政府及環保單位加強保護環保的決心，並促成了許多實際行動，同時它對一般民眾來說，也是一個很好的環保教育機會。

我們都知道，工業革命以後，因為人類排放了過多的CO_2及其他溫室氣體，造成全球氣溫升高與氣候變遷。由於環保是不分國界的，所以後來我也鼓勵齊導演他們能夠到海外發行此片。

我在影片中看到了許多過去由日本工程師們鑿下的大地痕跡與建設，我心想，相信有些日本友人們看到這些光景還能緬懷起當時曾在台灣留下的生活點滴及成就；我也很高興聽說替本片配音的知名演員西島秀俊先生看到本片後，決定獻聲參與此片。

今天非常感謝各位先進一起來觀賞這部片，年關將近，在此先向各位拜個早年。謹祝各位身體健康、萬事如意！

10

為孩子點燃希望的火種

「泰北華文教育獎助計畫20年」致詞（2019年3月）

我記得1989年，台達剛在泰國投資設廠，我那時候常去泰國，有同仁邀請我去泰北看看，說那邊有一批華人在那裡生活。我去的時候，發現他們的生活跟求學情況真的很辛苦，有些學生住在很偏遠的山區，每天要走二、三小時的路程才能上學。

可是，即使物質條件不豐裕，他們對下一代的教育依舊十分重視。事實上，當時的泰國政府是不允許設立華文學校的，規定所有學生都只能上泰文課程。但為了讓中華文化和自己的母語能傳承下去，當地華人還是突破萬難，自力興學、推廣中華文化、不讓下一代忘了自己的根源，令人感動。

而台達的泰國廠，也就是泰達電子，後來有很多幹部是從泰北出來的。他們多是畢業後先到台灣念書，泰達成立時就招募他們回泰國服務，爾後成為台達在東南亞扎根的重要助力。我覺得這群華人子弟實在很不容易，能夠從小一路在如此艱苦的地方生長、茁壯，所以當我有能力之後，也想去協助他們的家鄉，幫助更多有需要的孩子。

這想法醞釀了一陣子，終於從2000年開始，透過台達電子文教基金會的捐助管道，我們開始在泰北華文學校設立獎學金，從小學、中學、一直到來台就讀大學的泰北子弟，我們都提供相關的獎助學金，發放範圍涵蓋清萊、清邁等地區約150所中小學，累計到現在的受益學生超過5,000人次。不只台灣的台達基金會，當地的泰達電子，也會不定期對偏遠的華文學校，提供當地急需的各種軟硬體，協助師生打造更好的學習環境。

拋磚引玉，吸引更多資源

這幾年，台達集團研發、生產的許多產品，對提升當地教學品質帶來很多幫助，如高效節能的LED燈、超短焦投影結合互動功能的電子白板等。除了捐助硬體，我們也設法加強教學所需的軟體和課程內容，比方，2015年推出的DeltaMOOCx公益教學平台，在網路上免費提供台達基金會跟台灣高中學科中心合作開設的數理課程，後來我們理解在泰北山區的網路速度不若市區，就把這些內容燒錄成硬碟，無償提供給泰北地區幾所重點高中，等於是把台灣最好的師資跟課程帶到泰北。

然而，再多的獎學金跟軟硬體資源，都無法取代人能給予的溫度。不論再忙，每年泰達都會派高階主管和企業志工去訪視，到現場了解學校的教育現況與實際需求。2019年，當台達泰北獎學金專案即將屆滿20年之際，我也再次造訪泰北、回去看看當地孩子的情況。很令人感動的，現在當地學校裡有許多老師，是從台灣這邊的明星高中退休後，再主動到泰北服務的。除了來自台灣的老師與年輕志工，也有不少來自中國大陸的志願服務者，大家一起為當地的華文教育共同努力。

像是滿星疊村的大同中學，在教室裡操作台達捐贈超短焦互動電子白板的，是一位來自香港大學的博士生。他一方面驚訝在這裡也能使用跟香港同樣先進的教學設備，還主動設計許多教案，取代過去一成不變的授課模式，讓學生在上課時有更多互動和學習樂趣。還有位原本在曼谷工作的華人女士，接觸到泰北的學生之後，後來便決定提早退休，甚至搬來泰北，全心投入華校教育工作。諸如此類令人感動的故事，在泰北屢見不鮮，也希望透過台達的拋磚引玉，能吸引更多資源來協助他們，因為聽當地人說，在更偏遠的山區，還有許多資源無法到達的地方，需要外界更多關注。

在當地長年堅持辦學的校長們，也是群令人尊敬的教育家。像後來泰國政府解禁華校、成為泰北第一所合法立案華校的光復中學，該校的顏協清校長不僅將每位學生都教得極有禮貌，他也與台灣許多高中與大學頻繁交流，積極引入許多教學資源。校方在接受捐助後也不藏私，像前些年，我們發現當地的飲用水質不是很好，學童喝了不太健康，因此台達便捐贈淨水設備，除供應當地民眾日常使用，校長也很樂意將乾淨的飲用水，分享給附近有需要的村落，讓更多人可以受惠；台達捐贈的發電設備，同樣也讓學校與村莊免受電力不穩之苦。

而另外一所辦校卓越的建華高中，在該校耕耘的梁梅華校長，是在台灣留學後被延攬回泰北服務，因此對台灣的技職教育體系十分熟悉，進而打造出泰北唯一兼具高中與高職雙重特質的華校，學生從高二上學期起區分商業科、資訊科、華文科及師範科，不僅師資陣容堅強、教學設施完善，還成為泰北地區核可唯一的「華語文能力測驗」舉行學校。

至於台灣人比較熟悉的美斯樂，則是當地最具歷史指標的華校之一。成立之初均是由軍人擔任教師，免除貧困學生學費，在泰緬邊界延續華語教育的文化火苗。現在傳授範圍也不限華裔子弟，還收容了許多少數民族子女及泰國籍學生。

■ 教育，翻轉孩子的人生

回顧台達泰北華文教育獎助計畫這20多年一路走來，最初的動心起念，是感念於泰達員工的勤勉和貢獻，想對他們的家鄉提供一些回饋。後來我卻發現，這群在艱困環境下成長的華人子弟，長大後不但能夠自力更生，更對企業和社會有傑出貢獻，相信是從小面對困難的環境和挑戰下，培養出他們克服壓力、把握機會的生存韌性。

我出生於福建的建甌，年少時因戰亂而一度中斷求學，但非常幸運的是，來到台灣之後，不論在台中一中或是成功大學，都遇到非常好的老師，不僅啟迪了我對數理科學的熱情，影響我之後走上研發及創業之路，甚至可說是改變了我的一生。今後隨著科技與MOOC（Massive Open Online Course，大規模開放線上課堂／課程）平台的普及，如今在泰北的孩子，已經可以在網路上找到更多豐富的教育資源，跟全球各地的同儕一同學習、討論、合作，也期待有更多先進的協助和資源投入，讓泰北不再是被世界遺忘的角落。

輯二

【實踐】

創新科技，讓經濟與環保齊頭並進

經營企業的眼光要遠，了解未來的市場需要，

開發製造對社會真正有價值的產品，

我相信對社會有貢獻及價值的產品，自然會賺錢。

11

節約能源，不必降低生活品質

「工研院能源與資源研究所」演講（1993年1月）

楊日昌所長、各位女士、各位先生：

近年來隨著工業的成長及生活中各項用電設備的快速增加，能源的需求，特別是電力的需求每年不斷上升，過去10年來每年用電成長約7%。由於國民環保意識增高，增建核能電廠工程一再拖延，國內電力供應相當吃緊。

聽說在尖峰負載時段，電力供應餘裕只有5%，跳機停電的機率會愈來愈高，可以說是相當緊張。

談到蓋電廠，以目前能源增加速度來預估：未來10年，日本以外的14個亞洲國家將增加2億4千4百多萬千瓦的電力供應，相當於250座核電廠，而蓋電廠的花費更是天文數字，我們核四需耗資新台幣約1,700億（70億美元）。換句話說，每一個國民平均需要負擔新台幣8,500元的建廠費用，使得其他在教育、社會福利、交通建設方面可以享受的好處受到縮減，這些還不包含蓋電廠所要付出的社會與環境汙染的成本。

因此一些專家指出，今天要突破電源開發上的阻力，減輕電源開發對於生態環境之衝擊，紓解財政負擔上面的壓力，最好的方式其實就是「節約能源」。也就是說，我們必須改變觀念，體認到：節約一度電的花費，比蓋電廠產生一度電的花費要少，而且從環境保護的觀點上，更有價值。

但是，這中間有一個重要的觀念必須澄清，也就是說，**「節約能源」並不代表用降低生活水準的方式來減少用電，而是希望利用先進的科技來提高能源效率，不但要減少能源消費，也要增進生活品質**。因此，最新的節約能源觀念，並不是減少開燈、不用冷氣等等克難的方法，造成生活上的不便與工作效率之低落，而是不斷開發節約能源的新科技，提高能源的生產、輸送，以及消費各方面的效率。

要把節約能源的觀念付諸實施的話，政府和民間都要採取廣泛而有效的行動。

政府方面，諸如改進電廠生產效率，減少電力傳輸過程的損失、研究太陽能的使用、推廣汽電共生等等，均可以增加電力供應。此外，一個非常重要的手段，即是對於電力需求加以管理。例如實施建築物節省能源標準，提高電氣產品用電效率標準，鼓勵消費者安裝節約能源的照明及電力設備等。

近年以來，隨著科技快速發展，工業界不斷開發成功各種節約能源的新產品，例如高效率家電產品、省電型馬達、電子式日光燈安定器、高效率照明燈具等。以電子式日光燈安定器而言，效率比傳統日光燈安定器高出30%，而且減少日光燈閃爍帶來的不適。而最新開發的高氟省電燈泡，可以較一般燈泡節省75%的能源，多10倍的壽命。

■ 他山之石，可以攻錯

然而，這些新產品由於購置成本較高，不容易被消費者所接受。因此，先進國家對消費者購置省電產品都有政策性的補貼。舉例而言，澳洲政府對於消費者裝置高效率安定器，每安裝一個即補貼澳幣2元；美國政府則對於每一個高效率安定器補貼美金4元。在這種獎勵方式之下，各國照明用電方面的節省，頗有成效，這一點值得我國政府參考採行。

正如美國加州柏克萊實驗室研究指出：「蓋一所新電廠所需的代價是推廣省電燈泡的6倍」。有一次我在機場遇到一位同班同學，他代表GE（General Electric Company，奇異公司）來談核電廠的事。我們利用等飛機的時間大略估算出：如果全台灣燈泡都用節能燈泡，可以省下一個核能電廠。我也不很確定這個估算有多正確，也許讓在座專家實際估算一下，提供有關當局參考。

除了政府之外，電子業者應該把握節約能源及環保意識的高漲，投入節約能源產品的研發和生產。這方面可以發展的領域相當寬廣，尤其在座很多是電子、電機、能源相關產業之先進，企業中不乏優秀的科技工程人才，加上主辦本次大會的能源與資源研究所多年來在節約能源技術上，有相當可貴的成果，相信在研究所與業界配合之下，對於節約能源產品之發展大有可為。

以下，我以一個電子業者的立場，向各位報告一下本公司在發展節約能源產品上的一些經驗和方向，請大家參考與指教：

台達電子成立於1971年，迄今（1993年）已有20多年歷史，目前主要產品線包括交換式電源供應器、彩色監視器、電源雜訊濾波器、電磁零件、區域網路元件等。

其中以交換式電源供應器為最主要產品，占營業額50%以上，過去幾年成長非常快速，而且品質和信賴性方面廣受客戶所肯定。根據美國Power Source Manufacturers Association（電氣製造商協會）委託Trish Associates, Inc. 所做的一項市場調查，台達電子所生產的電源供應器，客戶滿意程度高居第2名，在一百多家供應廠商中，表現非常突出。

我們公司從事電源供應器的設計和製造，已有10年以上的歷史，一開始做低瓦特數、供個人電腦使用的電源供應器，然後逐漸提升產品的層次，跨入工作站領域的電源供應器，最近還成功開發了功率超過2,500瓦的高功率電源供應器，供電信局交換機使用。同時，在高功率密度直流電源轉換器（DC-DC Converters）和筆記型電腦使用的電源供應器，也有很好的開發成果。

從節約能源的觀點來看，以交換式電源供應器取代傳統線性電源供應器是一項重大的改進。傳統的線性電源供應器效率只有50%左右，也就是其消耗的電力有50%是浪費掉的。而交換式電源供應器在效率上可以達到70至90%，大大減少電源供應器所消耗的電力，對電氣產品的節約能源，有很大的貢獻。

■ 拋磚引玉，企業界共同努力

交換式電源供應器的使用廠家，對其安全性和信賴性有嚴格的要求，在安全規格上要通過主要國家安規標準，如美國UL、加拿大CSA、歐洲VDE等，並且通常要求加上各種保護線路，如過電流保護、過電壓保護、過溫度保護等。為了在不同地區使用，交換式電源供應器的輸入端往往經過特殊設計，以適應不同國家的電壓標準。例如Autosensing（自動感應）設計，可以自動偵測市電的電壓，切換輸入端；而Full Range（全域）設計更可以容許輸入電壓從90V變動到264V，世界各地均可使用，不需任何調整。

另一方面，全球各地的環境保護和節約能源意識，也對交換式電源供應器的產品發展，有重大的影響。例如近年來客戶對Power Factor（功率因素）逐漸重視，交換式電源供應器必須設計Power Factor Correction（功率因素校正）的線路，而IEC（International Electrotechnical Commission，國際電工協會）也制定了IEC-555-2標準，對於市電的電流波形和諧波成分，做了一些規定，由於功率因素校正可以減少市電傳送上的損耗，預期其重要性會逐漸增加。

此外，先進國家也要求電腦設計必須符合「Green PC」（綠色個人電腦）的理念。也就是說，產品設計要考慮資源回收和節約能源的需要，其中規定電腦開機後，如果持續一段時間沒有操作，那麼電源應轉換為Standby（待機）狀態，如此可以節省電力的消耗。為了符合這個規定，我們的電源供應器也必須加上Power Management（電源管理）功能，可以根據負載的操作情形，改變電力供應狀態。

除了交換式電源供應器外，我們也與GE合作，為該公司生產電子式日光燈安定器。這個案子我們已經進行了一年多，目前生產3種機型，功率由11W到20W。電子式安定器除了效率較高之外，而且燈光不閃爍、尺寸較輕巧、壽命也更長，同時由於散熱較少，可以減少室內溫度的升高。如此一來，冷氣不必開得太強，也間接減少冷氣所消耗的電力。

此外，我們對於馬達控制用的VVVF（Variable Voltage Variable Frequency，變壓變頻變流器，以下簡稱VVVF變頻器）也很感興趣，使用VVVF變頻器可以提高馬達使用效率。因此，各種以馬達啟動之產品，例如冷氣機、電冰箱、電梯等等，都可以使用VVVF變頻器來提高效率，未來甚至可以使用於電動車上。我們在這一方面的研究也是與能源與資源研究所合作，相信會有很好的成果。

2012年，獲頒工業技術研究院首屆院士獎章。

12

Close to Customers, Provide Better Service

Speech at Ground Breaking of DPR Building（Jan, 1997）

Ladies & Gentlemen,

Good morning. Firstly, I would like to thank you very much for attending this ceremony and visiting our product exhibition. It is a great pleasure for me to host the ground breaking of our new office.

For many years, the United States has been the primary market of our products. We started our U.S. operations early in 1980 when we set up an office in San Francisco. Since then, we have made good progress in developing the U.S. market. With the business increase, we continued to expand our U. S. operations. Right now, we have offices in Fremont, Raleigh, Houston, Boston and Portland, as well as a power electronics lab in Virginia Polytechnic Institute. We also have manufacturing operations in Nogales close to the U.S. – Mexico border. With the manufacturing operations and sales offices in Northern America, we are able to get close to our customers and provide them better service. I take this opportunity to appreciate the support from the U.S. customers and local communities, which are very important to our business success.

In the United States, the east coast is one of the high-tech areas. With its advanced technical resources and professional engineering people, the east coast has attracted many computer and electronics companies to make their business investment. Delta also has very extensive business activities in the east coast. Many of our key customers like IBM, Digital, GE, Nortel, Xerox and others are located on the east coast. We feel that the east coast has a lot of business potential and would like to reinforce our services to the customers in this area. It is under this consideration that we acquired a land area and built this new office in the Research Triangle Park.

The construction of our new building will be completed by the end of 1997. It has a floor space of around 47,000 square feet, almost ten times that of our current office. In the new office, we are going to further expand our sales forces. Meanwhile, we will set up engineering labs for switching power supplies and network products. The engineering people here will work closely with our customers to develop new products that better meet their requirement. I believe this is very helpful in providing customers more satisfactory service and building up better customer relationships.

I would like to thank you again for attending this ceremony. I wish you a nice day and hope you come to visit us often after the opening of the new building. Thank you.

12 中文譯稿

與客戶拉近距離，提供更好的服務

「北卡電力電子研究中心大樓動土儀式」演說（1997年1月）

各位女士、各位先生：

早安。首先非常感謝各位出席這項典禮，並參觀台達的產品。很榮幸在這裡主持我們新辦公室的動土儀式。

多年來，美國一直是台達的主要產品市場。我們1980年初就在舊金山設立辦公室，開展美國業務，之後在美國市場的發展也十分順利。隨著業務成長，台達在美國的版圖也逐步擴張。目前（1997年），我們在佛利蒙市（Fremont）、羅利（Raleigh）、休士頓、波士頓與波特蘭設有辦公室，並在維吉尼亞理工學院設有電力電子學實驗室。台達在美墨邊境附近的諾加利斯（Nogales）也設有製造工廠。靠著在北美地區的工廠與辦事處，台達希望能與客戶拉近距離、提供更好的服務。我要藉此機會，感謝美國的顧客與當地社群的支持，這對我們業務的成功來說意義重大。

在美國，東岸屬於高科技區域，擁有先進的技術資源與專業的工程人員，吸引諸多電腦與電子企業進行商業投資。台達在東岸的業務也十分廣泛，包括IBM、迪吉多、奇異、北電網路（Nortel）、全錄在內，許多重要客戶同樣位於東岸。正是有鑑於東岸的商業潛力豐富，也希望加強對本區客戶的服務，我們才會收購園區土地，興建這棟在Research Triangle Park（三角研究園）的新辦公大樓。

台達的新大樓將在1997年年底前落成，樓地板面積約47,000平方英尺，幾乎是目前辦事處的10倍大。在新的辦事處，台達會進一步擴大業務，並會設立工程實驗室，研發交換式電源與網路產品。這裡的工程人員會與台達的客戶密切合作，研發更符合客戶需求的新產品。我相信，這會非常有助於提供讓客戶更滿意的服務、建立更好的客戶關係。

再次感謝大家出席這場儀式。祝各位有美好的一天，也希望在新大樓落成後，能看到大家時時造訪。謝謝大家。

13

因應大環境變化，把握商機

「成功大學畢業典禮」演講（1997年3月）

各位親愛的同學：

今天非常感謝母校的安排，讓我有機會回到這裡，與各位學弟、學妹共聚一堂，我畢業到現在已經30多年，期間陸續有機會回來，每一次回到自己母校，都感到無比的熟悉和親切。

我今天向各位所作的報告，主要分為3個部分，首先，簡單談一下我自己的經歷，接著，向大家介紹我們公司，台達電子公司的發展情況，同時也向各位說明我們公司成長中一些經營上的經驗，以及今後的發展方向。這幾年由於資訊的發展，整個大環境必然產生變化，最後，我也想談一點我們資訊環境的變化，讓我們思考一下如何因應並尋找新機會。

■ 個人經歷與台達發展

我在民國38年13歲的時候，從大陸隨著舅舅到台灣讀書。

當時以為一、兩年就可以返回家鄉，沒想到一離開就是40年；少年時代得到老師和學長們的照顧以及旅居海外的舅舅的接濟，才幸運完成中學和大學教育。當時大學畢業生最理想的心願是留美，而我由於經濟上的困難，只好留在台灣就業，因為如此才有機會參與和經歷台灣由農業社會一步一步發展工業，並進入國際市場的歷程。

民國48年，我從成大畢業並服完兵役，進入台南的亞航工廠，在儀器部服務4年多，從事飛機電子儀器及控制系統之維修。後來到美商TRW電子公司服務，連我在內一共有9個人被派到美國受訓，再回到台灣設立電子零組件工廠。我在TRW工作5年，先後擔任生產、工程及品管經理等職務。當時台灣正開始製造電視機內外銷，零組件都是從日本整套進口來組裝，我看到這種情形，覺得台灣本地生產零組件，必然有很大的市場需要。因此辭去TRW的工作，開始創業，成立台達電子公司，製造電視零組件。由於資金有限，所以台達電子一開始規模很小，只有15人，但是在全體員工的努力之下，公司成長很快。

過去20多年來，不但業績快速成長，而且也建立了很好的市場地位和商譽，根據全球知名電源市場調查機構Micro-tech Consultant所做的一項市場調查，本公司在全球交換式電源供應器市場的占有率，居於首位。回顧我們這些年來的經驗，我覺得有幾個主要因素促成我們的成長，值得提出來給各位參考：

一、**良好的企業文化**：企業文化塑造了員工的工作態度和想法，對於公司的影響非常深遠，我們公司在創立早期，就由全體員工討論並制定了「實、質、捷、合」做為台達的企業精神。

所謂「實」就是腳踏實地、貫徹確實，對於問題不敷衍應付；所謂「質」即品質至上、追求零缺點的精神；所謂「捷」即精敏迅捷、對市場變化，採取快速有效的反應；所謂「合」即團隊合作、利用團隊的力量，來幫助個人充分發揮其才能，以提供令客戶滿意的產品和服務，並促進個人和公司的發展。由於「實、質、捷、合」的精神深入公司全體員工的內心，確立良好的工作態度和內部共識，使得組織可以發揮最大的力量。

二、**重視品質**：我們公司在市場上，一向以良好品質和信賴性取勝，多年來榮獲主要客戶如IBM、HP、NEC（日本電氣）、Intel、GE等公司頒獎表揚。像HP公司的產品，在市場上的評價很高，對品質的要求也很嚴格，能夠獲得該公司優良品質獎的廠商寥寥可數，在台灣則只有台達電子。而日本公司如NEC，對品質的要求更是非常挑剔，我們的品質能夠得到他們的肯定，相當難得。在品質方面，我們非常強調「Do It Right The First Time」（第一次就做好）的精神。從設計階段，就注重品質管制。所有樣品在設計過程及完成之前，必須會同品質工程和製造工程人員，就其產品性能、安全規格、品質水準及信賴性、製造難易度等進行研討及評估。

同時，為了確保產品的可靠性，樣品必須經過嚴格可靠性試驗，才可以進行量產，以期盡早發現設計上的潛存問題，在大量生產之前予以修正。

由於產品在設計階段就作好品質管制。因此，可以有效避免在大量生產中再進行產品修改，導致成本的浪費和時間的延誤。

目前，我們公司所有工廠都是ISO-9000品管認證合格工廠，完全合乎國際上最嚴格的品管規範。

三、**注重研究發展**：隨著市場環境的變遷，產品的生命週期愈來愈短，例如最近個人電腦新產品，有的平均壽命少於一年，過了一年，產品就面臨殺價與淘汰。一家公司要在市場上立足成長，必須不斷推出新產品。有鑑於此，我們公司一向對於研究發展非常重視，每年提撥營業額的5%用於研發支出。

目前我們除了台灣各個工廠有自己的研發部門之外，並且在美國維吉尼亞州設有Delta Power Electronics Lab（台達電力電子實驗室），研究開發效率更高、體積更小、性能更好的新一代電源供應器。另外，在美國東岸，我們位於美國最大科學園區之一三角研究園的分公司內，也設有一個Lab開發交換式電源和網路產品。同時，我們目前在台南有一個UPS（Uninterruptible

Power Supply，不斷電系統）工廠，將來南部科學園區的條件比較成熟以後，我們準備搬到科學園區，到時候會再增加UPS的工程陣容。

由於在研究發展方面持續投資的成果，我們每年都有很多新產品推出。每年營業額中30%以上來自於新產品的銷售，維持了公司成長以及合理的獲利水準，也為我們員工提供不斷吸收新科技，不斷成長的環境。

四、**滿足客戶需求**：在市場導向的時代裡，客戶滿意是成功最重要的關鍵。我們公司主要從事工業產品ODM（Original Design Manufacturer，原廠委託設計）業務，客戶非常重視我們在產品品質、交貨、成本和技術方面的表現。在這一方面，我們一直不斷的努力，來滿足客戶的需求。

同時，目前最新的管理觀念強調一切以客戶為中心，不管在心態上、組織上和作業上，都要以客戶的需要為導向。基於這樣的觀念我們現在正在公司內部推動企業再造（Re-engineering）的活動，希望藉著這個活動對公司的組織和作業，乃至於員工的想法，進行更根本的革新，提供客戶更好的服務。

■ 資訊環境變化及機會

最近幾年來，整個資訊環境有很大的變化，電腦網路愈來愈普遍，對於我們的生活、工作和娛樂，都會造成基本架構上的改變。舉一個例子來講，現在我們去身體檢查或看病，要到醫院掛號、看診、拿藥。未來電腦網路應用到醫療上面，那麼病人可以在家裡自己做一些檢查，把結果送到網路上，醫生可以透過網路取得資料，加以診斷。而病歷資料可以存放到電腦網路上，在轉診時，醫生可以取得病人過去所有的病歷。甚至在未來隨著虛擬實境技術的發展，醫生可以透過網路進行會診或者與開刀房連線作遠端的外科手術。

面對整個資訊環境的變化，資訊電子業也不斷發現新的商機，過去我個人去參觀各種資訊電子展覽，每年的新產品大都是換湯不換藥，倒是這兩年我常常看到一些真正創新的產品。

在我們台達電子公司，也是因應著整個資訊環境的改變，不斷開發新產品。以Display（顯示器）產品來講，我們起步較晚，因為市場上已經有很多競爭者，我們不願做個Me-Too Company（「我也會」公司），後來體認到未來Multimedia（多媒體）市場很大，如果我們不進入Monitor（螢幕）市場，永遠爭取不到這個商機，才開始生產 Monitor，由於我們產品品質和性能受到客戶肯定，幾乎每年都呈倍數成長，而且客戶多是市場上數一數二的公司，像Fujitsu（富士通）、Mitsubishi（三菱）等。

在Power Supply（電源供應器）方面，除了現在的電腦用產品以外，我們繼續發展的產品也很多，例如通訊電源、UPS、Motor Control（馬達控制）等。

在Component（零件）方面，我們目前可說是世界上最大的零件廠商，主要做電源供應、Telecommunication（電信），也開發微小型的Chip Inductor（晶片電感器），和微波通訊用的RF Module（射頻模組）。另外，我們在新竹科學園區投資設立乾坤科技公司，研發生產薄膜零件，如Chip Resistor（晶片電阻器）、Resistor Network（電阻網路）和Platinum Thermal Sensor（鉑絲感測器）。舉例來講，我們以1個Surface Mounting Resistor（表面黏著型電阻）大小的尺寸，可以設計進去8個晶片電阻，而且它的Tolerance（容限）和溫度係數，都比一般表面黏著型電阻產品好。

今後我們在微型零件、Thin Film（薄膜）零件、Liquid Crystal Flat Panel（液晶平面）零件方面，都非常需要人才；另外，我們還有專門研發網路產品以及Energy-Saving Ballast（安定器），我們公司產品所涵蓋的範圍很廣，需要各方面的人才。各位都是成大所培養的高級人才，我非常歡迎各位加入我們的行列，為個人及公司美好的前程，一起努力。

最後，我再度感謝主辦單位的安排，以及各位同學的光臨，並祝大家身體健康，學業進步！謝謝大家！

14

Delta and IBM

Speech at IBM Symposium for Emerging Countries (Oct, 1997)

Ladies & Gentlemen, Good Morning!

I am very glad to be invited to this symposium. It's my pleasure to meet all of you and to share our experience of what it is like to be an IBM supplier. Delta used to be a typical emerging country supplier. We started doing business with IBM since 1978, almost 20 years ago. We treasure the long term relationship with IBM and the opportunity to continuously grow with IBM. I appreciate your presence at this meeting and hope our experience is helpful to you.

First, allow me to give a very brief introduction of Delta. Delta started our business in 1971 with 15 people. In the last 26 years, we have grown to be a multinational company, providing electronics components and products to the ODM customers. We have engineering and manufacturing bases in Taiwan, China, Thailand and Mexico as well as sales offices globally. Today Delta has 20,000 employees. Our sales just exceeded 1 billion in 1996.

Delta is the world's leading manufacturer of switching power supplies. We are also a major supplier of color display and electronics components. In addition, Delta also provides other ODM products such as Telecommunication Power System, Uninterruptible Power System, Thin Film and Thick Film Hybrid Circuit and Networking Products such as LAN Card, Hub and Switching Hub, Electronics Ballast for Energy Saving Lighting, Ni-MH Rechargeable Battery and High Speed CD-ROM.

To better present the relationship between our growth and our business with IBM, I have made three charts (next page). All of them use linear scales but the unit of the vertical scale increases ten times for each chart. In these charts, I showed our sales history and forecast up to 1999, plus the major events of business with IBM. I will use these charts as the background to explain our business relationship with IBM later.

Each company must have its strength to support continuous

Delta Sales Record &Prospect

in US$M

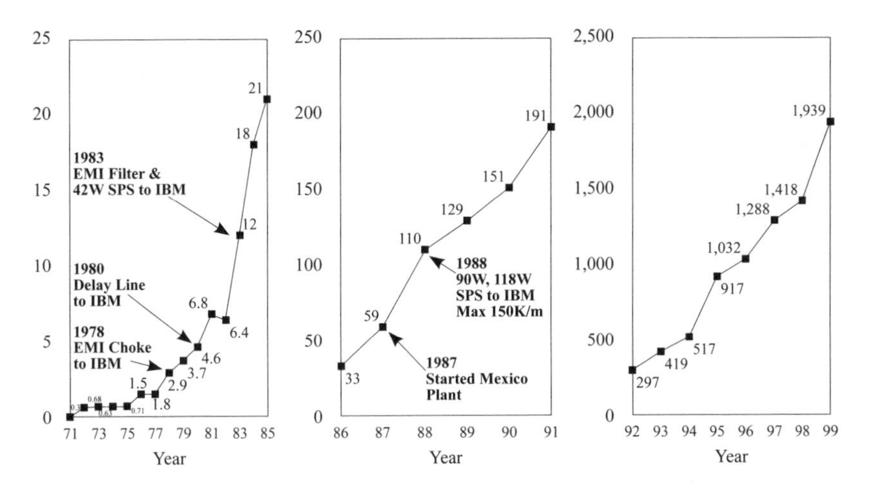

operations and growth. For Delta, our fast growth also came from some factors which I would like to share with you. **The first one is quality. Customers will not continue doing business with a supplier if it cannot provide good quality.** When Delta was founded in 1971, Taiwan was still at the early stage of industrial development. The labor cost and overhead were very low. Even with the cost advantages, we still felt that it is very important to provide good quality. Therefore, although Delta was a small company at the time, we worked very hard to maintain good quality. This is the main reason of our business success and fast growth.

The second factor of our success is keeping up with market change. In the last few years, the market environment has been changing very fast. If a company can adapt to change or even make changes ahead of the market, it will secure a leading position. However, if a company can not keep up with change, it would be dropped out from the market. At Delta, we continue to develop new products to meet the new market requirements. More than that, there are some other factors, for example, today production requires just-in-time and built-to-order to meet customer requirements. Therefore, we have to improve the MRP and production techniques and developed production processes so that different models can be made on the same production line. We also understand that, in the future, customers will want to place their orders through computer systems and ask suppliers to make deliveries. Our information system can be connected directly to our customers. Therefore, we are also implementing SAP system to fulfill the future trend.

The third factor of our success is globalization. Most of the ODM customers have worldwide operations. They want their suppliers to make deliveries to their major operations in different countries.

Therefore, for many years, we have built up our global operations step by step. We started the first overseas plant in Mexico and gradually set up production plants in Thailand and China. In Europe, we are now setting up a manufacturing plant in Scotland. Besides production bases, we also have engineering labs and customer service centers in many countries. In the United States, we have a power electronics lab in Virginia and another engineering lab in Raleigh to design power supply and networking products. In Europe, we have also recruited engineers to provide customers technical service. Through our worldwide production base and customer service center, we can provide customer service globally.

Delta's continuous efforts to make quality improvement, adapt to environmental change and set up global operations allow us to achieve business growth and to build a close business relationship with IBM. I will give more explanations later on. Now let me use the three charts I made to share some of our business experience with IBM.

In 1978, we started doing business with IBM and provided them with EMI choke. At that time, Delta mainly produced electronic components, especially IF Transformers. We made 20 million pieces, a record of shipment to RCA for two years without a single rejection. Such a quality performance hit a new record among all RCA suppliers and we therefore received a vendor award from RCA for outstanding performance. Because of our emphasis on quality, we like to do business with big ODM customers. They have more stringent requirements on quality, but we are confident to meet the challenges.

Therefore, although Delta was a small company in 1978 with a sales of 2.9 million, we were very eager to do business with IBM. The chance finally came when IBM IPO brought us a business to provide IBM EMI choke. Although they told us that the business volume was only 500 pieces per month, we still felt very interested in it. We felt that it is our honor to do business with a respectable company such as IBM. Also, it would help us gain more confidence and develop more business with other customers if they know that we are an IBM supplier. Therefore, we made samples, got IBM's approval and started production. After production for one year, IBM IPO informed us that the quantity would be increased ten times. They placed a big order and asked us to prepare materials immediately. This EMI choke used a special MPP core which has superior saturation characteristics. The core was very expensive and the supply was very tight. After we received IBM's order, we tried our best to get all materials ready and made the shipment to IBM shortly. However, just one month later, IBM told us that there were some mistakes. The actual demand was only 1,000 pieces per month. IBM had to cancel a lot of orders. We were very shocked at that time because, for a small company like Delta, the stock of core is a lot of expense. Fortunately IBM promptly reviewed our document and inventory and paid us a cancellation charge. We were very impressed by the way IBM handled business and protected its supplier. Therefore, we were even more interested in developing further business with IBM.

In the next few years, we had developed more business with IBM, including providing delay line to IBM Compec in Europe. As I mentioned, a company must keep up with the market trend. In the early eighties, because of the increase use of digital equipments, EMI interference became a serious problem. The market demand for EMI filters rose very rapidly. Therefore, we had been aggressively developing EMI filters. In 1981, we introduced a full series of EMI filters covering more than 200 part numbers, all UL, CSA and VDE approved. Shortly after, our EMI filters became very popular and the production volume grew very fast. Although we were interested to supply EMI filters to IBM, IPO spent a lot of time to find out which location needed EMI filters because IBM is a very big company. They finally found a requirement and got the specifications for us. Since we had over 200 standard part numbers, we quickly found a standard part which met IBM specs. and sent it to IBM for approval. Later on, we heard from IBM that the metal case of our EMI filters failed in their environment test. It was surprising because we had sold many EMI filters but never heard complaint of the metal case plating. However, IBM has more stringent requirements than other customers. The metal case finishing must undergo testing with salt water spray and then put into humidity chamber for a long time. The product will be rejected if there is any rust. When we heard IBM's requirement, we developed new processes with our supplier and used multiple coating on the metal case. On top of the multiple coating, we also used solder coating for better solderability. We then resent the sample and got IBM's approval and orders. This is a very interesting case to see that IBM's quality requirement is more stringent than other customers.

In the 1980s, switching power supply gradually replaced linear power supply, especially in PC application. Based on the market trend and our technical strength on EMI filters and magnetics, we decided to develop switching power supply.

However, we understood that, to be a manufacturer of switching power supply, we must provide good design capability and customer service. Unfortunately, at that time, there was no experienced engineer in Taiwan to design switching power supply. All we could do was to hire good analog engineers and let them learn to design switching power supply in our lab. After two years, we accumulated more experience and felt confident on our design and service capabilities, we then approached our customers and offered them our switching power supply.

In 1983, a switching power supply vendor to IBM Toronto was out of business. IBM IPO knew that we made switching power supply and asked us to urgently take over the original vendor. Within two months, Delta was able to make rush delivery and meet IBM's demand. After we made shipment to IBM Toronto, I visited to see how they felt about our quality. They were very satisfied with our quality. Because of our good quality and service with this project, we have been able to provide more power supply to IBM since then.

We started our Mexico plant in 1987. The next year, IBM awarded us a 90W project. IPO told us that this was IBM's largest power supply project and we were selected among many strong competitors. This was really a big project. In some peak months, we were asked to deliver up to 150 thousand pieces. At that time, 150 thousand pieces per month was a huge quantity for our production capacity. Therefore, we expanded production capacity and added night shifts to meet IBM requirements. Because of this, we achieved fast business growth. On the other hand, we also experienced the up and down of orders for the PC market. Therefore, I felt concerned that, if there was no continuous orders from IBM, we would face idle capacity since we had made a lot of expansion. Fortunately we got the next project of 118W power supply. Although the price was very competitive, it kept us from the risk of idle space and allowed us to make continuous growth.

This is a business risk that I had to point out. I am glad that IBM has a good policy to avoid its supplier depending too much on IBM orders. This reduces the business risk of IBM suppliers. On the other hand, a supplier has to manage its own risks. If a supplier expands too fast because of one or two customer requirements, it will face serious financial risks when these big customers drop their orders. This is especially true for smaller suppliers from emerging countries.

I also remember another experience that I would like to share.

IBM once gave us a power supply project. This power supply project was a high-end computer system used for banking and airport. However, we had no idea about its application when we made the quotation. Because we used to make power supply for PCs, we applied the concept of PC power supply to our quotation. Frankly speaking, it is this misunderstanding that allowed us to quote a very competitive price and got the business. Otherwise we would have lost this project. When I learned later that this power supply was for very high reliability application, I felt very worried that we applied the concept of PC power supply to design this model. If we had known its application, the power supply design would have been different. Fortunately this power supply did not go wrong in this project. But we had worked with IBM to make several modifications to prevent any problems. Based on this experience, I would like to suggest that IBM IPO or procurement people should be more aware of the application. They also should know the supplier's capability and let the supplier understand the application. In PC application, if one power supply breaks down for every 1,000 units, we can make replacements and the customer will still feel satisfied. However, if the power supply breaks down in the airport, the consequence could be very serious. For safety, this power supply should be designed with redundancy. Today, with our abundant experience in the power electronics industry, we have developed many power supplies for high reliability applications such as server or telecommunication. We also have a design group to develop telecommunication power systems. I trust that we can provide very good power supply for high reliability applications such as this case.

Recently, there is a trend that PC companies use subcontractors to make barebone assembly. Under this situation, we are asked to ship power supplies to their barebone assembly house. If the barebone assembly house is not well-managed or does not understand customer requirements, their order becomes very fluctuating. Furthermore, they often delay payment which increases our financial risk. We feel that we can provide high quality assembly to our customers. Therefore, we formed suppliers with the largest case manufacturer in Taiwan and set up factories in Texas and China to make barebone assembly. In addition, we also made some re-engineering internally and implemented SAP computer software. In our manufacturing plants, we have developed production processes allowing us to produce different models on the same production line. With these preparations, we are able to meet customers' just-in-time and built-to-order requirements. Further to the barebone assembly, we can also provide final assembly to our customers in the future.

In the last few years, the PC market changed very fast. To cope with this market situation, IBM also made a lot of changes. Specifically, IBM has made much improvement on its flexibility and supplier relationship.

As IBM's long time supplier, we are glad to see IBM's improvement on supplier relationship. It is very impressive that a giant company like IBM is so flexible to respond to market change. I believe this is why IBM could overcome the market challenge and recovered its leading position.

I just attended IBM's Supplier Advisory Council in June. In this Council, I was highly impressed by the atmosphere of open discussion and the respect of suppliers' opinions. We feel that IBM is enthusiastic to listen to suppliers' voice and to take action. IBM also shows greater sincerity to establish long term partnerships with its suppliers. To build better teamwork with suppliers, IBM is more open to share information and its business vision with the supplier. I feel very respectful to IBM's progress in supplier relationships. I trust that this is very positive to IBM's continuous business success.

For Delta, doing business with IBM brings many advantages. IBM's stringent requirements on quality and reliability helps the supplier to improve its quality system. The substantial business volume placed by IBM also allows the supplier to achieve fast growth. Our business experience with IBM is full of achievement and pleasure. I take this opportunity to thank IBM for their continuous support and trust we can do more business with IBM in the future.

I appreciate your joining this meeting to share our experience. Thank you very much.

14 中文譯稿

台達與IBM

IBM新興國家供應商大會演說（1997年10月）

各位女士、各位先生：早安！

很高興獲邀出席這場大會。很榮幸能在此見到諸位，分享台達做為IBM供應商的經驗。在過去，台達就是一個典型的新興國家供應商。我們從1978年開始與IBM的業務往來，至今已經過了將近20年。我們很珍惜能與IBM長期合作，持續共同成長。感謝各位出席這場會談，也希望台達的經驗能對各位有所幫助。

首先，請容我簡單介紹一下台達電子。台達創立於1971年，一開始只有15人。在過去26年間，台達逐漸發展成一家跨國企業，為ODM顧客提供各種電子零組件與產品。我們在台灣、中國、泰國與墨西哥設有工程與製造基地，也在全球各地設有業務辦事處。如今（截至1997年為止），台達的員工人數已來到2萬人，營業額在1996年突破10億美元。

如今，台達是全球一流的交換式電源供應器製造商，也是彩色顯示器與電子零組件的主要供應商。台達還提供其他ODM產品，例如通訊電源系統、不斷電系統、薄膜與厚膜混成電路、以及網路產品，例如網路卡（LAN Card）、集線器和交換式集線器（Switching Hub）、節能照明電子安定器、鎳氫充電電池、高速CD-ROM。

為了清楚呈現台達的成長與IBM合作之間的關係，我做了3個圖表（請看下頁）。雖然都使用線性比例，但不同圖表在垂直軸上的單位差了10倍。這些圖表呈現了台達的過去業績、以及到1999年的預測，再加上與IBM的重大業務合作情形。我會以這張圖表作為背景，解釋我們後續與IBM的業務關係。

每家公司都必須具備實力，才能持續營運與成長。就台達而言，也有一些想在這裡與大家分享的重要因素。**第一是品質，要是供應商無法提供良好的品質，肯定留不住客戶**。1971年台達成立時，台灣還處於產業發展的早期階段，勞力成本與間接費用（overhead）很低。這時台達雖然掌握成本優勢，但還是覺得優良的品質是重中之重。所以雖然當時規模不大，卻非常努力維持良好的品質。這也是台達業務成功、能夠快速成長的主要原因。

台達成功的第二大因素，是跟上市場的變化。過去幾年，市場環境改變極為迅速。如果企業能夠適應改變，甚至是搶先市場一步做出改變，就能維持領先；但要是趕不上環境變化的腳步，

台達營收報告與展望　　單位：百萬美元

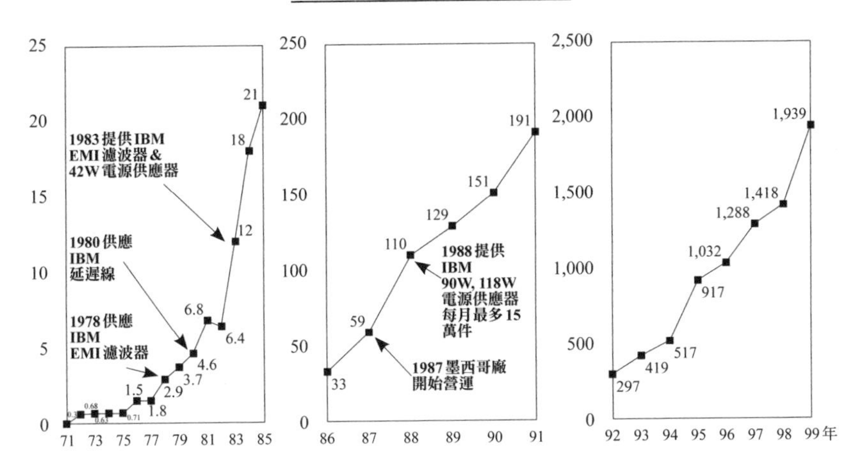

就會被市場淘汰。在台達，我們除了不斷研發新產品，滿足新的市場需求，還會搭配一些其他因素，像是今日的生產就需要做到即時應對市場需求和變化與接單後生產（Built-to-order），以滿足顧客需求，所以我們必須改善MRP（Material Requirement Planning，物料需求規畫）與生產製造技術，並研發生產流程，讓同一條生產線能做出不同的型號。台達也了解，未來客戶會想透過電腦系統來下訂、請求供應商交貨。台達的資訊系統能夠直接與客戶連結，而且我們也正採用SAP系統，以滿足未來的趨勢。

台達成功的第三大因素，在於全球化。台達大多數的ODM

客戶都屬於全球企業，會希望供應商把貨物送到它們位於不同國家的各大據點，所以這些年來，台達也一步一步打造全球營運網路。我們的首座海外工廠位於墨西哥，接著也逐步在泰國與中國設置生產基地。在歐洲，我們正在蘇格蘭設廠。除了生產基地，台達也在許多國家設立工程實驗室與客服中心。像是在美國，台達有一間電力電子實驗室位於維吉尼亞，也有一間工程實驗室位於羅利，設計電源供應器與網路產品。在歐洲，台達也請來工程師，為客戶提供技術服務。透過全球生產基地與客服中心，台達在世界各地都能服務客戶。

台達不斷努力提升品質、適應環境變化、建立全球營運，也就讓我們不但在業務上能夠成長，也能與IBM建立密切的業務關係。這點我在後面還會再向各位報告。現在就請讓我先跟各位分享台達與IBM的業務往來經驗。

1978年，我們開始與IBM開展業務，為IBM提供EMI電磁干擾濾波器。當時台達主要的產品是各種電子零組件，特別是中頻變壓器。我們的製造量達到2,000萬件，而且供應給RCA也有連續2年無退貨紀錄。正因為表現卓越，在所有RCA供應商中創下新紀錄，而曾得到RCA的優良供應商大獎。由於我們以品質為重，也就更喜歡與大型ODM客戶往來。這些客戶對品質的要求更為嚴格，但台達有信心完成挑戰。

因此，雖然台達在1978年只是一家小公司，營業額僅僅290萬美元，但我們非常渴望與IBM合作業務。後來機會終於出現，IBM IPO請我們為IBM提供EMI濾波器。雖然當時他們表示需求量只有每月500件，但我們仍然很感興趣，覺得能和IBM這樣值得尊敬的企業往來，是台達的榮幸。此外，如果能成為IBM的供應商，也有助於我們更有信心、與其他客戶開展更多業務。因此我們製作了樣品，得到IBM的認可、也開始生產。生產一年後，IBM IPO通知我們，需求量將大增10倍，他們下了大筆訂單，也要求我們立刻開始備料。這件EMI電感器使用的是特製的MPP磁芯，飽和特性更佳，但也非常昂貴，供貨量極為有限。收到IBM訂單後，我們盡快準備好了所有物料，不久後便出貨給IBM。但在短短一個月後，IBM告訴我們事情有些差錯，實際的需求量只有每月1,000件，他們不得不大砍訂單。這在當時令我們大為震驚，因為對於台達這樣的小公司來說，磁芯庫存實在是一筆不小的費用。幸好，IBM迅速審查我們提出的文件與庫存，也支付了訂單取消的費用。對於IBM如何處理業務問題、如何保護供應商，都令我們印象深刻，往後也就更希望能與IBM進一步合作。

接下來幾年，我們與IBM有了更多合作，包括向歐洲的IBM Compec實驗室提供延遲線（Delay Line）。前面曾提到，企業必須跟上市場趨勢。在1980年代早期，由於數位設備使用增加，

EMI干擾成為嚴重的問題，市場對EMI濾波器的需求迅速上升。因此，台達開始積極研發EMI濾波器。1981年，台達推出全系列EMI濾波器，料號足足超過200個，都經過UL、CSA和VDE認證。不久之後，台達的EMI濾波器就變得十分熱門，產量也迅速成長。雖然我們很想成為IBM的EMI濾波器供應商，但由於IBM規模實在太大，所以IPO花了很多時間，才確定哪個地點需要EMI濾波器。他們終於找出了需求，並向我們提出所需規格。而由於台達有超過200個標準型號，很快就能找出符合IBM所需規格的型號，寄給IBM審核。但後來IBM通知我們，該款EMI濾波器的金屬外殼並未通過測試。這令我們大感訝異，因為我們已經售出許許多多的EMI濾波器，從未有客戶抱怨金屬外殼鍍層有何問題。然而，IBM的要求就是比其他客戶更為嚴格，會先將金屬外殼噴上鹽水，再放進溼度槽，完成長時間的測試。一旦出現任何鏽跡，就無法合格。我們知道IBM的要求之後，便與供應商研發新製程，並為金屬外殼加上多重鍍層，而且在多重鍍層之上，還加上了銲接塗層，能使可銲性更佳。接著，我們重新寄出樣品，終於得到了IBM的核可與訂單。這是一個很有意思的案例，能看出IBM對品質的要求，就是比其他客戶更嚴格。

在1980年代，特別是在個人電腦的應用上，交換式電源供應器逐漸取代線性式電源供應器。根據市場趨勢與我們在EMI濾波器與電磁學的技術優勢，台達決定研發交換式電源供應器。

但我們知道，如果要成為交換式電源供應器的製造商，必須擁有優秀的設計與客服能力。而遺憾的是，當時在台灣並沒有經驗豐富的工程師能夠設計交換式電源供應器。我們只能找來優秀的類比工程師（Analog Engineer），請他們學著在實驗室裡設計交換式電源供應器。經過兩年累積更多經驗，我們終於對自己的設計與客服能力有足夠信心，便與客戶聯繫，提供我們的交換式電源供應器做為參考。

1983年，IBM Toronto的一家交換式電源供應器供應商不再營業。IBM IPO知道台達有製造交換式電源供應器的能力，於是詢問我們是否能緊急接手。而台達也在短短兩個月內迅速出貨，並且產品能滿足IBM的需求。出貨給IBM Toronto之後，我也親自造訪，詢問他們對台達產品品質的感受。他們非常滿意。而因為這件案子的品質與服務都屬一流，從那之後，台達得以持續為IBM提供更多的電源供應器。

台達的墨西哥廠是在1987年開始營運。而在隔年，IBM就送給我們一筆90W電源供應器的生意。IPO告訴我們，這是IBM最大的電源供應器專案，與台達競爭的對手只能說是強敵環伺。專案的規模真的非常龐大。在旺季月份，有時候一個月就必須交出15萬件產品。對當時的台達來說，每月15萬件的產量實在不小，所以我們擴大產能、加開夜班，以滿足IBM的需求。因為這樣，我們的業績迅速成長。但另一方面，我們也感受到了個人電腦市場的訂單會有上下起伏。所以我當時開始擔心，在產能擴大之後，要是沒能繼續從IBM得到訂單，就會出現產能閒置的問題。幸好，我們也得到了下一階段118W電源供應器的專案。雖然價格競爭非常激烈，但至少讓台達免於閒置空間的風險，也得以繼續成長。

這是個我必須指出的商業風險。我很高興IBM有很好的政策，能避免其供應商太過依賴IBM的訂單，也就能降低IBM供應商的商業風險。但另一方面，供應商也必須管理自己的風險。要是供應商只因為一兩個客戶的需求，就擴展得太快，一旦這些大客戶不再下單，就會面臨嚴重的財務風險。對於新興國家的小型供應商來說，特別是這樣。

我也還記得另一次的經驗，想和大家分享。IBM曾經有一次給了我們一項電源供應器專案，準備用於銀行與機場的高階電腦系統，但我們在報價的時候並不知道是這些用途。由於我們過去做的是個人電腦的電源供應器，那次我們也就用了個人電腦電源供應器的概念來報價。老實說，正是這項誤解，讓我們報出了非常具有競爭力的價格，也得到了這筆生意，否則我們本來應該不會接到這個案子的。等我後來發現，這次電源供應器所搭配的設備需要極高的可靠性，我還很擔心，我們只是用一般電腦電源供應器的概念來設計這個型號。要是早知道用途，就會採用不同的電源供應器設計。幸好，那次電源供應器並未出現問題。但我們還是與IBM合作進行了幾次修改，防患未然。從那次經驗，我想建議IBM IPO或採購人員要更注意設備的用途，也要更了解供應商的能力，並讓供應商也了解該次的用途。假設是用於個人電腦，即使每一千台設備可能出現一個電源供應器故障，我們只要完成更換，客戶仍然會很滿意；但如果是用在機場，一旦電力供應中斷，後果就不堪設想。所以為了安全起見，這樣的電源供應器在設計時就要提供冗餘（Redundancy）的資源。如今，靠著我們在電力電子產業的長期經驗，已經研發出多款適用於高可靠性用途（例如伺服器或通訊）的電源供應器。台達也有一個設計小組，專門負責研發通訊電源系統。我相信台達能為本例這樣的高可靠性用途，提供絕佳的電源供應器。

最近有一種趨勢，就是個人電腦品牌會請分包商組裝準系統（barebone）。在這種時候，台達就需要將電源供應器送到準電腦組裝廠。而要是準電腦組裝廠管理不佳，或是並不了解客戶需求，訂單波動就會非常劇烈，而且這些分包商常常延遲付款，也就增加了台達的財務風險。在台達看來，我們有信心能為客戶提供高品質的組裝服務。於是，我們與台灣最大的機殼製造商合作成為供應商，並在德州與中國成立工廠，提供準電腦組裝服務。此外，我們也在內部進行一些重新設計，並開始使用SAP電腦軟體。在製造工廠裡，我們研發出適用的製造流程，讓我們能用同一條生產線，生產不同型號的產品。有了這些準備，台達便能滿足客戶即時與接單後生產的需求。除了準電腦組裝，我們未來也能為客戶提供完整組裝的服務。

過去幾年，個人電腦的市場變化非常迅速。為了應對這種市場形勢，IBM也做了許多改變，特別是大大改善了靈活度與供應商關係。

身為IBM的長期供應商，台達很高興看到IBM在供應商關係方面的改進。像IBM這樣的大型企業，居然能如此靈活因應市場的變化，也讓人印象極為深刻。我相信正是因為這些原因，讓IBM能夠克服市場挑戰、重返領導地位。

我剛在（1997年）6月參與了IBM的供應商諮詢委員會（Supplier Advisory Council）。在委員會上，無論是公開討論的氣氛、或是對供應商意見的尊重，都令我印象深刻。我們可以感覺到IBM樂意傾聽供應商的意見，也不吝有所回應。IBM也表現出願意與供應商建立長期合作關係的真摯誠意，而且為了與供應商有更好的團隊合作關係，IBM也比較願意與供應商分享資訊與其商業願景。對於IBM在供應商關係方面的進步，我深感尊敬，也相信這對於IBM持續的商業成功，有非常正面的影響。

對台達來說，與IBM的合作帶給我們許多好處。IBM對品質與可靠性的嚴格要求，有助於讓供應商提升其品管系統；而IBM所提供的巨大業務量，也讓供應商得以快速成長；與IBM的合作，帶給台達滿滿的成就與樂趣。我要藉這個機會，感謝IBM不斷的支持與信任，相信我們未來還能與IBM發展出更多合作。

感謝各位共聚一堂，分享我們的經驗。非常感謝大家。

1990年，台達獲得IBM「績優供應商」肯定。

In 1990, Delta received the "Outstanding Supplier Award" from IBM.

15

Delta Can Offer Support

Speech at GE Asia-Pacific Corporate Executive Council Meeting（Feb, 1998）

Dear executives from GE Asia-Pacific, ladies and gentlemen, Good morning!

Thank you very much for inviting me to join this meeting to have the pleasure to meet GE's executives and industrial leaders. In the last few years, Taiwan has become our base to develop new products and manufacturing process, including automation. Meanwhile, the mass production of some products has gradually moved to more labor abundant and cost-competitive areas.

GE asked me to give a presentation of our experience in this respect. It is my pleasure to share the experience, and I hope our experience is helpful to you.

First, allow me to give a very brief introduction of Delta. Delta started our business in 1971 with 15 people. In the last 27 years, we have grown to be a multinational company, providing electronic components and products to the ODM customers.

We have engineering and manufacturing bases in Taiwan, China, Thailand and Mexico as well as sales offices globally. Today Delta has 20,000 employees. Our global sales reached US$1.28 billion dollars in 1997.

Delta is the world's leading manufacturer of switching power supply. We are also a major supplier of color display and electronic components. In addition, Delta provides other ODM products such as Telecommunication Power System for telephone switching and mobile phone systems. Uninterruptible Power System, Thin Film and Thick Film Hybrid Circuit, Networking Products and Electronic Ballast for Energy Saving Lighting.

Based on our technical strength in power electronics, we have also developed high density DC-DC converters and Variable Speed AC Motor Drive for industrial application. In Hsinchu Science Park, we have set up a joint venture company with Yuasa to develop and manufacture Ni-MH rechargeable batteries. We also have a subsidiary company, Cyntec, which makes thin film components, including this miniature thin film resistor network for notebook computers, PC mother boards and we also make various kinds of sensors. GE is one of our customers for thermal sensors used in self-cleaning ovens.

When Delta was founded in 1971, the Taiwan industry was still at its early stage. Because of its abundant labor force, competitive labor cost and government incentives, many foreign companies started setting up their manufacturing plants in Taiwan. And this has triggered the take-off of the Taiwan electronic components industry. At that time, our major business was to provide electronic components to local and foreign companies such as RCA, Zenith, Philips and Tatung.

The investment of foreign companies not only created job opportunities but also provided training and work experience to local employees. When these employees started up their own business, they were able to apply this experience to their companies. I myself served the management position of quality, engineering and production in TRW before I founded Delta. These experiences in foreign companies are very helpful when running my own business.

The PC industry started up in the early eighties and grew very fast. Taiwan has very good technical strength and engineering people in electronics. Taiwan companies are also very flexible to adapt to market change. Therefore, Taiwan soon became the assembly base and component supplying center to major OEM customers in the PC industry. Under this situation, the electronics and information industries in Taiwan achieved vigorous growth. At Delta, we started making components and switching power supplies for computers in the early eighties. With the success of these new products, our major business moved from the area of consumer electronics to computer and telecommunication. This allowed us to achieve continuous growth.

During the late eighties, the Taiwan Dollar experienced radical appreciation. Taiwan also faced labor shortage and wage increase after a long period of economic growth. This has increased manufacturing cost. On the other hand, most of our customers are global companies. They expect suppliers to make production in different countries to support their worldwide manufacturing and marketing. Therefore, we started setting up global manufacturing bases at that time. In 1987, we opened our Mexico plant to make switching power supply for U.S. customers. Based on the successful experience of our Mexico plant, we then set up our Thailand plant in 1990 and our China plant in Dongguan in 1992. These global manufacturing bases allow us to provide better customer service, get more business and expand production capacity much easier.

In the globalization of our manufacturing bases, our Taiwan operation has played a key role in supporting. Based on our experience, we feel that Taiwan has enough competitive strength to offer and support the industrial growth. I would like to summarize as follows:

First, Taiwan has very high quality and hardworking engineers and managers. Higher education is prevalent in Taiwan. Every year local universities and colleges produce a large number of new graduates with good engineering and technical knowledge. Upon graduation, these graduates go to work for various factories, design labs and business organizations. After working in the highly competitive business environment for several years, they have built up good capability in new product design and manufacturing process development. They also become highly efficient and self-motivated. With these high quality and hardworking engineers and managers, Taiwan is an ideal place for product development.

At Delta, most of the products are developed in Taiwan. After design verification and pilot run, these products are then transferred to overseas plants for mass production. In the meantime, the design groups in Taiwan continue to

develop higher value-added products to replace the low-end products transferred overseas. This allows our Taiwan operation to keep continuous growth.

We also have good engineering people in automation and process improvement. At Delta, we put a lot of emphasis on manufacturing automation. We had set up an independent automation department during the early years of our company. This department develops our own automation equipment to improve efficiency and to provide more consistent quality. In recent years, they also offer great support to our overseas plants. Many of the automated equipment in our overseas plants are made and installed by the automation department in Taiwan. Without their support, it would be more difficult for these manufacturing plants to expand production so fast.

Secondly, Taiwan has accumulated experience in production management and quality assurance system. Taiwan has much experience in doing business with the U. S. and Japanese companies. Therefore, we are able to learn and to make the best practice of their production management and quality assurance systems. This allows

Taiwan companies to provide more satisfactory quality and service to the customers. On the other hand, we also transfer these well-established systems to overseas plants.

Taking Delta as an example, we have established and documented comprehensive production management and quality assurance systems in Taiwan. When setting up a new plant, we transfer these systems to them and make training to the local employees. We prefer to hire local employees who just graduated from school and have no previous working experience. They have good potential and are able to accept our training more easily. With this practice, Taiwan's production management and quality assurance systems are used in all our overseas plants. It is interesting that some of them even make better implementation of these systems and achieve higher efficiency and quality level than in Taiwan.

Because of the good engineering people and management system, Taiwan has evolved to become the supporting center in the last few years. I will present some facts to show the transition of our Taiwan operations. From 1990 to 1997, the sales of our Taiwan operations have increased 3.5 times. However, the number of its employees remains almost unchanged in this period. Furthermore, the ratio of engineering and management people increased from 25% to 50%. This is an evidence that, in Taiwan, we have upgraded our products. We now also have more engineering and management people in Taiwan to support overseas plants.

Thirdly, Taiwan has established an integrated industrial system. The Taiwan electronics industry has a very complete vertical integration from components to sub-assembly and finished products. They support and reinforce each other, giving Taiwan a distinctive competitive strength.

For Delta, we have many long-term suppliers who made a lot of contribution to our business growth. When we opened our Dongguan plants, we also helped them to acquire plant site, complete plant building and even provided them financial support. These suppliers have been doing business with us for many years. They understand our requirement and have provided us satisfactory quality and just-in-time delivery.

Fourthly, Taiwan has unique advantage to run business in China. It is easier for us to run business in China because we speak the same language and share the same culture. It is much easier for us to understand the way Chinese think and doing things. We therefore have a better idea of how to manage and motivate Chinese people. These are the unique advantages for Taiwan companies to run businesses in China.

We have used these advantages to run our manufacturing plants in Dongguan. Our operations there is wholly owned by Delta and we have full control of its management. We prefer to hire new graduates from school having no work experience. We give them good training so that they will accept our corporate culture and meet the requirements more easily. Furthermore, the environment in China is very similar to the environment in Taiwan of more than 20 years ago. Many management practices in Dongguan were originally implemented in Taiwan before. We can therefore foresee the problems we will face and use our past experience to prevent some problems. Because of the success of this operation, we are able to continuously build new plants and transfer more production over there in the last few years. As you can see from this slide that our Dongguan operation has been growing very fast since its establishment. The sales volume grew ten times from 1993 to 1997. The production space expanded from 64,000 square feet in 1992 to 796,000 square feet currently. I understand that many Taiwan companies also have similar growth experience in China. In summary, I feel that Taiwan can play a very active role in

today's global economy. It is an ideal place to do R&D and production management to support manufacturing in China or Southeast Asia. With complete industrial structure, it has very good flexibility to serve customers in the fast-changing market. Taiwan can also provide great help to western companies in their investment or marketing in China.

I appreciate GE for giving me this opportunity to share our experience. Especially, I would like to thank them for their support to Delta in the past. GE is one of our major customers. We have been making ballast for GE's energy saving lighting for six years. We had the honor to receive the vendor awards from GE. The business relationship with GE is highly rewarding and we have earned a lot of valuable experience.

At Delta, it is our business mission to continuously develop energy efficient products to preserve natural resources and protect our environment. We are glad to work with GE to develop the business of energy-saving lighting.

In the past few years, China has made fast economic growth.

Its energy consumption also increases very fast. As this trend goes on, China will be faced with energy shortage in the near future. The Chinese government is aware of this problem and takes some action to promote energy-saving lighting. I believe that China stands for a huge market for GE's energy-saving lighting. We will be very glad to help GE develop the China market, meanwhile make contributions to the energy-saving and environment protection in China.

This concludes my presentation. I appreciate your attending. I wish you a nice day and hope to hear your valuable comment afterwards during this discussion.

15 中文譯稿

台達可以提供什麼？

「奇異集團亞太區經理人會議」演講（1998年2月）

各位奇異亞太區的高階主管，各位女士、先生，早安！

非常感謝奇異邀請參與本次會議，讓我有這份榮幸見到奇異的高階主管與各位產業領袖。過去幾年間，台達開始以台灣做為研發新產品、新製造流程的基地，像是自動化流程便是其中一項。與此同時，部分產品的大規模生產則逐漸轉向勞力充裕、成本較具競爭力的區域。

奇異請我向大家介紹台達在這方面的經驗。我覺得十分榮幸，也希望能對大家有些幫助。

首先，請容我簡單介紹一下台達電子。台達創立於1971年，一開始只有15人。在過去的27年間，台達逐漸發展成一家跨國企業，為ODM顧客提供各種電子零組件與產品。

我們在台灣、中國、泰國與墨西哥設有工程與製造基地，也在全球各地設有業務辦事處。如今，台達的員工人數已來到2萬人，在1997年，台達的全球營業額來到12.8億美元。

如今，台達是全球一流的交換式電源供應器製造商，也是彩色顯示器與電子零組件的主要供應商。此外，台達也提供各種ODM產品，如電話轉接系統與行動電話系統所用的通訊電源系統，以及不斷電系統、薄膜與厚膜混成電路、網路產品，以及節能照明所用的電子安定器。

基於我們在電力電子方面的技術優勢，台達也研發了工業用的高密度DC-DC轉換器，與可變速交流馬達驅動器。在新竹科學園區，我們與湯淺（Yuasa）合資成立公司，研發製造鎳氫充電電池。台達旗下還有乾坤科技（Cyntec）這家子公司，製作薄膜零組件，包括用於筆記型電腦與個人電腦主機板的微型薄膜電阻網路，另外也製造各種感測器。例如奇異也會購買我們的溫度感測器，用於有自我清潔功能的烤箱。

在台達於1971年成立的時候，台灣工業還在早期階段，勞力充裕、勞力成本很有競爭力、政府也推出獎勵措施，於是許多外國企業開始在台灣設立工廠。這也讓台灣的電子零組件產業開始起飛。當時，台達的主要業務就是為海內外的外國企業提供電子零組件，客戶包括RCA、Zenith、飛利浦、大同等等。

外國企業的投資不但創造了就業機會，也為本地員工提供了培訓與工作的經驗。等到這些員工自行創業，就能把這些經驗應用到自己的公司。像我本人在創立台達之前，曾在TRW公司擔任品管、工程與生產管理的職位，這些任職於外國企業的經驗，對我後來經營自己的企業大有助益。

個人電腦產業在1980年代初開始起步，但成長非常迅速。台灣在電子領域的技術實力堅強，工程人才濟濟，企業也能夠非常靈活的因應市場變化。於是，台灣很快就成為重要的個人電腦產業組裝基地兼零組件供應中心，為各大OEM客戶提供服務。在這種情況下，台灣電子資訊產業發展蓬勃。台達從1980年代初開始，為電腦製造各種零組件與交換式電源供應器。隨著這些新產品大獲成功，台達的主要業務也從消費電子走向電腦與通訊領域，得以持續成長。

1980年代末，台幣大幅升值，而台灣經濟經歷長期成長，也開始面臨勞工短缺、工資上揚的問題，這都讓製造成本隨之上升。但另一方面，台達大多數的客戶都是全球企業，原本就會希望供應商能在不同國家生產，以配合全球製造與行銷的腳步。因此，台達在當時也開始建立全球製造基地。1987年，台達的墨西哥廠成立，為美國客戶供應交換式電源供應器。以墨西哥廠的成功經驗為基礎，台達又分別於1990年在泰國、1992年在東莞成立工廠。有了這些全球製造基地，讓台達能夠更輕鬆為客戶提供更好的服務，取得更多生意，並擴充產能。

台達的製造基地走向全球化之後，在台灣的營運則提供了關鍵的支援功能。根據經驗，我們認為台灣有足夠的競爭力，能夠提供與支持產業的發展。以下是簡要的幾項重點：

第一，台灣有高水準又勤奮認真的工程師與管理人才。台灣大專院校普及，每年都會培養出大量擁有良好工程與技術知識的畢業生。這些學生在畢業後，會投入各家工廠、設計實驗室與企業組織，在競爭激烈的商業環境工作幾年，培養優秀的能力，能夠完成新產品設計與製造流程的研發。同時，他們也會磨練出過人的效率、自動自發的態度。有了這樣高水準而又勤奮認真的工程師與管理人才，台灣就是一個產品研發的理想場所。

台達大部分的產品都是在台灣研發。產品經過設計驗證（Design Verification）與試產（Pilot Run），再轉移到海外工廠，開始大規模生產。

與此同時，位於台灣的設計團隊又會繼續研發附加價值更高的產品，取代已轉移到海外的低階產品。這樣一來，台達在台灣的業務就能夠持續成長。

此外，台達在自動化與流程改進方面也有非常優秀的工程人員。台達非常重視生產的自動化，早在公司成立初期，便設有獨立的自動化部門，研發自有的自動化設備，除了提升效率，也讓品質更能維持一致。近年來，自動化部門也為台達的海外工廠提供重要的支持：海外工廠的許多自動化設備，都是由台灣自動化部門所製造與安裝。要是沒有自動化部門的支持，這些工廠要能如此迅速擴大生產，必然難度大增。

第二，在生產管理與品質保證制度，台灣累積了充分的經驗。台灣與美、日企業有長期的合作經驗，能夠從中學習生產管理與品質保證的最佳實務，也讓台灣企業能夠為客戶提供更令人滿意的品質與服務。另一方面，台灣也會把這些成熟完善的制度轉移到海外工廠。

以台達為例，先是在台灣建立並記錄全面的生產管理和品質保證制度。而在建新廠的時候，就會將整套制度轉移到新廠，用來培訓當地員工。台達喜歡雇用剛畢業、還沒有工作經驗的當地員工。這種員工潛力十足，也比較能夠輕鬆接受培訓。靠著這種方式，台灣的生產管理與品質保證制度，也就帶到了我們的所有海外工廠。有意思的是，有些海外工廠甚至能夠做得更好，達到比台灣更高的效率和品質水準。

由於台灣擁有良好的工程人員與管理制度，在過去幾年已發展成為支援中心。以下用一些事實，說明台達在台灣業務的轉型過渡：從1990年到1997年，台達台灣業務的營業額增加了3.5倍，但在這段期間，員工人數幾乎沒有任何改變，而是工程與管理人員的比例從25%上升到50%。這證明了台達在台灣做到的是產品的升級。目前，我們也在台灣配置更多的工程與管理人才，為海外工廠提供支援。

第三，台灣已經建立了一個整合的產業體系。台灣電子產業從零組件、次組裝（Sub-assembly）再到成品，垂直整合非常完整，相輔相成，為台灣帶來獨特的競爭優勢。

像是對台達來說，也是許多長期供應商的貢獻，才讓我們的業績得以持續成長。東莞廠區啟用的時候，我們也協助供應商取得廠址、興建廠房，甚至提供資金支持。畢竟這些供應商已經和我們合作多年，了解台達的需要、品質令人滿意，也能達到即時交貨的要求。

第四，台灣在中國經營業務有獨特的優勢。台灣與中國使用相同的語言、有共同的文化，所以台灣在中國經營業務比較容易，也更容易理解中國人的思維與做事方式。因此，台灣人比較懂得如何管理與激勵中國員工。這正是台商在中國經營業務的獨特優勢。

台達東莞廠區的營運，正是憑藉著這些優勢，整個廠區的營運完全由台達負責，也有完整的管理權。我們比較喜歡聘用剛畢業、還沒有工作經驗的畢業生，為他們提供良好的訓練，讓他們更容易接受台達的文化、滿足台達的要求。此外，中國目前的環境很像是20多年前的台灣，我們在東莞的許多管理措施，都是原先在台灣的做法，所以我們能夠預見可能面對的問題，以過往的經驗加以預防。靠著這種營運上的成功，我們得以在過去數年間不斷興建新廠，也將更多製造工作轉移到中國。東莞廠區自從成立以來，業績一直迅速成長：從1993年到1997年，銷售量成長了10倍；廠房面積從1992年的64,000平方英尺，擴大到目前的796,000平方英尺。據我所知，台灣許多企業在中國都有類似的成長經驗。

總之，我認為台灣能夠在今日的全球經濟扮演十分積極的角色，很適合從事研發與生產管理，支援位於中國或東南亞的製造生產業務。靠著完整的產業結構，就能在瞬息萬變的市場中，為客戶提供靈活的服務。而西方企業想要在中國投資、行銷的時候，台灣也能提供重要的協助。

十分感謝奇異給我這個機會，在此分享台達的經驗。特別要感謝奇異一路走來對台達的支持。奇異是台達的重要客戶，台達為奇異的節能照明提供安定器已有6年（截至1998年為止）之久，也很榮幸能獲得奇異的許多供應商獎項。我們與奇異的合作關係令台達收穫滿滿，得到許多寶貴的經驗。

在台達，我們的使命就是要不斷研發節能產品，保護自然資源、保護我們的環境。很高興有機會和奇異合作，一同發展節能照明。

近年來，中國經濟成長迅速，但耗能也急速增加。隨著這項趨勢發展，中國在不久之後也會面臨能源短缺的問題。中國政府已經體認到這項問題，也採取了一些行動來提倡節能照明。我相信，奇異的節能照明會在中國找到一個巨大的市場。台達必然是十分樂意，希望能協助奇異開發中國市場，也為中國的節能與環保貢獻心力。

我的發言到此結束。感謝各位的參與，祝大家有美好的一天，也希望待會討論的時候能得到大家的寶貴意見。

2000年，台達獲GE頒「傑出供應商」獎牌。

In 2000, Delta received the " Distinguished Supplier Award" from GE.

16

From SME to Transnational——the Delta Experience

Speech at APEC Seminar（May, 1999）

Good afternoon, ladies and gentlemen, I am Bruce Cheng, the Founder, Chairman and CEO of Delta Electronics. I'm very glad to be invited to this APEC seminar to share with you today the growth story of Delta Electronics.

Delta used to be a typical emerging country manufacturer. We started our business in 1971 with 15 people. In almost 30 years, we have grown to be a multinational company, providing electronics components and products to ODM customers. We have engineering and manufacturing bases in Taiwan, China, Thailand and Mexico as well as sales offices globally. Today Delta has more than 20,000 employees. Our sales revenue was US$1.9 billion last year.

To better present our growth, I have made these three chart (p.107) to show you Delta Group's worldwide production sales over the last 3 decades. The charts all use linear scales, but the unit of the vertical scales increases ten times for each charts. Our average annual growth from 1971 to 1981 was 47%, from 1982 to 1991, 43%, and from 1992 to 2001 is expected to be 34% on average.

In 1971, we started Delta with a capital of NT$100,000 (equivalent to approx. US$3,000), and we produced coils for TV. You can easily imagine that back in the 70's for a small business of our size, it would be very difficult to get a loan from any bank. Back then, we always said banks are for the rich people to get richer. When you applied for a bank loan, the bank would ask you for a property mortgage or guarantee. For a young man, with no property or family support like me, to start up a new company, it was impossible for me to obtain a bank loan. Especially 20 to 30 years ago, most bankers or the public had limited knowledge about the electronics industry, or considered this industry to have a good growth potential.

Our only alternative was to go to individuals, or friends, for personal loans. However, these people want to see immediate return of their investment. Whenever we wanted to buy manufacturing equipment for a long-term investment, looking for financing support became a strenuous task. In the end, we had to generate funding from our own income. Fortunately, Deltas products were well-received by the customers and our customers had given us very good payment terms. Coupled with our careful management, no mistakes made, we were then able to keep the business going and growing.

This chart (next page) consolidates the three charts (p.107) in the previous slide. Sometimes the graphs can be deceiving, can't they? You can see the curve for our first 18 years is very flat, not impressive at all. Comparatively, the last 10 years the curve looks much better. Why?

Here's the answer. Delta became publicly listed in December 1989. Our group sales revenue was US$129 million then. Till 1999, our global sales revenue grew to US$1,939 million, exactly 15 times of 1989 sales.

Since Delta has maintained a very good track record of business performance and has a very solid financial structure, the situation is turned around. The bankers are pursuing Delta, offering us credit lines to borrow money. Furthermore, starting in 1997, Delta decided to seek funding from international investors for new expansion projects.

Delta 1971~1998 Revenue Trend

US$M

Year	Revenue
71	0.04
72	0.3
73	0.7
74	0.6
75	0.7
76	1.5
77	1.8
78	2.9
79	3.7
80	4.6
81	6.8
82	6.4
83	12
84	18
85	21
86	33
87	59
88	110
89	129
90	151
91	191
92	297
93	419
94	517
95	917
96	1,032
97	1,288
98	1,418

	CAGR
1971~1990	54%
1990~2000	32%

1988 $110M

1996 $1,032M

We have issued three convertible bonds so far for a total of US$410 million funding. Our last $200 million zero-coupon convertible bond due in 2005, issued in February this year, was sold out in 8 hours after public offering at a 15% premium conversion price per share.

Now, look at the table here, it took Delta 17 years for its sales revenues to reach its first US$100 million. It took only 3 years to reach US$200 million sales. It took another 3 years to reach US$500 million, and it took only 2 years to reach US$1 billion. It took 3 years to reach its second billion dollar sales, and we expect our sales to be over $3 billion in another 2 years. Why so slow for the first 17 years? One of the big problems is because we were short of working capital.

Like what my former English teacher likes to choose for a composition topic: IF I WERE A FRESHMAN AGAIN ⋯⋯ What would I do, if I were given a second chance to do it all over again? I would definitely do it differently. With more supportive programs for SME's initiated by the government and better access to the international investors we have today, it should take much less than 17 years for Delta to reach its first 100 million dollars sales revenue.

On the other hand, I think this also poses a question for our government policy makers to consider what they can do to better help the good SMEs to get the funding needed.

Seeing is better than saying. Next, I will play a short video to introduce to you what the current Delta Electronics is like.

Hope you all enjoyed the video. To summarize what Delta manufactures today, I have prepared this slide. Our products can be divided into power, image presentation, components, networking and sub-system five categories ...... According to the report made by Micro-tech Consultants of U.S.A., Delta is the No. 1 merchant power supply manufacturer in the world. One out of every four desktop PC's uses a Delta adapter. After you go back, you may want to take a look inside your computer, you might find a Delta product inside. Every 4 out of ten server power supplies use a Delta power supply.

Our corporate mission is to provide products and services that contribute to the welfare of mankind and environmental protection. So, what's next for Delta in order to maintain sustainable growth entering the so-called e-Economy era?

The answer is TO CHANGE, TO INNOVATE. As you all know, most companies in the Far East are SMEs. My own experience is that whenever there is a good product introduced into the market with good profit, very soon many new players will enter this same market, and then the price competition begins. A lot of followers, not many companies are thinking about creating their own unique products or services. In the past, many Taiwanese manufacturers, especially in the electronics industry, were successful in the worldwide competition because of their cost-effectiveness. For the last 30 years, to meet the ever-changing environment, Delta has changed its product mix from consumer electronics, to computer, to telecom, and now into information appliance area. In order to continue a healthy business growth in the 21st century, we need to adapt ourselves to the fast changes and challenges the Internet brings to us. We also need to invest in developing our own new products that will meet tomorrow's market needs. At the same time, seeking new and low-cost funding source alternatives will also be one of our major tasks.

Thank you again for this opportunity of sharing with you the Delta experience today. Now, I will be very happy to answer any questions you may have.

16中文譯稿

從中小企業到跨國企業——台達的經驗分享

「APEC討論會」演講（1999年5月）

午安，各位女士、各位先生，我是台達電子的創辦人、董事長兼執行長鄭崇華，很榮幸獲邀來到這場APEC討論會，與大家分享台達電子的發展故事。

在過去，台達曾經就是一個典型的新興國家製造商。台達創立於1971年，一開始只有15人。在過去將近26年間，台達逐漸發展成一家跨國企業，為ODM顧客提供各種電子零組件與產品。我們在台灣、中國、泰國與墨西哥設有工程與製造基地，也在全球各地設有業務辦事處。如今，台達的員工已經超過2萬人，去（1998）年的營業額達到19億美元。

為了清楚呈現台達的成長，這裡有3個圖表（請見本書第121頁），顯示的是台達集團在過去30年的全球生產銷售情形。這些圖表雖然都使用線性比例，但不同圖表在垂直軸上的單位差了10倍。台達從1971到1981年的平均年成長率為47%，從1982

到1991年為43%，而從1992到2001年則預計為34%。

台達在1971年成立的時候，資本額只有新台幣10萬元（約合3,000美元），所製作的產品是電視線圈。我們不難想像，在1970年代，對於像我們這種規模的小型企業來說，很難找到有銀行願意提供貸款。我們那時候總會說，銀行只是讓有錢人變得更有錢而已。想申請銀行貸款，就得提供不動產抵押或擔保品，但對於像我這種沒有名下資產、也沒有家族支援的年輕人而言，想成立新公司根本不可能得到銀行貸款。特別是在2、30年前，銀行和大眾對電子業的了解多半有限，或者並不認為這個產業具有良好的發展潛力。

我們當時唯一的辦法，就是找上親朋好友私下借錢貸款。然而這些人會希望投資立刻有回報。所以如果是想購買製造設備、進行長期投資，總是很難取得資金。到最後，我們不得不把自己的收入撥來做為資金。幸運的是，台達的產品廣受客戶好評，付款條件也十分大方。再加上我們管理謹慎、不犯錯，於是業績得以持續提升。

這張表（請見下頁）結合了上一張投影片的3張圖表（p.121）。有時候圖表滿會騙人的，對吧？大家可以看到，我們在前18年的曲線很平，看起來表現實在很普通。相對而言，過去10年的曲線好像表現更好。這是為什麼？

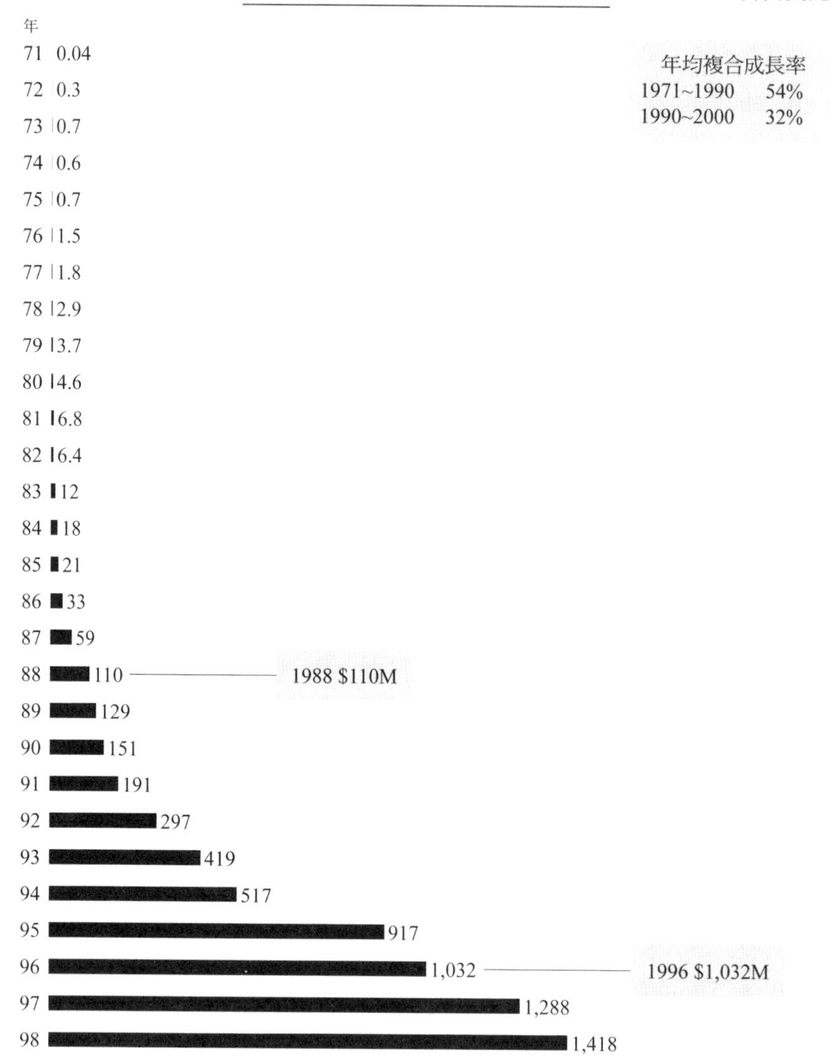
台達1971~1998收益走勢圖
百萬美元
年
71 0.04
72 0.3
73 0.7
74 0.6
75 0.7
76 1.5
77 1.8
78 2.9
79 3.7
80 4.6
81 6.8
82 6.4
83 12
84 18
85 21
86 33
87 59
88 110
89 129
90 151
91 191
92 297
93 419
94 517
95 917
96 1,032
97 1,288
98 1,418
年均複合成長率
1971~1990 54%
1990~2000 32%
1988 $110M
1996 $1,032M

答案在這裡。台達在1989年12月公開上市，當時集團的銷售收入是1.29億美元。而到了1999年，台達的全球銷售收入成長到19.39億美元，剛好是1989年業績的15倍。

由於台達一直維持著良好的業績紀錄，財務結構也十分穩定，這時的情況也就有了180度的逆轉。開始變成是銀行找上台達，為我們提供貸款的信用額度，而且從1997年開始，台達決定要向國際投資人募資來擴大營業規模。到目前為止，台達曾經3次發行可轉換公司債，總額達到4.1億美元。最近的一筆是在今（1999）年2月發行的零息可轉債，將於2005年到期；公開發行才8小時，就以每股溢價15%的轉換價格銷售一空。

讓我們再看這張表，台達花了17年，才讓銷售收入達到1億美元，但接著只用了3年，業績就來到2億美元。再過3年就達到5億美元，接著只用了2年，就達到10億美元。我們又花了3年，才達到20億美元；預計在未來2年，則能讓業績成長到超過30億美元。一開始的17年之所以成長緩慢，一大問題就在於缺少營運資金。

我以前有位英文老師，很喜歡出這樣的作文題目：「如果能再來一次……」如果我能再有一次機會，一切重來，我會怎麼做？我肯定會有不同的做法。目前政府對中小企業有更多補助方案，也有更多管道能接觸到國際投資人，台達想要達到年銷售收入1億美元，肯定不需要花上17年的時間。

但另一方面，我認為這也是對政府決策者的一個問題，可以思考該怎麼做，才更能協助優秀的中小企業取得所需資金。

在這裡，與其空口白話，不如眼見為憑。我接下來想播放一小段影片，向大家介紹台達電子的現況。

希望大家還喜歡這段影片。要為今日台達的現況下個結論：台達的產品可分為電源、影像顯示、零組件、網路、子系統5類……根據美國電源市場調查機構Micro-tech Consultants（美高顧問公司）的報告，在商用電源供應器製造商當中，台達是全球第一，每4台桌上型個人電腦，就有1台使用台達的變壓器。大家回去之後，可以看看自己的電腦，應該裡面都有台達的產品。至於伺服器，則是每10台就有4台使用台達的電源供應器。

台達的使命，就是提供有益於人類福祉與環保的產品及服務。因此，在邁向所謂電子經濟（e-Economy）時代之際，台達為了維持永續成長，下一步會怎麼走？

答案就是要改變、要創新。大家都知道，遠東地區多數企業都屬於中小企業。根據我個人的經驗，只要有一項好的產品進入市場、能得到好的利潤，很快就會有許多新的業者進入同樣的市場，接著就開始價格戰。跟風的人很多，但很少有企業會想到要創造自己獨特的產品或服務。在過去，特別是電子產業，許多台灣製造業者由於成本效益高，能在全球競爭當中脫穎而出。而在過去的30年間，為了適應瞬息萬變的環境，台達也不斷改變產品組合，從消費類電子產品延伸到電腦、通訊產品，以及現在的資訊應用領域。為了在21世紀繼續維持業績強勁成長，我們必然需要不斷調整，適應網際網路帶來的快速變化與挑戰。另外也要投資研發自己的新產品，能夠滿足未來的市場需求。與此同時，尋求其他全新、低成本的資金來源，也會是台達的一大目標。

再次感謝大會提供這個機會讓我與各位分享台達的經驗。現在如果有任何疑問，還請不吝提出。

17

Delta and MIT

Speech at Welcome Dinner and MIT President's Visit（Mar, 2003）

President Vest, ladies and gentlemen, it is my greatest pleasure to be here to welcome the President of MIT, Dr. Vest, and Ms. Lucy Miller. I would like to take this opportunity to thank President Vest and his distinguished fellows for their vision in establishing this strong partnership between MIT and Epoch Foundation. Taiwan's industries, as well as the MIT communities, have both significantly benefited from this MIT-Epoch relationship.

To date, MIT-Epoch programs have assisted Taiwan's industrial development in various aspects. For example, Delta and Acer Group, both partners of the LCS Oxygen Project, are designing next-generation computing devices in collaboration with MIT labs for Computer Science and Artificial intelligence. Moreover, in the "Globalization of Business Strategies in the 21st Century" conference, Professors. Thurow and Lessard shared visions of Taiwan's role in globalization from which the audience acquired valuable insights and perspectives. Now more and more people in Taiwan are anxious to have more MIT-Epoch events in order to learn more from the world-class scholars.

This is my first year as the chairman of the Epoch Foundation. I am very proud to pursue my efforts to help advance Taiwan's science and technology. Nevertheless, this mission would not be possible without the help and encouragement from you, my dearest guests of the evening, and many of our friends from Taiwan and the MIT communities. I would like to express my sincere thanks for your recognition and continuing support for the MIT-Epoch partnership.

Despite the vicious impact of the recent war on traveling, I believe collaborative interactions between MIT and industries in Taiwan will remain frequent and inspiring. Through international cooperation of industries and research institutions, more innovative ideas and advanced technologies will connect our lives more closely and lead us to a better and more peaceful world. Thank you!

17 中文譯稿

台達與MIT

「歡迎MIT校長、時代基金會董事長來訪晚宴」致詞（2003年3月）

韋斯特校長、各位女士、各位先生，很榮幸在此歡迎MIT（麻省理工學院）校長韋斯特博士，以及露西．米勒女士，我想藉此機會感謝韋斯特校長與他優秀的同事，他們深具願景，讓時代基金會與MIT，能夠有機會建立如此堅實的合作。無論是台灣的產業、或是MIT社群，都從時代基金會與MIT的合作關係中，獲益良多。

到目前，時代基金會與MIT的各種合作計畫已經在許多面向上對台灣的產業發展大有助益。舉例來說，台達與宏碁集團都是LCS Oxygen Project（活氧計畫）的合作夥伴，與MIT電腦實驗室（MIT LCS）與人工智慧實驗室（MIT AI Lab）合作，設計新一代的運算裝置。此外，在「企業全球化經營策略研討會」（Globalization of Business Strategies in the 21st Century）會上，梭羅（Thurow）與拉薩德（Lessard）兩位教授也談到台灣在全球化所扮演的角色，讓與會者得到了寶貴的見解與觀點。現在台灣有愈來愈多人渴望時代基金會與MIT舉辦更多活動，好向這些世界級的學者進一步學習。

這是我擔任時代基金會董事長的第1年。我很自豪能繼續努力推動台灣科學與技術的發展。但想達成這項使命，需要許多人的協助與鼓勵，必須感謝在場各位貴賓，也要感謝許多在台灣與MIT社群的朋友。在此致上我最誠摯的謝意，感謝大家對時代基金會與MIT合作關係的肯定與持續支持。

雖然近期的戰事對旅行造成不利影響，但我相信MIT仍然會與台灣產業維持頻繁、令人振奮的合作關係。通過國際的產學合作，激發更多創新思想與先進科技，必能讓人類的生活連結更加緊密，引領我們走向更美好、更和平的世界。謝謝大家！

18

節能產品的重要性和機會

「第5屆台達電力電子新技術研討會」開幕演講（2005年10月）

很感謝各位教授和同學，再度光臨同里湖大飯店參加「第五屆台達電力電子新技術研討會」。時間過得很快，有的朋友們真是一年沒有見面了，今天很高興也很榮幸，能再次與大家共聚一堂，分享過去一年來努力的成果和進展。

自2000年以來，台達電力電子科教發展基金計畫、中達學者基金計畫先後在清華大學、浙江大學、南京航空航天大學、西安交通大學、華中科技大學、上海大學、北京交通大學和哈爾濱工業大學順利實施。實施6年來已資助了92個電力電子與電力傳動項目的創新研究，獎勵優秀項目16個，頒發優秀研究生獎學金270人次，授予對電力電子與電力傳動學科做出傑出貢獻的8位教授「中達學者」榮譽稱號。舉辦了4次成功的電力電子新技術研討會，在中國大陸電力電子科教領域影響深遠。

在這裡我們要特別感謝：李澤元教授、丁道宏教授、蔡宣三教授、汪槱生教授、韓英鐸教授、黃是鵬教授、趙修科教授、李棪樞教授、陳清泉教授、陳伯時教授、徐德鴻教授、王兆安教授、陳堅教授，以及清華大學、浙江大學、南京航空航天大學、上海大學、華中科技大學、西安交通大學、北京交通大學、哈爾濱工業大學等學校電力電子及傳動領域的各位教授和同學，謝謝大家對台達科教發展基金第1個5年計畫所付出的努力和貢獻。

除了從2005年開始啟動第2期電力電子科教基金計畫外，台達基金董事會也已決定新設立台達訪問學者計畫，希望新的計劃能對中國大陸電力電子科教創新及發展有更多的幫助。

1999年在上海設立的電力電子研發中心，經過6年多的發展，中心現在已有110多位博士、碩士等一流的研發人員；2002年設立的上海電力電子設計中心，目前也已有110多位優秀產品開發工程師；我們在上海的研發人員，大部分來自於我們密切合作的8所大學。在此我也深表謝意，感謝你們為台達培養了許多優秀的人才。在過去的6年裡，中心完成了許多的研究課題和產品設計，並申請了100多項專利，大幅提升了中國大陸電力電子產品在全球市場上的競爭力。

由於這兩個計畫的成功鼓勵，我們在2002年年中展開了「博士後科研工作站」的申請工作，並很幸運的在同年10月得到了國家人事部的正式批准，今後能與學校進行更密切合作，吸引高層次的人才從事創新研發。透過這一系列的努力與各位的支持，我們希望，也有信心，使中國大陸能早日在全球電力電子領域中取得領導地位。目前我們科研工作站第一位博士後已順利出站。

■ 我們必須防患未然

我記得過去曾向各位介紹過《*Nature Capitalism*》這本書，台灣的繁體字翻譯版書名為《綠色資本主義》，今天我們終於找到了簡體字翻譯版《自然資本論》來送給每一位來參加研討會的朋友。我覺得這本書把環保節能等議題研究說明得非常完整，而且舉出許多實例，提出許多更好的方法，來提高能源的使用效率，不僅可以保護地球的生態環境，還可以讓你創造生意財富，所以很多人把這本書拿來當教科書來用。如果各位實在太忙，今天我也特地請同仁印了作者寫的最新文章給大家參考，篇幅比較短，資料也更新，這位作者在文章最後，有特別提到中國在能源策略上的覺醒，請大家務必看一看。

中國大陸這幾年來的成長是了不起的，但是環保總局副局長潘岳今（2005）年5月在財富論壇上大聲疾呼，中國單位產值的能源消耗居然是日本的7倍、美國的6倍、印度的2.8倍，以中國的人口資源環境結構，生態環境的反撲與社會政治的議題，已經開始一一浮現，所以必須及早因應。

我認為潘岳說得非常正確。中國的工業結構中，高能耗產業占工業用電量60%以上。2003年中國已是世界上鋼鐵銅的頭號消費大國，而中國2004年的GDP增長為9.5%，這樣發展下去，一個地球勢必不夠用，必須防患於未然，調整產業結構，提升資源使用效率；**要研究先進國家發展工業的經驗及利弊，不要學美國對自然資源揮霍無度，更要拋棄「先發展後治理」的念頭**。

只要我們認真去做，我們有太多的辦法可想。羅文斯博士在這篇最新的文章中提到，一家上海的地毯工廠，只是調整了熱循環系統的管徑以及管路的位置，就使熱循環系統的推動電力減少了92%。前一陣子我買了一輛日本豐田生產的油電混合車Prius II，每公升汽油可以跑35.5公里，效率幾乎是目前一般車輛的3倍左右，我相信這也是節約能源、消除空氣汙染的具體方法。

另外，這兩年我到歐洲及泰國去訪察綠建築，由於設計得當，建材隔熱及利用自然光線和地底恆溫交換的裝置，以及室外風向及環境的規劃配置，你不看也許會不相信，只用一般建築1/2甚至1/15之能量，不僅屋內保持舒適的溫度溼度，而且有新鮮空氣的流通，令人印象深刻，要馬上去學習，快點去做。

台達集團已經決定，未來所有新辦公室或廠房，都以綠建築的概念興建。在台灣台南科技園區的最新廠房已經將近完工。而目前計畫興建在上海浦東的台達研發大樓，將配合太陽光電板、雙房低輻射隔溫玻璃以及環境的綠化，來達到環保節能的目標。

從研發到生產，落實節能環保

產品方面，台達新成立的製造生產太陽能光電板的旺能公司裝機到現在只有兩個月，太陽光電板的效率是16.7%，已經做到97.5%的直通率，我們也希望早點到大陸來生產。燃料電池方面，我們積極研發氫燃料電池的零組件及成品組裝，雖然我們已經發展出實驗的原型，但要有能力大量生產，還需要長期的持續努力，希望有興趣研究的專家加入，共同努力開發。

除了能源產品，台達其他的產品向來是往環保節能的方向來設計。因此我們在顯示器及HDTV也選擇無輻射投影顯示器產品，在市場上得到很好的評價，尤其值得一提的是，我們設計、製造的777 Home Cinema Projector，去年讓我們的銷售商得到歐洲最具權威的多媒體評鑑機構EISA頒發2004至2005年度最佳投影機殊榮。另外，我們也率先研發成功無汞的平面背光板用於液晶電視及顯示器，以消除汞對環境的汙染。而台達切入汽車產業，初期以汽車電子零組件及車內視訊系統為主，透過汽車電路的整合及環保科技的應用、汽車DC-DC轉換器、馬達控制節能使用，打造更舒適兼具節能環保的目標。

環保問題已經迫在眉睫。在過去這一兩年來大陸電力供應不足的問題，更凸顯出節能及替代性能源開發的重要性、電力電子產業及科技的重要性。由於電力電子技術的不斷突破，使得人們能夠大量使用更高功率密度，更具效率的電子產品，提升能源的使用效率，同時開發清潔能源來完成環保節能的目標。

過去我們的產品研發，大部分是由各事業體（BU）負責，為了進一步強化研發能力，2003年台達企業本部增加成立了集團研發中心，目前研發中心的努力著重在3大領域：軟體、零組件及材料，與清潔能源。

在軟體方面主要做語音辨識。零組件方面則主要在微機電技術與產品開發，包含傳感器及散熱器等的開發。目前更希望在此基礎上邁向生醫及光電系統。除此之外，明年將加強Power IC（電源IC）的開發，讓我們電源產品的Power Density（功率密度）更上一層樓；清潔能源部分，太陽能光電板雖然已經開始生產，但是因為目前的矽晶材料成本比較高，正朝薄膜式及染料太陽能光電板方向尋求技術。至於氫燃料電池，目前我們做零組件開發及成品組裝，在質子交換膜研發部分，我們則感覺到相當的難度，正積極尋找合作對象，希望一起來開發、努力。

為了讓各位更了解目前研發中心所做的努力，我想在這裡介紹研發中心的負責人，也是我們的技術長梁克勇先生給各位認識，希望未來各位可以與他多多交流。梁克勇先生本身是一位通訊專家，他曾在美國工作超過25年，為Siemens（西門子）、Ericssion（愛立信）、Rockwell（洛克威爾）等公司服務，加入台達後，以豐富的技術及營運的跨國管理經驗，為台達集團引進了世界級客戶，擴大了台達的產品組合。

我們也非常高興請到了過去拍立得公司的材料專家梁榮昌博士擔任材料方面的顧問。接下來我們先播放一段5分鐘的台達公司簡介，然後再請我們的CTO梁克勇先生及顧問梁榮昌博士與各位見面及講話。先預祝研討會成功，祝各位健康、愉快。謝謝！

與上海大學陳伯時教授（中）、美國維吉尼亞理工大學李澤元教授（右）合影。

19

21世紀的覺醒與商機

「清大科技管理學院孫運璿科技講座」演講（2006年3月）

陳校長（文村）、劉教授（炯朗）、史院長（欽泰）、各位來賓、各位同學，大家午安：

非常感謝清大科技管理院的厚愛，安排我來參加本學期第一場的「孫運璿科技講座」。

孫運璿科技講座是2001年初成立的，因為當年是台達電子公司成立的30週年，在研討慶祝節目的時候，我深感這30年來，台達電子公司能持續穩定的成長，除了全體同仁的敬業及努力之外，我們不能忘記過去政府裡如孫運璿、李國鼎等先生的貢獻。台灣在經濟及國際形勢極度不利的情勢下，突破困境扭轉危機，由於他們的遠見、魄力、廉潔正直，熱愛國家社會，把畢生精力奉獻給大家，在他們的任內不斷在教育經濟及建設等各方面，做了許多建樹，營造了良好的發展經濟環境，引進外商來台灣設廠投資，為當時的台灣年輕人創造大量的就業機會，學習科技及管理經驗，進而投資創業發展國人的產業。

所以台達30週年慶時，我抱著飲水思源的感恩之心，希望對這幾位任勞任怨、犧牲奉獻的政治家表達最高崇敬之意，因此提出了成立孫運璿科技講座及李國鼎科技講座，並拍攝了孫運璿先生《掌舵風雨世代》及李國鼎先生《競走財經版圖》的二套紀錄片，來表達我對他們的感激與敬意，希望將這段歷史永留於世，作為後人的學習榜樣。我也找了當時清大的劉炯朗校長捐獻這項講座，一方面劉校長是我內心敬佩的學長，一方面也是那時在工研院的史院長給我的建議，世界上的事真有緣分，今天史院長正好就在清大擔任科技管理學院的院長；而今日清大的陳文村校長，當年更是成立典禮時的座上嘉賓。

我從成大電機系畢業後，5年在亞航工廠、5年在美商TRW就職，加上創立台達的35年，一共是45年。這些時間全部都在工廠及公司從事企業經營。最近，由於孫先生過世，大家感受到過去這些清廉官員的可貴，想藉此機會把自己隨著台灣電子業發展的一些經驗與心得，以及現在、將來我們要做的事，與各位分享。除了緬懷過去那批無我無私、對台灣工業與經濟重要的推手，更要呼籲大家對環保與珍惜自然物資以及節能的覺醒！身為21世紀的人類，我們要怎麼做？如何才能讓地球的人類及生物長久的活下去，同時還能創造出21世紀的好商機？

1960年代，台灣還沒有太多的研究所，留學的風氣很盛，台大理工科系的畢業生幾乎全部出國留學，我在成大的同班同學，大約也有一半到海外留學。由於我是隻身在台，受限於許多條件出不去，只好乖乖就業，很羨慕可以出去留學的同學。不過現在回憶起來，也覺得當時的經歷是個很幸運的機遇，留在台灣讓我有機會從1960年代開始親身體會台灣工業發展的歷程。

■ 台灣經濟奇蹟的基礎

談到台灣經濟發展，我引用高希均教授在1991年出版的《台灣經驗四十年》一書中所指的「台灣經濟奇蹟創造的三大主力」來自：政府把握正確的基本經濟發展策略、工商界人士掌握有利的投資機會、勤奮的勞工投入生產行列。

中日抗戰勝利，國民政府退守台灣，歷經二二八事變、白色恐怖等，這些不好的經驗留下了後面的歷史包袱，讓台灣同胞痛恨，最近我在電視上看了二二八事情的一些紀錄，當時甚至一些愛國志士都被殺害，我很能理解怎麼不讓人失望及痛心。

我14歲來台灣，二二八事件許多情形在大陸一些地方的老百姓也有相同的經驗，因此失去民心，人民都希望有個新的政府好的領導人，雖然抗戰勝利了，最後還是失去大陸退守台灣，蔣當時自己也對軍隊及部屬沒有信心，懼怕知識份子會叛變，一開始派來台灣的軍隊是知識水準最低也是軍紀最差的，加上政府當中還夾了一部分腐敗貪汙的官僚，讓過去大陸老百姓痛恨的經驗在台灣重演，真是中國歷史的悲劇，台灣同胞的大不幸。

當時的台灣，不論是經濟狀況及社會政局都岌岌可危，幸好後來的政府用了如尹仲容、陶聲洋、李國鼎、孫運璿等人，不僅是能力強、有遠見、有魄力、負責任、敢擔當，更重要的是對國家的熱愛、廉潔守正的操守，他們制定了正確的經濟發展策略，把台灣的經濟及社會秩序，一步步導入正軌，做了許多重要且有創意的措施，如獎勵投資條例引進外資，對台灣濟發展發生了很大的啟動作用，外資企業對台灣人才的培訓與交流，以及衛星工廠的產生都有極大的貢獻，許多企業的創始人及本地企業的高階經理人，都出身於外商，也帶來了許多有用的制度，對人才培育以及技術與管理經驗的擴散都有很大的助益；開發科學園區，成立工研院發展IC等產業，完成十大建設等等，奠立了雄厚的發展工業及經濟之基礎。

■ 台達電子與台灣電子產業的發展

台達電子的創立與發展，是隨著台灣電子產業發展的脈絡而成長，從1964年GIT（通用器材公司）在台灣設廠，接著許多外商如美國的德州儀器、TRW、RCA、Zenith、荷蘭的Philips等。

在外人投資獎勵政策下紛紛來台設廠，帶動了國內的電子工業。

1970年初期，電視機、收音機的外銷量已超過百萬台，外銷總額超過10億美元，帶動了國人經營的電子產業，如大同、聲寶，也製造電視內外銷。那時國內的電子零組件大都依賴日本進口，國人工廠非常需要零組件的供應。1971年台達創立，前3年全部都是供應國內廠商，1974年開始供應RCA、Zenith、Philips等外商，同時也提供外銷。當時公司成長快速，前10年的銷售平均年成長47%。因為品質良好，第2年就獲得大同公司的「最佳電子零件供應商」獎牌；供應給RCA的電子零件，也曾有連續2年無退貨紀錄，而得到RCA的傑出表現供應商獎。

1980年代，資訊業成長蓬勃，台達的產品重心也漸漸從電視市場轉移到電腦市場，APPLE、IBM、Digital、王安、HP以及後來的Dell，都成為我們的主要客戶。我記得1979年，美國的PC及其他數位產品，因為有電磁干擾，而被限制進入歐洲市場。當時我們開發了150個以上不同型號的EMI Filter，獲得美國的UL、加拿大CSA，以及德國VDE等安規認證，成為台灣第一家EMI Filter的廠商，不久更成為全世界第二大的EMI Filter供應商。

80年代資訊產品的電源供應器，所有客戶都改為使用輕薄短小且效率高的交換式電源，我們在這方面很早就有著力，訓練了一些人才，做了許多準備的工作。1983年開始我們就大量生產，供應各大資訊廠家，也因此逐漸成為全球最大的電源供應器廠家。台灣的電子工業從1984年開始起超過紡織業，成為出口第一位的產業，在電子產業中，電子零組件占第一位，約28%。

1986年台幣大幅升值，不僅工資上漲，且勞力供應不足，加上顧客希望能在靠近顧客的地區供貨及服務。因此，我們早在1980年就在美國設立據點，1987年則成立歐洲據點、同時墨西哥廠開工，1989年成立泰達電子以及日本據點；在大陸方面，1992年東莞廠開工，2001年吳江廠開工。2005年成立Delsolar旺能光電，2006年南科廠正式遷入。今日（截至2006年）台達在全球共有31座生產基地（包括台南新廠）。

此外，台達的分公司及研發中心也遍布在全球30多個地區，共有42個服務據點，18個研發中心或設計工程部，以及超過5千多位的工程研發人員，全世界的台達員工總數則已超過6萬人。

■ 台達的核心競爭力

我們長久以來的競爭優勢有下列數項：

第一是「**全球化組織機構**」：台達立足台灣、布局全球。我們不是為了全球化而全球化，是因為市場的需求。在市場全球化的布局下，對顧客提供全球性的供貨及服務。所有的顧客都會願意把單子交給具備全球供應能力的業者，我們這幾年建立了全球化的據點也就占有很大的優勢。

第二是「**技術領先，掌握市場商機**」：創新與新產品研發，一直是我們努力的重點。台灣在過去幾十年來，在研發方面，擁有非常敬業及受過良好訓練的工程師，我們公司更是強調要從基礎來扎根。雖然這樣的路走起來比較艱苦，但這也是我們公司跟別人不一樣的一點。

這幾年更加強與國內外研究單位的合作。國內各優秀的大專院校以及工研院等研究機構，都與我們有許多的合作計畫。1989年，為了讓交換式電源技術領先，在維吉尼亞綜合理工大學成立R&D Lab，請李澤元教授來擔任Lab主任；6年多前，我們又在上海設立了研發中心，並很榮幸再度請到李澤元教授來擔任中心主任。經過這幾年的發展，中心現在已有一百多位博士、碩士等一流的研發人員，大部分來自於我們密切合作的8所大學；此外我們也與麻省理工學院合作「活氧計畫」，讓我們提升了技術能力，尤其是在語音辨識的領域上。就是這樣藉由不斷的創新與研發，讓我們走在潮流前面，保持優勢與領先地位。

第三是「**製造的競爭力**」：有效的把新進技術發展為有競爭力的產品，重視生產效率與產品的品質和可靠性，把對的事情一次就做好，一向是我們全體員工持續不斷努力的目標。我們有一個很強的自動化工程部，重要的專案在產品設計階段就讓自動化參與，同時設計出最經濟有效的生產製程及設備，不僅可降低成本而且提高品質。利用全球的資訊科技建立網絡，加強軟體及系統整合，為顧客提供全面性的服務，使我們獲得更高的客戶滿意度。目前頗受歡迎的一本書《世界是平的》（*The World is Flat*）當中在講述跨國企業的全球競爭力章節中，就拿台達泰國廠作為範例舉證。

第四點則是「**公司的企業文化**」：台達的企業文化中，我們沒有明文寫出來的，就是企業道德，這本來就是該做的，而且我們嚴格執行與要求員工，即使拿不到生意，我們絕對不給回扣，也不許員工到不正常的聲色場所。我們是股票上市公司，但絕對不介入股市的起伏，只管把公司的事情做好，我們的企業文化就是顧客滿意、品質、創新、合作以及敏捷。

第五點也是非常重要的，就是「**企業的社會責任**」：我們身處在社會中，企業為社會的一個公民，取之於社會，用之於社會。在落實企業責任上，除了繼續不斷研發、生產環保節能的產品，16年前（1990年）成立了台達電子文教基金會，舉辦許多公益活動，如音樂會、公園種樹、廢電池回收、兒童夏令營、救災捐助等等，我們在台中國立科學博物館捐贈了一間「物質世界展示區」，透過簡單有趣的科學遊戲，來推廣兒童的科學教育；去年（2005年）捐贈台北國立科教館綠色能源巡迴展示車，到各地推廣學童的節能環保教育；此外，我們也贊助許多學術教育活動，並提供大學的研究計畫與獎學金；前幾年我們還邀請《綠色資本主義》的作者羅文斯博士來台灣開節能環保講座，並在台大開課，希望帶動企業界共同來關心、解決環境的議題。我覺得這些都是值得欣慰、有成就感的事。

■ 21世紀的覺醒

接下來，讓我們一起來想21世紀以後的人類應有的覺醒：我們及我們的子孫將來會面臨什麼問題？人類要怎麼生活下去？我們下一步該怎麼做？

讓我們回憶一下，人類在1萬年前由游牧時代進入農業時代，人口從約7千萬，經過幾千年增加10倍，到約7億。工業革命（西元1750到1850年）以後，全球人口在不到200年內又增加10倍。現在（2006年）人口約65億，呈指數成長，人類自第一次工業革命到現在，我們引以為傲的工業進步，讓物質生活享受提升到前所未有的境界，但我們不可忽視在這短短不到200年中，自然界資源的損耗及環境的破壞也是空前的，人類賴以生存的自然資源被浪費而急遽減少，其耗損速度也隨著工業發展而急遽上升，這些資源包括空氣、水、土壤、樹木、礦物、石油、陸地及海洋的其他生物等等。

最顯著的例子，二氧化碳的過度排放及森林的砍伐，造成溫室效應；物資的不當使用及浪費，造成天然物資的耗竭；人類製造的廢棄物更成為環境汙染，真是不勝枚舉。太陽系與地球，是經過46億年逐漸演化，才形成適合人類及生物生活居住的環境，但人類卻在不到億萬分之五的時間內，就把這個環境破壞了。

有一份由全球95個國家、1千多個專家共同執筆的《千禧年生態系統評估報告》（*Millennium Ecosystem Assessment*）指出，全球已經過度使用自然資源，使全球2/3的自然資源嚴重耗損，石油再過3、40年就要用完了，煤礦最多也只能用上百年，我們必須很嚴肅地面對這大幅惡化的地球資源議題，以免造成無法挽回的局面。

隨著經濟及工業的快速發展，大家面對的是瞬息萬變的市場及激烈競爭的環境，企業界大家關注的是新產品開發、市場占有率，以及投資報酬率等等。當你對企業的社會責任，以及工業發展對人類生活長遠的貢獻與價值多加思考，研究一下歐美工業革命的歷程，不難發現，**歐美的傳統發展模式，不論在觀念上和實施上，都有其缺陷和忽略之處，造成我們現在資源耗損與環境汙染的嚴重危機。**

其實，許多國家如德國、日本，不論是政府及民間，對資源的利用及環境的保護都很重視，在其成為世界經濟強國的同時，也解決了很多的環境問題。中國大陸持續了20年的改革開放，經濟及工業快速成長，今天也覺悟到，用大量耗損資源，以及讓身體承受環境汙染為代價換來的經濟成長，是不應該繼續下去的，於是開始採取了許多積極的節省資源及環保措施。環保問題，今天已漸漸為全世界的共同認知，其實這已經是一個逼近眼前、關係人類生存的危機，事態嚴重。

■ 21世紀的商機

記得3年多以前，我讀了《*Natural Capitalism*》，中文版翻譯為《綠色資本主義》，三位作者保羅・霍肯、艾默里・羅文斯與亨特・羅文斯以親身任職或經營企業的經驗，向工業界人士提出一個警訊：如何大規模提升自然資源生產力？以美國為例，估計廠商所使用的自然資源中，只有6%製成成品到消費者手中，其餘材料都在生產過程中成了廢棄物，不僅造成資源之大量損耗浪費，而且嚴重的汙染了自然環境。我認為美國人在鼓勵消費、增加市場購買力的風氣下，養成了浪費的壞習慣，東西買了用不久就丟，剩下來的廢棄物絕對造成地球環境沉重的負擔。**地球物資是有限的，未來的產品必須設計成材料可重複使用，物資才不會耗盡**。現在BRIC（Brazil, Russia, India, China，即「金磚四國」，包含巴西、俄國、印度、中國）的經濟興起，製造及消費人口必然不斷增加，如果採用美國式的生產及使用習慣，自然物資不久後將消耗殆盡，人類及地球生物賴以為生的空氣、水等天然資源環境，將遭嚴重的汙染，造成人類的浩劫。

我們現在所看到的，大多數的回收方式都是一種「降級循環」，尤其是設計時沒有事先考慮到材料循環使用，因為降級循環再製的材料比原本的材料特性差，若要提高材料可用性，常須添加更多化學品，不僅增加成本，而且容易使材料毒害問題更嚴重。今後的產品設計，似乎應該採用美國生態建築師麥唐納及德國環保倡議者布朗嘉所著的《從搖籃到搖籃》這本書中提到的觀念：根除「廢棄物」。

這概念意味著產品、包裝和系統，從設計開始，就秉持「讓廢棄物不存在」的觀念來設計。我們也可以選擇另一種交易模式，就是讓顧客購買的是「產品提供的服務」而不是產品本身。把已經使用損壞的產品再生重製來服務顧客，新產品可以用原有的產品更新部分零件來升級，以節省資源，減少報廢。同時，消費者的觀念也要改變，歐洲有文化水平的國家以及中華傳統文化原有的美德，都是珍惜精緻的用品，代代相傳，而不是天天去注意on sale，亂買廉價的東西，用用就丟棄，然後再買新的。今天地球人口眾多，資源不容浪費，也沒有足夠的土地容得下這麼多廢棄物及汙染。

台達長久以來，一直以環保節能作為我們公司的使命，不斷投入於研發，落實我們的理念，同時開發市場需要的產品，比如占我們營業額50%的電源供應器，效率從過去的60至70%，每年不斷提升，目前許多產品效率都在90%以上；其他如零組件及視訊產品，皆以節能、環保、健康為優先考量，十多年前開發的節能燈泡安定器，可省下3/4的電能。

歐盟公告的危害性物質限制指令（RoHS），規定2006年7月起電機電子產品，不得含鉛汞等6大類危害物質，但是目前市場上流行的液晶平面顯示器及液晶平面電視所使用的CCFL（背光板）裡面都含汞，而我們今日正領先開發成功符合RoHS規範的無汞平面背光板，不久就可以供應市場。

我們在2000年就開始試用無鉛銲錫，2001年在吳江廠設立重金屬及毒性物質檢驗實驗室，對歐盟的RoHS環保需求已有準備。2003年2月歐盟公告的WEEE（Waste Electrical and Electronic Equipment，廢棄電子電機設備指令）內容正合乎物質重複利用，回收再製節省天然資源的環保原則，值得提倡實施，今後對產品的設計及使用，應有新觀念及做法，這也是我們該做的。

至於台達的節能交流馬達變頻器，本來就是用於自動化的節能產品，最近大陸地區缺電，我們各廠設備安裝後約節省設備用電量30%。

在潔淨能源及新產品方面，我們創立了旺能光電公司，今年第3季就開始生產太陽能電池，與我們的Solar Inverter（太陽能變流器）成為系統產品，此外我們也積極的開發燃料電池的各項零組件及汽車零組件。

■ 我們能做的，比想像的還要多！

我剛才提到，21世紀的人類應該覺醒，不要把經過46億年孕育出適合人居住的地球，在從第一次工業革命到現在還不到千萬分之一的時間內，不當使用或無謂的浪費自然物資及能源，把這美好的自然環境破壞殆盡，以致造成後代子孫無法生活。其實我們只要對環保節能多用點心，可做的事情與機會非常多，一些實際的例子：你也許沒有注意到火力發電的過程，從燃燒產生蒸氣轉動發電機發電，經過升壓傳輸再降壓到用戶，最後再到電燈泡照明，綜合效率只有3%，而汽車運送人或物品的能源消耗效率還不到1%。最近Toyota發表了一部混合動力車Prius II，在市區每公升約可跑26公里，差不多是一般汽車用油的1/2到1/3，而性能絕對不差。再舉一個例子，已經有建好並且正在使用的綠建築，它的用電只有一般的1/15，而還比我們現在的一般建築更舒適、更健康。如此可見，其中可改善的空間還很大，**一般人往往認為環保節能會增加成本，其實許多事實證明只要處理得當，反**

而會降低成本，也是一個新的商機。

我們決定，現在與將來蓋的建築物，都要建綠建築，例如已經在今年完工，台南科學園區的台達廠房。近來全世界都在談「企業社會責任」（Corporate Social Responsibility, CSR）的議題，台達的企業社會責任白皮書，其內容精神之所在，就是「企業誠信」與「善盡世界公民之責任」，同時我們也將公司治理透明化與種種環保節能的作為，融入到企業日常的核心管理中。

多年來感謝我們的許多客戶對我們的肯定與鼓勵，如HP及SONY等公司每年給我們Vendor Award，2004年我們獲得Microsoft與Cisco評為全球最佳供應商（Supplier of the year），2005年我們又被Siemens選為全球最佳供應廠商，對我們真是莫大的鼓勵。同時感謝國際投資者的肯定，外資持有台達企業的股份比例，也已經是台灣上市公司的前茅。

希望藉由今日的機會能與各位分享經驗。請各位先進、教授、同學們也能多提供在環保、節能上的新觀念、新做法與我們交流。謝謝大家！

20

Implement Green Regulations and Create Quality Products

Speech at Summit Forum on Marching Towards Europe（Oct, 2006）

Ladies and Gentlemen, Good afternoon! I am glad at President Huang's invitation to join the "Summit Forum on Marching Towards Europe" and talk about "Implementing of Green Regulations and Creating Quality Products" with all of you.

■ Status of environmental deterioration

Before talking about green regulations, it is important to know why the European Union needs to establish these regulations. With the development of industry since the first industrial revolution, natural resources have been exhausted rapidly and the environment has been polluted and damaged seriously. According to the National

Technology Institute, USA, 93% of resources that are input for industrial production are not transformed into products. They are wasted in the process of the production. 80% of the products are discarded directly after use and another 20% are disposed of before the expiration date. These data indicate an unbelievable abuse of natural resources. Historically, European and American people used 80% of the natural resources and energy in the world. However, the population in these regions was less than 20% of the world population. The situation has changed in recent years, thanks to the rapid economic and industrial development in China, India, and many other countries in different regions. The global population is 100 times as many as the population in ancient times and is continually increasing. It is foreseeable that natural resources would be exhausted and the environment would be seriously polluted if we do not change our consumption habits or stop wasting resources. The opportunity for creatures to survive might otherwise end in the long run. Emission of carbon dioxide becomes a problem with the development of industry. The greenroom effect continually warms the earth. It not only brings about abnormal climates and more natural disasters, but also melts ice masses in the polar regions to raise the sea level. If this situation is not improved immediately, about 50% of the coastlands in the world will be submerged.

■ History of EU green regulations

Electrical and electronics devices waste is increasing rapidly in EU countries and, till now, 90% is disposed in landfills. Harmful substances contained in this waste, such as lead, mercury, cadmium, and CrVI, may pollute the air and water, and unavoidably affect the health of human beings.

The EU issued WEEE (Waste Electronics and Electrical Equipment) in October 2002. The countries that have the intention to join WEEE were finally confirmed in August 2004. All WEEE manufacturers were requested to establish a recovery system before August 2005 and all country members were expected to achieve WEEE objectives before December 31, 2006. The objective of WEEE is to put an end to waste electronics and electrical equipment and encourage its recovery. WEEE is applicable to all electronics and electrical equipment with operation voltage of lower than 1,000VAC and 1,500VDC. The equipment is classified into 10 categories. WEEE specifies the goal of recovery by percentage and all country members are requested to observe the specification. Manufacturers who want to sell electronics and electrical equipment to the EU market are bound by the provisions of WEEE.

The RoHS (Restriction of Hazardous Substances) directive was issued in February 2003. It became effective for all EU country members in August 2004 and all electronics and electrical equipment sold in the EU market must comply with the requirements of RoHS since July 01, 2006. RoHS and WEEE complement each other. They emphasize the prohibition and restriction against application of harmful substances in products to avoid environmental pollution and facilitate recovery. The terms and implementation of both regulations are strict. No matter what the size is, any product that is imported in EU countries and in which the content of heavy metals or harmful chemicals substance is higher than the specified criteria will be deemed as illegal. The unit area or volume is not the basis for determination of harmful substances. Illegal products are prohibited from being imported into EU countries and the manufacturer will be punished with fines and sustain monetary losses.

Many companies have been punished with huge fines because the content of heavy metals or chemical substances in their products is higher than the specified volume. The Sony Play Station case in 2000 is a good example. An entire batch of products was seized at Dutch Customs because the content of cadmium exceeded the specified criteria. More than 1 million sets were rejected and brought huge losses to Sony. More astonishing than the monetary losses was the fine of 600 million EURO. Imposing penalties on Sony, a company that does business very carefully and takes environmental protection very seriously, is a warning for us to pay more attention to WEEE, RoHS, and other green regulations to avoid mistakes. In addition to Sony, Compaq computers in Sweden, Dyson vacuum cleaners in the UK, and Pioneer DVD Players in Korea were fined and brought huge losses to the companies due to illegal use of prohibited substances. We ought to learn a lesson from these examples and pay more attention to green regulations in Europe.

■ Green Regulations and Delta's actions

We found environmental protection to be a hot topic even before RoHS was established. In early 1999 when RoHS was not a major concern for many manufacturers, Delta assessed the possibility to change ordinary solder to lead-free solder for our production lines.

In 2000 when the cost of lead-free solder dropped from 5 or 6 to 2 or 3 times the cost of ordinary solder, we decided to introduce the first production line for the lead-free soldering process. Some manufacturers were pessimistic considering the higher cost. However, Sony was surprised by Delta's technology when they looked for overseas component suppliers for its game players in 2001 and found a lead-free solder process at Delta built on the same standard as Sony. Since then, not only has Sony placed more orders to us, but also granted the first overseas Green Partner Certificate to us in 2003. Starting with the commitment to make more efforts for global environmental protection, we additionally created more business opportunities for the company and faced green regulations more confidently.

As for WEEE, we found that old-style products can only be treated for lower grade circulation because the convenience of dismantling and recovery was not taken into account at the design phase. Since the recovered material is worse than the original in quality, chemical substances are usually added to improve its usability. This not only increases the cost, but worsens contamination issues as well. Thus, engineers are to be trained with more advanced ideas to ensure that the convenience of recovery and circulation are taken into consideration in the design phase. The objective of WEEE is to minimize environmental hazards brought about by waste electronics and electrical equipment and conserve natural resources by recovery, remanufacturing, recycling, and reduction of waste.

In fact, we have taken many actions before the environmental regulations were implemented. A "source management" procedure is established to manage the supplier of materials. This procedure is applicable to each business unit for its purchase activities. All suppliers and their subcontractors are requested to implement controls and self-inspection according to the procedure. The suppliers who have no test equipment or are incapable of implementing the procedure must send samples to an internationally accredited laboratory for external tests. We provide assistance to our partners in this aspect when they need help. In addition to setting up a heavy metals laboratory for internal and external use, we provide a variety of incentives for the suppliers who intend to purchase test/inspection equipment. It is worth mentioning that we established a laboratory in our Wujiang Plant in China, in 2001 for tests of heavy metal and toxic substances, and this is the first standard national laboratory certified by the "China National

Accreditation Board for Laboratories" in China. Then, laboratories of the same level were established one after another in our manufacturing bases in Taiwan and Thailand.

In addition, an Alert System is established and applied to all branches of Delta in the world. With the access permission defined for each plant and affiliate, the system identifies the type and severity of problems automatically when any abnormality of the production line is detected and sends an alert message to the business unit or product manager in charge. All alert messages are saved in the database and used as a reference for review and training in the future.

What is most important is that a special internal organization is established for each business unit of Delta and I serve as the CEO of the special organization in the headquarters. "CEO" here means the "Chief Environmental Officer" responsible for supervising the environmental protection affairs of each business or functional unit. The same organizational structure is applied to each plant in the hope of communicating environmental protection and energy-saving ideas to all employees of Delta. These ideas have been transformed to concrete actions. The fellow workers designed an internal website and selected "Protect the Environment, Save Energy, and Love the Earth" as the theme for the 35th anniversary of Delta this year.

The funds that we have invested in the machine, testing equipment, personnel training, and other activities with respect to environmental regulations total more than 50 million US dollars.

■ Commitment to development of environmental friendly and energy saving products

In addition to meeting the requirements of WEEE and RoHS, we have long dedicated ourselves to the development of environmentally friendly and energy saving products. "Provide innovative products with high-energy efficiency and seek for better living quality" has been our mission since we started the business.

When Delta was struggling for survival at the initial stage, the power consumption in Taiwan soared by 7% on average every year. I started thinking about environmental protection and energy conservation at that time and found that improving equipment energy efficiency was more important than building more power plants.

We improve the energy efficiency at the design phase. For example, the power supplier, which has the highest market share among the product lines of Delta, is applicable to PCs, communication devices, consumer electronics, and medical suppliers, and I always encourage personnel to improve the energy efficiency of this product. This is in line with the serious appeal that Intel's CTO and a Google engineer made in IDF last month. In fact, the efficiency of Delta's power supply has improved from 60-70% to higher than 90%. According to the calculation of an engineer from Google, 40 billion kilowatts/hour of power will be saved in three years when Delta's power supplier is used by 100 million PCs and each PC operates 8 hours every day. The saved kilowatts are equal to the power generated by 11 Linkou Thermal Power Stations, assuming that one Linkou Thermal Power Station can generate 3.65 billion kilowatts/hour of power every year, and a total of 5 billion US dollars can be saved based on the power rate of California. What is more important is the significantly reduced emission of carbon dioxide and, thus, contribution to environmental protection.

The QC of Delta's CCFL (Cold Cathode Fluorescent Lamp) products are well controlled and the concentration of mercury is only half of the content as specified in RoHS. However, we are not satisfied with this achievement and continually develop FFL (Mercury Free Flat Fluorescent Lamp) products. FFL is a good light source for the backlight module of displays. It is a revolutionary backlight technology with application of mercury free materials to produce environmentally friendly products of high brightness and long service life.

As for clean energy, Delta's PV inverter has an inversion efficiency of 97.5%. It was put into mass production in the third quarter of 2005 by DelSolar Co., Ltd, an affiliate of Delta located at Hsinchu Science-based Industrial Park and responsible for the development and production of PV modules. The FPY of the production line is 97.5% and the efficiency of the PV module reaches 17%. It can be integrated with the PV inverter to form a system product. In addition to PV system products, we are developing the parts and components of hydrogen fuel cells and prototypes are developed to test their functions.

■ Implementation of energy saving and waste reduction policies

We not only seek environmentally friendly and energy saving products, but also promote this idea in daily operations of the company. Workers have designed and installed a power-recovering module in the Burn-in area of the plant to recover the power that is consumed by motors and the recovery rate reaches 70 to 85% depending on the conditions of the production line. We also conduct heat isolation treatment for our plastic injection molding machines to significantly reduce the emission of heat and, thus, conserve at least half of the power for air conditioners and create a more comfortable work environment for employees.

The building that we have constructed recently in Tainan is a "Green Building" and recognized by the Ministry of the Interior with its "Golden Class" green building logo. In comparison with traditional buildings, a green building can save power by 30% and conserve water resources by 50%. A more healthy and comfortable work environment is ensured by excellent ventilation and natural lighting design. More green buildings will be constructed for new offices and R&D centers of Delta. For old buildings, workers will modify them to improve the efficiency and promote a series of energy conservation activities. Last year, the headquarters in Taipei acquired the Excellence award granted by the Ministry of the Economic Affairs in its Selection of Excellent Enterprises in Energy Conservation activity.

■ Technology, policy, and awareness for environmental protection and energy conservation

Finally, I hope that all of us can make use of technology and knowledge and put economic development and environmental protection on a par with living quality. Not merely for the market, products ought to be designed and manufactured for the market and the environment. It is our mission to minimize the utilization of natural resources and maximize their benefits.

My dear friends, people in the 21st century should be aware of the scarcity of natural resources and not waste them or use them inappropriately to destroy the natural environment or worsen the living quality of the next generation. A new industrial revolution is required to enhance awareness and change our way of doing things. This is an opportunity that entrepreneurs have to grasp. Above is my report. Thank you!

20中文譯稿

落實綠色法規，創造優質產品

「前進歐洲市場高峰論壇」演講（2006年10月）

各位女士、各位先生，大家午安：很高興應企業永續發展協會黃正忠董事長的邀請，來參加「前進歐洲市場高峰論壇」，與各位一起談談如何「落實綠色法規，創造優質產品」。

■ 當今環境惡化的實際狀況

在談到綠色法規之前，首先要了解歐盟為什麼要制定這個規範。人類從第一次工業革命到現在，隨著工業的快速發展，已經造成天然物資的急速耗竭與自然環境的嚴重汙染與破壞。

以美國為例，據美國國家科技學院的研究指出，投入工業的資源，有高達93%並未轉變成市場產品，而是在製造過程中浪費掉了；此外，有80%的產品在使用一次之後即被丟棄，其他的20%也沒有使用到應有的淘汰年限。從這數字看人類對天然資源的浪費，實在是太驚人。在過去許多地區尚未開發，使得占全球人口還不到20%的歐美國家，卻使用了全球80%的能源與資源。

可是近年來，中國、印度及其他許多國家經濟及工業急起直追，目前全球人口是古代的100倍，並且還在繼續快速增加，人類如果再不改變消費習慣，繼續的浪費下去，不但資源即將耗盡，嚴重的環境汙染將造成人類及其他生物無法繼續生存下去的危機。隨著工業的發展，大量的二氧化碳排放，溫室效應造成地球持續暖化，引起氣候不正常與天災頻繁，更嚴重的是，極地冰山融化使海平面升高，若不立即改善，不久的將來1/2地球人口所居住的沿海地區陸地，將沒入海中。

■ 歐盟綠色法規的重要性

歐盟國家，由於電機及電子設備所產生的廢棄物迅速增加，到目前為止，各國對此類產品廢棄物採掩埋處理的比例高達90%以上，而廢棄物中所含有害物質如鉛、汞、鎘、六價鉻……等，對水、土壤及空氣造成汙染，最終也對人類健康帶來危害。

2002年10月，歐盟發布了WEEE廢棄電子電機設備指令，2004年8月確認歐盟市場中參與的國家、2005年8月確認所有生產廠商建立回收系統、今（2006）年12月31日前確認會員國達到規範中訂定的目標。WEEE的主要目的是防止電機與電子設備廢棄物的產生，並促進物品的回收再利用，條文中涵蓋了所有工作電壓小於1,000V AC以及1,500V DC的電子電機設備，並分為10大類，以百分比規定各種產品的回收目標，所有成員國都必須遵守這些規定。想要讓產品進入歐洲市場的各國廠商，都會接受到此相關規定。

RoHS危害性物質限制指令，則於2003年2月發布、2004年8月歐盟成員國於國內執行此規定、今（2006）年7月1日開始歐盟市場中的電機電子設備必須完全符合標準。RoHS與WEEE相輔相成，強調設計時就限制及禁止使用有害物質在產品上，以避免造成環境汙染，並且便於回收。此外，由於規定與執行極為嚴格，進入歐盟的產品並不是以單位面積或單位體積檢測有害物質，不論形狀大小，整個產品只要被偵測到重金屬或有害化學物質含量不符規定就算觸法，違反規定的貨品，不僅會被禁止進入歐盟而造成廠商的經濟損失，而且還有罰則，不可不慎。

在過去，由於產品含有微量的有害重金屬或化學品，標準超出規定而遭到大金額罰款及處分的例子頗多，如2000年SONY的Play Station就是一個顯著的例子，由於產品的零組件鎘含量超過標準，整批產品在荷蘭的海關被查扣，不僅因為這上百萬台貨物進不了關而損失鉅額貨款，還因為超過環保規範標準而被開了6億歐元的罰款，更是嚇人。連SONY如此謹慎且重視環保的公司都受到處罰，可見對於這些環保指令，我們要十分小心去應對，才不會犯錯。除了SONY的例子之外，當年的Compaq電腦在瑞典、Dyson吸塵器在英國、Pioneer DVD Player在韓國，也都曾因為不符合禁用物質規範而遭到罰款，損失不小，我們一定要特別注意才是。

■ 台達如何因應歐盟綠色法規？

談到因應RoHS指令，我們公司在規範制定前就已經發現環保議題絕對是未來的趨勢，早在1999年，大家還沒有開始談論RoHS時，台達就開始評估將一般銲錫生產線改為無鉛銲錫的可行性。2000年，當無鉛銲錫的成本從一般銲錫5至6倍降低到2至3倍時，就決定開始導入第一條無鉛銲錫製程的生產線，當時有同業認為此舉造成生產成本的增加，並不看好，但也正因如此，2001年當SONY為了遊戲機產品開始找尋日本當地以外的零件供應商，找到台達電的時候，發現台達電早就在做無鉛的製程，而且標準跟他們要求的完全一樣，不僅大感訝異，也陸續跟我們做了更多生意，並在2003年頒了全球第一家海外綠色夥伴的認證給台達電。**當初，我們只希望能為地球環境多盡一點力量，卻無形中讓公司可以從容面對環保規範，並且創造了很好的商機。**

至於WEEE，我們發現過去的產品，都是因為設計時並沒有事先考慮到拆解與回收的便利性，也因此回收之後只能「降級循環」，由於再製的材料特性比原本差，若要提高可用性，常須添加更多化學品，增加成本之外，也使材料毒害問題更嚴重。今後，要培養工程人員更先進的觀念，讓產品從設計就開始改善回收與循環使用的不便。WEEE的精神就是要降低電子電機廢棄物對環境所帶來的危害，同時藉由重複利用、回收再製，減少垃圾，節省天然資源。

事實上，在環保規範施行之前，台達就已經有很多相關的措施。我們從生產材料進貨的源頭開始，訂定管理規則，也就是所謂的「源流管理」，從各事業單位的採購，針對我們的供應商，以及更上游的次級供應商，提出比照上述指令的規範，要求我們的供應商自行管制、自我檢測，如果自己沒有儀器或是不具備檢測能力，也必須送到具有國際公信力的外部機構測試、檢驗，在這一方面，台達也提供我們的事業夥伴們必要的協助，除了台達自行設置重金屬實驗室供內外部使用外，也對那些願意購置儀器的供應商提出一連串配套的措施。值得一提的是，台達在2001年於中國大陸吳江廠設立的重金屬及毒性物質檢驗實驗室，是第一家獲得中國大陸「國家實驗室認可委員會」所核可的國家級標準實驗室，後來我們陸續也在台灣及泰國等地區的生產據點，設置相同等級的實驗室。

另外，我們還設計了一套預警系統（Alert System），這套系統適用於全球台達集團，設定好所有廠區、關係企業的權限，當生產線上偵測到異常狀況，系統會自動辨別問題的類型與嚴重性，並決定將此預警訊息傳送到哪個事業單位或哪一位產品經理，而這所有的訊息也將儲存在資料庫中，作為日後檢討及人員訓練的參考資料。

最重要的是，台達從企業總部開始成立專責組織，由我自己擔任CEO，這裡的CEO指的是Chief Environmental Officer環保長，權責範圍內包括各事業單位與功能單位的最高主管，再把同樣的組織架構向下延伸到廠區，讓環保節能在台達成為風氣。今（2006）年是台達電子35週年，同仁們設計了內部網站的活動，大家在網路上投票選出的主題就是「環保、節能、愛地球」，正是最好的印證。

總括近年來，我們在因應環保規範所投入包含生產機具、測試設備、人力訓練等所有金額，已經超過美金5,000萬元。

■ 致力開發環保節能產品

除了因應上述的指令之外，台達長久以來都致力於開發環保節能產品，並從創業初期就將經營使命定為「提供高能源效率的創新產品，追求更好的生活品質」。

記得台達草創初期，台灣每年用電量平均增加7%，電力供應相當吃緊，因此我當時就開始思考環境與能源問題，發現除了加蓋電廠之外，提升產品的效率，更是重要。

舉個實際的例子，台達不斷從產品設計提升效率，以我們市場占有率最高的電源供應器產品來說，供應面包括個人電腦、通訊、消費電子、醫療器材等市場，我常常勉勵同仁設法把每個台達生產的電源供應器效率提高，這正好呼應了上個月Intel技術長與Google工程師在英特爾開發者論壇（IDF）中提出的嚴正呼籲。而這些電源供應器產品的效率也確實從早期的60至70%，提升到現在的90%以上，以Google工程師的計算來看，假設這些電源供應器被1億台電腦採用，每台電腦每天工作8小時，3年內可以為地球省下400億度電，如果用林口火力發電廠每年36.5億度的發電量來計算，等於省下約11座林口火力電廠每年的發電量；若以美國加州的電費來看，共可節省50億美元。但真正可以減少大量二氧化碳的排放，才是對環境最有幫助的部分。

此外，台達生產的CCFL（Cold Cathode Fluorescent Lamp，冷陰極燈管）產品，規格優於RoHS的規範，含汞量只有規定的一半，但是我們並不因此滿足，而是進一步投入「無汞平面燈」的研發與生產，無汞平面燈產品可以做為顯示器背光模組的光源，是一種空前的背光技術，不但亮度高、壽命長，完全無汞的材料運用，更是百分之百的環保產品。

在潔淨能源方面，台達的太陽能轉換器產品，轉換效率已高達97.5%，而在新竹科學工業園區負責開發及生產太陽能光電板的台達關係企業「旺能光電」，2005年第3季就已經開始量產，生產線的直通率可以做到97.5%，太陽光電板的效率是17%，並且可以與太陽能轉換器整合成為系統供應產品。除了太陽能光電系統產品之外，我們積極投入研發氫燃料電池的零組件及成品，目前已經發展出原型產品。

■ 公司內部節能減廢推廣

不只是產品追求環保節能，我們更將這些概念深化在公司日常運作中。台達在工廠的Burn-in（燒機）區，由同仁自行設計並加裝電力回收模組，使得原本需使用馬達負載消耗的電力得以回收，依照生產線的差異，電力回收率為70至85%不等，另外我們也在塑膠射出成型機的設備表面做隔熱處理，因此減少了許多熱氣的排放，節省空調用電至少一半以上，讓同仁的工作環境更為舒適。

我們在台南新建的廠辦是一棟「綠建築」，最近才獲得內政部「黃金級」綠建築標章的肯定。綠色廠辦可比傳統建築物節省30%的能源與50%的水資源，還能透過良好的通風與採光設計，帶來更健康舒適的工作環境，未來台達新建的每一座廠辦或研發中心，也都會是綠建築；原本舊有的工廠，也盡量的修改與提升效率，並進行各項內部節能活動，去年台北企業總部的大樓，也獲得經濟部節約能源績優廠商選拔的優等獎。

■ 環保節能，端賴科技、政策、觀念齊頭並進

最後，希望產業界善用科技與知識，將經濟發展與環保、優質的生活擺在同等地位。**產品的製造與設計，不能只為了市場取向，而是必須兼顧市場及環境，尋求自然資源的使用極少化與效益極大化。**

各位朋友，21世紀的人類應該要覺醒，不要對自然物資及能源不當使用或做無謂的浪費，把這美好的自然環境破壞殆盡，犧牲了這一代的生活品質，更讓後代子孫無以為繼。因此，我們要有新的工業革命，觀念要改變、做法更要改變。這也是一個創新的契機，值得有志的企業家們把握。以上便是我的報告，請各位指教。謝謝大家！

21

Drive the Future of Business

Opening Remarks for MIT-Epoch Industrial Liaison Symposium & Epoch Donors' Dinner（Jan, 2008）

Good morning, ladies and gentlemen, welcome and thank you very much for participating in the very first MIT-Epoch Industrial Liaison Symposium in Taipei!

On behalf of the Epoch Foundation and the audience here, I would also like to extend our gratitude to the 16 MIT faculty and staff for flying all the way from Boston to Taiwan to present and share their most valuable expertise and experiences in "How Strategic Innovation and Leadership Achieve Growth and Drive the Future of Business."

In today's competitive global business, innovation and entrepreneurship are the cornerstones of achieving leadership as well as sustainable growth. In light of this spirit, the Massachusetts Institute of Technology and the Epoch Foundation have taken the initiative to organize this symposium. This is a new addition to MIT's annual international industrial liaison conferences in Boston, Brussels, and Tokyo, which present cutting-edge technology and discuss real-time management issues that are of interest to industry.

After the Epoch Foundation's founding by 20 leading companies in 1990, MIT and the Foundation established a solid and productive relationship, creating a model of successful international collaboration. Since then, Taiwan industry has undertaken great efforts and endeavors to generate high value-added and innovative business as well as product and service solutions. During the past 17 years, MIT's distinguished faculty and scientists have provided Taiwan government and business leaders with insightful suggestions and advice in this regard. Our frequent activities and intensive collaborations have benefited many companies with both business and technology developments. This maintains their respective unique positions and provides high-value contributions to the global industrial chain.

On behalf of the Epoch Foundation, I would like to convey our sincere appreciation to all MIT colleagues for dedicating their efforts and contributions over the past 17 years. We very much look forward to our next era of vigorous collaborations as we reach new milestones of future progress and evolution.

I would also like to wish everyone a Happy Chinese New Year of the Rat, which is a very good year for pioneering new territories and conquering challenges with innovation and leadership.

Thank you again, and, enjoy your first feast of knowledge sharing and business networking in 2008!

# # #

Good evening, dear friends!

It is a great pleasure to be here and welcome our MIT colleagues and friends. We extend our sincere gratitude for their travelling all the way to Taiwan to attend the very first MIT-Epoch Industrial Liaison Symposium in Taipei, which has successfully concluded this afternoon.

After the Epoch Foundation was founded, MIT and the Foundation established a solid and fruitful relationship, creating a model of successful international collaboration. Taiwan companies have benefited tremendously from this relationship, generating significant synergies and valuable assets for global development.

Although our appreciation is beyond words, on behalf of the Epoch Foundation, I would like to thank our MIT colleagues for your efforts and contributions over the past 17 years, especially Dean David Schmittlein of the Sloan School, Epoch Foundation Professor Don Lessard, Prof. Victor Zue of the Computer Science and Artificial Intelligence Lab, and Mr. Karl Koster of the Industrial Liaison Program, and their colleagues. We at the Epoch Foundation very much look forward to our next Taipei symposium and reunion, as well as a thriving new era of joint collaborations.

Let's make a toast and wish each of our MIT colleagues the best of health, prosperity, and happiness in this Year of the Rat. Cheers!

Enjoy the dinner, and have a lovely evening!

21中文譯稿

推動企業的未來

「時代基金會與MIT工業論壇」、「Epoch贊助人晚宴」開場致詞（2008年1月）

早安，各位女士、各位先生，歡迎並感謝大家，參與在台北舉行的第一屆Epoch-MIT工業論壇！

謹代表時代基金會與在場聽眾，感謝16位MIT（麻省理工學院）教職員不遠千里，從波士頓飛抵台灣，就「策略創新與領導能力如何獲致成長、推動企業未來」這項主題，向大家介紹並分享最寶貴的專業知識與經驗。

今日全球商業競爭激烈，創新與創業精神也成了發揮領導能力、實現永續成長的基礎。有鑑於此，時代基金會與麻省理工學院主動發起組織本論壇。MIT固定每年都會在波士頓、布魯塞爾與東京舉辦年度國際產業交流研討會，呈現最先進的科技，並討論產業有興趣的即時管理問題；而本論壇也是新加入的成員。

自從20家重要企業於1990年共同創辦時代基金會之後，MIT便與基金會建立了堅實且成果豐碩的合作關係，打造出成功的國際合作模式。在這之後，台灣產業也投注重大心力，打造高附加價值與創新的業務，以及各種產品與服務解決方案。過去17年間，MIT的傑出教職員與科學家已經為台灣政府及業界領袖提供許多相關的深入建議與忠告。我們舉辦了豐富頻繁的活動、彼此也緊密合作，讓許多企業無論在業務與技術發展上都獲益良多，不但能夠各自維持獨有的地位，也為全球產業鏈提供了高附加價值的貢獻。

謹代表時代基金會，衷心感謝所有MIT同仁過去17年來的努力與貢獻。十分期待進入下一個積極合作的時代，共同邁向未來進步與發展的新里程碑。

也要祝大家鼠年快樂，這一年正適合開闢新的疆域，以創新與領導克服各種挑戰。

再次感謝各位，並祝各位歡享2008年第一場知識與商業社交的盛宴！

###

各位朋友晚安！

很榮幸在此歡迎MIT的同仁與朋友，感謝各位不遠千里來到台灣，參加今天下午在台北舉行的第一屆Epoch-MIT工業論壇。

自從時代基金會成立之後，MIT便與基金會建立了堅實且成果豐碩的合作關係，打造出成功的國際合作模式。這樣的合作不但令台灣企業受益匪淺，也為全球發展創造巨大的協同效應、帶來寶貴的資產。

雖然感謝難以言喻，但還是要謹代表時代基金會，感謝MIT同仁在過去17年間的努力與貢獻，特別感謝史隆管理學院院長施米特林（David Schmittlein）、時代基金會教授拉薩德（Don Lessard）、電腦科學與人工智慧實驗室教授舒維都（Victor Zue），以及論壇專案的寇司德先生（Karl Koster）與其同仁。時代基金會非常期待下一屆的論壇與各位再聚，共同迎接一個蓬勃發展的合作新時代。

讓我們舉杯，祝福每位MIT同仁鼠年健康快樂、大展鴻圖。乾杯！

請各位享受佳餚，共度一個美好的夜晚！

22

實在的力量，創造更美好的世界

「DEJ《實在的力量》日文版發表會」演講（2012年2月）

各位貴賓、各位同仁，大家早安！

首先要謝謝各位在百忙中能撥冗前來，敝人感到十分榮幸而且感動。也要謝謝Murata先生、Kashima先生、和Minomiya先生，3位剛剛所說的內容喚起了我許多的回憶，這些事就像昨天才剛剛發生一樣，一點都不覺得是好幾十年前的事情。

2010年1月《實在的力量》在台灣出版，說起出這一本書最初的想法，是想要分享給台達同仁們公司一路走來的歷程；今天我有機會站在這裡，跟大家分享日文版的發行，全都是靠DEJ的同仁和電波新聞的Hasegawa先生以及大日本印刷公司的協助，才能讓《實在的力量》日文版順利出版，真的非常謝謝你們！

說起台達的創立，時間要回推到41年前的1971年。最初的工廠就像是大家現在所看到這一張黑白相片，當時我在台北縣新莊租了一棟小小的2樓廠房，一開始員工也只有15個人。一路走來台達能成長到現在的規模，都是同仁一點一滴的努力所砌成。當然成長的過程中也很幸運，受到許多日本客戶的照顧與幫助，我心中十分感激。

就像書中我也提及，台達在草創時期受到Nippon Ferrite的Morihara先生許多的照顧。在零件的調度上好幾次我們遇到很大的困難，都靠Morihara先生的幫助，我們才能夠度過難關。這份恩情我永銘於心。

另外，台達從當初生產電視零件，轉型製造電腦用電源與彩色顯示器，在經歷轉型期時，也因為許多人的幫助才能順利成功。其中特別值得一提的是1995年和富士通合作的經驗。因為跟富士通合作，讓正在經歷轉型期的台達不管是設計面還是品質面，都向前邁進了一大步。當時的廠長，也就是現在也在這裡的RT，和當時在日本的KO，兩個人就像兩人三腳賽跑一樣，合作無間。再加上富士通的Kashima先生等許多貴人的大力幫助，不分晝夜的努力就是要把問題解決，那一段「天昏地暗」的努力沒有白費，後來終於成功將案子完成。

1997年台達與日本湯淺合資成立YUASA DELTA Technology（湯淺台達）生產鎳氫電池，當時的負責人Murata先生與台達一直維持著非常友好的關係，一直到現在Murata先生仍常常給工廠許多建議，我們受惠良多。

■ 講究細節，才能進步

眾所皆知，日本人對於品質的要求是世界第一，**對於日本客人的高標準要求，我們認為就算要花上數倍的力氣與時間都要達成目標**。因為我們知道，台達的產品如果能符合日本企業的要求，就等同於符合全世界的品質要求，所以日本人對於品質與細節的執著，很值得我們學習。也因為這樣，台達的產品才能不斷的進步。

不僅僅在品質上要求很嚴格，日本的企業對於環保也很重視。其中最早採用Green Partner（綠色夥伴）認證制度的SONY，不僅僅要求自己公司生產的產品不能含有有害物質，也要求供應商提供不含有有害物質的零件。台達從很早便開始採用無鉛銲錫技術，早在2003年便獲得SONY的Green Partner認證，值得一提的是，台達是SONY第一個認證的海外企業。也因此，台達與SONY的合作愈來愈多，從遊戲機、筆記型電腦、monitor到電視都有合作。2005年台達從在座的Minomiya先生手中領取了Award，這是台達的光榮與驕傲。

這樣注重環保的國家，去年311被大地震和海嘯重擊，現在我回想起來還是覺得很可怕。地震當時最擔心的就是同仁及家屬和日本各個客戶的安全狀況，還好DEJ很快速的回應了情況，我才放心了一些。昨天我去了仙台看了災區的狀況，地震和海嘯重創的傷痕雖然仍歷歷在目，但也感受到復興行動正全速進行。世人已不再相信核能發電的安全性，既能替代核能且不造成汙染的綠色能源，是當下最急於實現的課題。

誠如大家所知，台達以「環保、節能、愛地球」為經營理念，為了替下一代留下一片美好無汙染的淨土，台達不僅僅致力於提供高效率電源，更自詡為「Energy Solution Provider」（能源解決方案提供者），從高效率的電源供應、智慧型電力控制系統、到綠色能源的應用，台達致力以新技術創造更美好的生活環境。2009年台達打造了位於台灣高雄的世運體育館的太陽能系統，其屋頂鋪設了8,844塊台達太陽能板，以及台達高轉換效率的太陽光電變流器、每年可發電1MW以上的電量。

如果台達的產品與技術能為日本的賑災復興貢獻力量，將是我心中最大的期待與喜悅。在這裡除了再度感謝各位的光臨之外，今後也期許台達能夠在各位的指導下更精進，讓台達以實在的力量創造出更美好更環保的生活。謝謝大家！

23

Let's Focus on Sustainability

Remarks for Singapore R&D Centre Opening Ceremony (Sep, 2013)

Good morning to our distinguished guests, Mr. Yeoh Keat Chuan, Managing Director of the Singapore Economic Development Board (EDB), honorable guests, media reporters, ladies and gentlemen,

I am very happy and honored to welcome you all here at the opening of Delta's new Singapore R&D Centre. I wish to give special thanks to all of our distinguished guests for sparing your precious time to be with us here today. We are honored by your presence.

I established Delta Electronics in 1971 to produce components for televisions. At that time Taiwan's economy was growing rapidly and factories experienced power shortages. I realized that using energy more efficiently to save energy was the most effective solution to reduce the energy shortage problems – it was faster, cheaper, and easier than building new power plants. Recognizing that most of the electronic equipment at that time used linear power supplies with efficiency that was much too low, I decided to invest in the development and production of switching power supplies. I also established our company mission statement: "to provide innovative, clean and energy-efficient solutions for a better tomorrow." Today, most of Delta's power management products have surpassed 90% energy efficiency, such as our photovoltaic inverters with a conversion efficiency of over 98%, and telecom power supplies with 97% efficiency. Delta Electronics continues to be the world's number one in power supply sales since 2002 and DC brushless fans since 2006. We are also a major source for power management solutions, electronic components, display solutions, industrial automation, networking products, and renewable energy solutions. Delta has sales offices worldwide and manufacturing plants in Taiwan, China, Thailand, Mexico, India and Europe.

Over the past 43 years, Delta has pursued our mission and we are actively investing in renewable energy and other energy technology areas. Delta constructed the world's largest solar energy system for the

2009 World Games Stadium, supplying solar cells, modules, systems and key components. In addition, we have succeeded in developing high efficiency LED lighting systems and related products; a hybrid vehicle power train, control systems and related key components. We have succeeded in using LED's as a light source for projectors that not only save energy and increase product life, but also display more vivid colors. Delta's high resolution, high brightness image projection systems can project 30,000 lumens. Other products we have developed include 3D cinema projection systems.

From the year 2010 to 2012, Delta's high-efficiency energy-saving products and services reduced a total of 9.3 billion kilowatt-hours in electricity consumption for its clients and an estimated 5 million tons in carbon emissions for the Earth. As the numbers show, we at Delta are devoted to practicing our mission statement.

On behalf of the Delta Group, I wish to extend our gratitude to the Singapore Economic Development Board for their support of our R&D initiatives. We have selected Singapore as the location for our latest R&D centre given Singapore's focus on sustainability, which complements Delta's mission to provide innovative, clean and energy-efficient solutions capable of facing the issue of climate change. The

Singapore government has a strong commitment to the research & development of innovative technologies; the nation's political and financial stability and overall government management is exceptional; and there is unparalleled access to a highly qualified local and international workforce.

At our new Singapore R&D Centre, we look forward to conducting R&D in several sustainable technology areas including energy management, bio-medical devices, and networking. The new center will play a vital role in helping us achieve our business and environmental goals.

Before I conclude my remarks, I would like to emphasize that the climate change crisis has the potential to affect the lives of every person and every species on the planet. Governments, businesses, and each and every one of us must overcome the global climate crisis and work toward a greener and smarter life together.

Once again, I wish to thank Singapore's EDB for your splendid help and support, and I thank you all for being here today. Thank you!

23 中文譯稿

共同關心永續

「台達新加坡研發中心開幕典禮」致詞（2013年9月）

新加坡經濟發展局楊吉全局長、各位嘉賓、記者朋友，各位女士、各位先生，早安：

非常高興與榮幸，歡迎大家來到台達全新的新加坡研發中心開幕典禮。特別感謝各位貴賓撥冗前來，令台達感到無上光榮。

台達電子創立於1971年，一開始是以製作電視零組件起家。當時正值台灣經濟快速成長，每年用電量平均增加7%，供電相當吃緊，而我體認到，面對缺電的問題，省電是最有效的解決方案，「節能比蓋電廠更快、更經濟、更容易做到」。我也發現，當時大部分電子設備使用的是線性式電源供應器，能源效率實在太低，所以決定投資研發生產交換式電源供應器。此外，我也制定了台達的經營使命：「環保、節能、愛地球」。如今，台達的電源管理產品能源效率多半都在90%以上，特別是太陽能電源轉換器效率超過98%，通訊用電源效率也達到97%，從2002年開始，台達電子的各種電源產品全球市占率始終維持第一，直流無刷風扇也自2006年開始維持全球市占率第一。此外，在電源管理解決方案、電子零組件、顯示解決方案、工業自動化、網路產品、可再生能源解決方案方面，台達也穩占一席之地。台達在世界各地設有辦事處，並在台灣、中國、泰國、墨西哥、印度和歐洲設有工廠。

過去43年來，台達一貫秉持上述經營理念，並持續開發可再生能源與各種新能源科技。由於擁有太陽能電池、模組、系統關鍵零組件等技術，2009年，台達建置了高雄世運會主場館屋頂的太陽能電力系統，這是一套世界最大的戶外建物一體式太陽能電力系統。除此之外，我們成功地開發出包括室內及戶外用的高效率節能LED照明系統；電動車及混合動力車的整套動力系統、控制系統與各項關鍵零組件。在視訊顯像設備方面，我們成功地運用了LED做為投影機的光源，不但可以節省耗電、延長使用壽命，更可以讓投影的色彩更加鮮明、栩栩如生。台達的高端投影顯像系統，已經擁有3萬流明的亮度。而其他的產品還包括3D投影系統。

從2010年到2012年，台達的高效節能產品與服務已經為客戶減少了93億度用電量，估計在地球上減少了500萬噸的碳排放。從這些數字可以看出，台達對自己訂出的使命是說到做到。

謹代表台達集團，感謝新加坡經濟發展局對台達各項研發計畫的支持。台達之所以選擇在新加坡設立最新的研發中心，正是因為新加坡注重永續性，與台達以「環保、節能、愛地球」的使命應付氣候變遷的想法不謀而合。新加坡政府也堅定致力於研發創新科技，擁有出類拔萃的政治與金融穩定度，更能提供高水準的當地與國際人才。

在台達新成立的新加坡研發中心，期待能在能源管理、生物醫療設備與網路等多項永續科技領域進行研發工作。相信這座新的研發中心必能扮演重要角色，協助台達實現各項業務與環境上的目標。

在我結束發言之前，想強調氣候變遷危機有可能波及的是地球上每一個人、每個物種的性命。因此所有的政府、企業、以及我們所有人都必須挺身而出，克服全球氣候危機，共創一個更為環保、更有智慧的生活。

我謹在此再次感謝新加坡經濟發展局的協助與支持，感謝各位今天的參與。謝謝大家！

24

企業存在的價值是什麼？

「中國社會責任百人論壇第5屆分享責任年會」演講（2017年1月）

尊敬的李主任（揚）、王（副）巡視員（黎）、張院長（翼）、各位領導嘉賓：大家上午好！非常榮幸能夠受邀成為「中國社會責任百人論壇」的發起人之一，參加「第五屆分享責任年會」，就經營產業55年的實際經歷，與各位交流企業社會責任的發展，請大家多多指教。

在我一生經營產業的體驗中，時常會想到企業的存在價值，**雖然企業要有利潤才能發展，但更重要的是經常不忘記如何運用企業的專長及能力，同時對社會有所貢獻**。近年來，企業履行社會責任已成為大家的共同認知及新常態。大家要認真思考，如何將企業經營與實踐企業社會責任相結合，打造一個永續的未來。

台達成立於1971年，創業初期經歷了兩次國際石油危機；80年代初，工業快速成長期間，面臨能源短缺、輪流停電的狀態，當時就決心開發輕薄短小、效率高的開關電源，以取代效率甚低的線性電源；為了提高同仁的共識與士氣，當時也訂下「環保、節能、愛惜地球生態環境及資源」為公司經營使命，以電力電子為核心技術；在大家長期的努力之下，到2000年，電源供應器的效率做到90%以上，成為全球效率最高、產量最大的龍頭公司。近年來，不僅電源效率持續提升，也開發出更多的節能產品，工廠投入節能活動，單位產值用電5年下來節省高達50%。

■ 從自身做起，推己及人

將近20年前，為了提升中國大陸電力電子技術，台達教育及環境基金會在2000年正式成立「電力電子科教發展計畫」，與李澤元院士合作引進國外技術與清華大學、浙江大學、南京航空航天大學、西安交通大學、華中科技大學、上海大學、哈爾濱工業大學、北京交通大學、上海交通大學及合肥工業大學等10所大學的師生，從事電力電子領域的技術發展。歷年來一共支持了237個科研專案，獎勵41個優秀科研項目，頒發優秀研究生獎學金超過1,000人次。通過評選，獎勵了近60位學者在海內外進行深入研究。也舉辦了16屆電力電子新技術研討會，促進學術交流，這對中國大陸的電力電子科研實力及產業發展影響深遠。

建築物具30至40%的減碳潛力。在大陸，綠色建築也已上升到國家戰略高度。《國家新型城鎮化規劃（2014 － 2020年）》

指出，到2020年，中國城鎮新建建築中綠色建築占比要從2012年的2%提升至50%。提升建築物的節能效益，除了建築物與終端設備裝置的節能之外，更要透過智能化、自動化科技的整合，提升建築物管理效率及優化能源使用，讓建築物既舒適又節能。

台達在2006年啟用第一座綠建築廠辦台南廠，10年間，在工廠、辦公大樓及學校捐建都打造為綠色建築，全球一共建造了23座綠色建築（約一半公司自用，另一半捐助學校），積極用行動來推廣建築節能理念；台達基金會自2006年開始，連續10年贊助「台達杯國際太陽能建築設計競賽」，希望引領未來將成為城市設計師及建築師的各國參賽者及學生，在學習階段就具備綠色建築的知識及技能。同時，我們也推動獲獎作品落實於建設，例如：在汶川地震後捐建的四川楊家鎮台達陽光小學和吳江中達低碳示範住宅，希望用企業的行動力，傳播綠色建築的理念，讓更多人居住並真實體驗綠色建築的好處。

我們從自身做起，推己及人，舉辦「綠築跡－台達綠色建築展」將台達建造綠建築的成功經驗分享給大眾。2015年底，在巴黎氣候大會期間首次展出之後，陸續在北京清華大學、台北華山文創園區及世界能源變革論壇的會場——蘇州同里湖大飯店展出過，收到了觀眾熱烈的迴響。相信在政府的大力推動及產學界的積極參與下，綠色建築一定會更快走進每個人的生活。

■ 普及教育，提升全民水平

由於全球信息（資訊）化快速發展，數位信息（資訊）科技的進步，網路教學已成為消弭教育資源落差最有效的方式。網路教學是一個開放、便於普及的學習方式，讓更多的學生可以有效利用時間，依照個人學習的速度，在網路上反覆的學習。同時，經由優秀老師們的詳細講解，啟發學生的學習興趣與熱忱。

台達基金會設立「DeltaMOOCx」，就是一個開放式公益網路學習平台，以高中、職自然組學科及大學自動化學程為主，通過線上聽課並與老師進行互動、提問，讓學生能夠聽到優秀教師的課程。「DeltaMOOCx」目前在台灣試辦，已提供2,282支教學影片，教學影片點閱次數突破67萬。教育是強國之本，今年元旦佳節時，習主席在新年賀詞中，再次提到了「加強扶貧、扶貧必扶智」的觀念真是非常正確，我們希望把數位及網路的科技大量應用在普及教育方面，提升全民的水平、發展科技、弘揚中國優良倫理文化，讓中國人成為全球被尊重的民族。

這幾年，自改革開放之後，看見中國各方面的飛速進步，我們深深感覺到，中國大陸在習主席的領導下，展開了前所未有的進步：掃除惡習，反對貪腐，整治貪官；促進經濟繁榮，躍居世界第一大貿易國；發展航天科技，神舟十一號與天宮二號的成功發射，躋身世界航天大國的行列；自產戰機航空母艦，強化國防軍力；同時，主席更是風塵僕僕訪問國際友人，在他與產官各界領導的努力之下，獲得前所未有的進展。除了外交與經濟建設之外，尤其關注氣候變遷與生態文明，推動綠色與低碳發展，這些積極的建設與改革，把中國在全球影響力和國際地位大大提升，作為中華民族的一份子，我感到非常光榮。

以上是我個人對於實踐企業社會責任的一些觀察，以及台達這些年來的實際經驗，希望通過百人論壇這個非常有意義的平台，與各位先進們分享。請多指教。謝謝大家！

2017年，受邀成為中國社會責任百人論壇的發起人之一。

25

企業經營與社會責任

「第18屆台達電力電子研討會」專題演講（2018年6月）

尊敬的各位師長、各位同學、朋友們：

在我一生經營企業的體驗中，時常會想到企業的存在價值，雖然企業要有利潤才能發展，但更重要的是經常不忘記如何運用該企業的專長及能力，同時對社會有所貢獻。近年來，企業履行社會責任已成為大家的共同認知及新常態。我們要認真思考，如何將企業經營與實踐企業社會責任相結合，打造永續的未來。

然而，綜觀今日情勢，地球暖化的挑戰益發嚴峻、區域性的空汙與水資源匱乏、電力供應等議題，經常浮上檯面、還有更嚴重的人才流失等挑戰也形塑了我們CSR策略的主要關注方向。

身處於電子科技業的台達，很早就了解產業發展雖然帶來生活的便捷，卻也造成地球資源的耗損和自然生態的衝擊。因此多年來，**台達一直期許同仁設計創新的產品解決環境問題，從問題的「製造者」，轉型為問題的「解決者」**。

台達創立於1971年從開始生產電視零組件，到了1983年才生產開關電源。那時候台灣的經濟成長很快，工廠不斷增加，電力的需求也連續增加，老百姓的消費力也起來了，電視、冰箱、洗衣機、冷氣等家電增加得很快，造成電力供應不足的問題。

當時我發現，市場上各種電子電器設備大多使用效率很低的線性電源，台達意識到節能是最快速紓解問題的方法，於是決定投入開發高效率、輕薄短小的交換電源，訂下了「致力提供創新節能的產品及解決方案」為公司長期經營的目標。在全體員工長期的投入研發，產品逐年提升效率，從開始的60%左右，到了2000年，效率已升到90%；我們繼續努力，領先開發出效率為96%的伺服器電源，超出當時國際訂定80 plus「白金級」最高效率的標準，特別命名為「鈦金級」；時至今日，台達在通訊電源產品的效率可以做到98%，太陽能逆變器效率更高達98.8%，均在世界上占領先地位。另外也因為台達不斷追求能源效率的提升，在市場上獲得許多客戶的肯定，自2002年開始，台達的電源產品銷售就位居全球第一；2006年起，直流散熱風扇也成為全球第一。因為產品的市占率很高，節能綜效很大，從2010年到2017年，藉由台達提供的高效節能電源產品，一共替全球客戶們節省了243億度電，相當於減少1,296萬噸的碳排放量。

長年來，台達每年投入營收的6至7%於研發預算，除了與大陸和台灣的高校合作，也與國外的維吉尼亞綜合理工大學、麻省理工學院、Case Western（凱斯西儲大學）、新加坡南洋理工大學等合作，在全球設立研發中心，定期舉辦技術研討會交流，學習最新科技與世界接軌。結合既有的工業自動化、電能轉換、儲能、網路與系統管理軟硬體整合，實現工業自動化及智能製造，不僅提升效率降低成本，也提供更好、低汙染的生活環境。

■ 堅強研發力為後盾

電動車是另一提升效率降低空氣汙染的產品。台達因為電源轉換的長期經驗技術領先全球，近年來與世界各名車廠合作，開始供應永磁同步車用驅動馬達等各項電動車設備，透過結構、磁路與散熱的優化設計，提升馬達功率密度，峰值效率更可達95%以上。台達所開發的車載充電器，不但能源轉換效率能高達96.5%，在攝氏75度的極端環境也能滿載運作，也曾獲得知名車廠在底特律的公開表揚。

台達也提供完整電動車充電產品及解決方案，產品涵蓋電源線組、直流快充充電樁、交流充電樁及智能充電管理系統，供應全球市場台達開發的電動車快速充電站，目前充45分鐘內可以讓電動車跑上400公里，今（2018）年將推出新的產品，充15分鐘電就可達到400公里；明年再結合Vehicle to Grid（V2G，車輛至電網）功能充電樁，太陽能及儲能系統，讓充電站、電動車能與智能電網能緊密結合，使電力調度更具彈性。

工廠方面，台達在全球30多個生產據點，全面推動工廠節能。比如電源產品的測試與燒機設備能源回收系統，利用逆變器做負載，回收95%的用電；其他的生產設備，利用裝置變頻器與特殊隔熱設計等方法，降低用電需求。廠房使用變頻空調、窗戶使用低輻射玻璃或隔熱膜、利用太陽熱能或空調冷卻水來預熱宿舍用水……等節能改善項目，各工廠提案節能項目共達1,177項，從2009年到2014年，統計各工廠單位產值用電量，平均節省了50%，減少排碳量124,462公噸。

■ 扭轉地球暖化，時間不多了！

台達的下一個減排目標，是再以2014年為基準年，在2025年前將單位產值的碳密集度目標10年再減56.6%。此一減碳目標，已通過SBTi（Science Based Targets Initiative，科學基礎目標倡議組織）符合性審查，使台達成為世界前100家通過審核的企業，與各國強調綠色發展的企業，共同為人類的可持續發展而努力。雖然因為減少人工、推動自動化所用機械手及自動設備代替人工會增加電量，不過我們有信心會設法去達成節能目標。

近年來，氣候變遷是舉世矚目的重大議題，不但每年因極端氣候造成的損失快速增加，許多城市甚至因為嚴重空汙與缺乏水源，漸漸不適人居。

這幾十年來益發極端的氣候現象，對人類的生存其實已造成威脅。根據慕尼黑再保的統計，2017年全球的災難損失達到3,300億美金，是過去10年平均的兩倍，且絕大多數來自於颶風與颱風的損失。燃燒化石燃料，也帶來嚴重的空氣汙染，根據WHO（世界衛生組織）提出的報告，地球上每10個人中就有9個，正呼吸著不健康的空氣，且每年造成700萬人死亡。

接下來還有水的問題，像南非的開普敦市，因為這幾年乾旱愈來愈嚴重，原本今年6月全城將無水可用，成為本世紀第一個面臨此窘境的大城，市政府將該日期命名為存水量「Day Zero（歸零日）」，現在已經在為明年的「歸零日」作倒數。這樣的狀況，不光是在非洲，未來有8成的人口可能都得要面對。

原本國際社會在2015年達成共識、一起簽署了《巴黎協定》，也扭轉現今以化石燃料為驅動力的經濟形態，現在也因為主要排放國家的退出，顯得前途未卜。而原本呈現減緩趨勢的全球溫室氣體排放總量，也在去年再次上升。因此，即使全球在綠能的投資，已達到3,335億美元，趨勢持續成長，且像德國在今年的第一天，電力已可完全來自於再生能源、英國在今年4月，也曾有55小時電力可以完全不需要燃煤發電，但就全人類而言，減碳的速度仍然遲緩，持續朝最糟的升溫情況邁進。

若根據聯合國IPCC（Intergovernmental Panel on Climate Change，政府間氣候變遷專家小組）將於今（2018）年10月發表的報告指出，因人類排碳未見緩解，使得地球暖化的速度不斷加速，接下來不到20年的時間，全球的平均溫度就會比19世紀下半葉平均升溫攝氏1.5℃，現在全球均溫僅約上升0.8℃左右，就已讓像巴基斯坦的納瓦沙布市，在今年4月寫下50.2℃的極端高溫紀錄，難以想像接下來還有哪些災難等著我們。此外，因暖化所間接導致的區域生態環境系統瓦解，恐將使人類社會的動盪變得無法避免。這是非常重要的警訊，希望大家記得，要扭轉地球暖化的惡化趨勢，我們所剩的搶救時間真的不多了。

為讓更多民眾了解氣候危機，自2007年起台達每年派員自聯合國氣候會議現場帶回最新資訊；去（2017）年底於德國波昂落幕的COP23，台達亦參與由全球1,500個城市組成的ICLEI（International Council for Local Environmental Initiative，地方政府永續發展理事會）主辦的周邊會議，發表演說，通過展示綠建築、低碳交通、環境教育策展的具體成果，一方面向國際輸出台達的低碳經驗，也務實吸取國際上相關的成功案例。

台達集團除不斷投入在作能源效率的研發工作，也投入在綠建築的推動上。從2005年開始，台達累積在世界各地打造和捐建了26棟綠建築，經過合作建築師和相關同仁的努力，這些綠建築的節能效率從最早的30%、50%；持續進步到70%、甚至達到Net Zero（淨零耗能），而其中經過外部認證的13棟綠建築，光是2017年就節省了1,490萬度電，有了實際的數字為證，我們相信綠建築絕對是最值得推動的節能手法之一。

■ 綠建築的卓越節能成效

舉例而言，像位於美國佛利蒙市的台達美洲區總部，運用了在加州已發展成熟的Ground Source Heat Pump System（地源熱泵系統），在天冷、地表溫度比恆溫的地下溫度（約70°F，也就是21°C）低時，為大樓內部傳送來自地下的熱，而在天熱、地表溫度比地下溫度高的時候，則吸收大樓的熱導入地下，再帶著地下的冷返回大樓，讓室內清涼舒適。這套地源熱泵系統與Bi-Directional Radiant Heating And Cooling（雙向輻射加熱冷卻系統）、及節能變頻器等設備緊密連結，綿密的管線全長達92英里（約147公里），藏身在地底下、大樓地板和天花板中，盤繞面積相當於5座美式足球場大小，再配合天花板懸掛的Active Chilled Beam（主動式冷梁）、腳底下的Radiant Floor（冷熱輻射地板），以及屋頂的太陽能板，使得建築全年的用電量，竟不會超過自身利用太陽能所發的電量，達成淨零耗能。

更重要的是，去（2017）年開始，台達導入SROI（Social Return on Investment，公益投資社會報酬評估），透過具有公信力的第三方機構，分析綠建築推廣活動所創造出的社會參與投資效益，以及這些活動對大眾所帶來的改變，計算出的SROI值超過8，相較於全球企業，台達這方面的投資效益相當高，顯示我們在公益投資及推廣上有著卓越成效。

台達也透過教育的方式，將綠建築的概念推廣出去。2006年起在原國務院參事石定寰先生的引薦下，台達與中國可再生能源學會聯合主辦「台達盃國際太陽能建築設計競賽」，兩年一次向全世界的高校徵圖，並實際將構想建築呈現，7屆下來已吸引全球90餘國的6,500多組團隊參與，除了在校園傳遞環保理念，更強調落實設計，多件獲獎作品都建成可居住的實體建築，援助遭逢天災受創的偏鄉學子，包括汶川地震後重建的「楊家鎮台達陽光小學」、蘆山地震後重建的「龍門鄉台達陽光初級中學」、魯甸地震後重建的「巧家縣大寨中學台達陽光教學樓」等，原初建築設計圖均來自於此一競賽，成為了高校創新型、實用型人才培養的重要載體。通過競賽，實現了「以賽促學」，強化了學生的創新精神，培養了眾多太陽能建築設計和綠色建築設計人才。

除此以外，我們也集合了綠建築專家開班授課，培訓綠建築的建築師及室內設計師，讓綠建築的知識可以讓更多人了解。課程除專業課程外，也開設初階課程，希望使一般民眾能更了解綠建築的概念，當他們未來若希望採用綠建築設計時，也能順利與建築師或設計師溝通，讓未來所有的建築都是綠建築。

■ 培育人才，打造企業創新能量

人才培育，也是台達長年關心的議題，比方今天大家來參與的活動，是在2000年設立的「台達電力電子科教發展計畫」請李澤元教授主持，跟大陸10所重點大學（清華大學、浙江大學、南京航空航天大學、西安交通大學、華中科技大學、上海大學、哈爾濱工業大學、北京交通大學、上海交通大學、合肥工業大學）攜手合作。科教計畫很快就要滿20年了，中國的電力電子技術已大幅進步，甚至在全球位居領先的地位，這也要感謝在座各位老師夙夜匪懈的付出，而同學們也要在此基礎上繼續努力。

除了電力電子的進展，近年在工業4.0、自動化、物聯網、人工智慧等世界趨勢的帶動下，一些傳統的學校教育已經難以應付未來的產業變化和就業需求，每個人都得養成終生學習、隨時吸收新知的習慣，才能不被淘汰。時興的MOOCs（Massive Open Online Courses，慕課）即是因應此一潮流而生的線上教育系統，只要打開電腦、連上網路，就能立即學習，不致因離開校門而中斷吸收新知的道路。

有鑑於此，台達特地在2014年成立了DeltaMOOCx免費教育平台，內容鎖定工業自動化學程與高中高工的基礎數理學科，而且課程內容完全免費，目前累積點閱次數已經超過220萬人次。這個平台的創立目的有兩個，一是希望縮小教育的城鄉差距，幫助欠缺資源的偏鄉學子和弱勢團體獲得學習機會，二來則是要及早讓我們的下一代掌握未來轉型契機，為即將來臨的產業蛻變和科技趨勢，儲備更多優秀的人才。

學習對學生跟員工是如此重要，對企業來說也是一樣。再成功的領導企業，不管以前做得多好，假如沒有持續投入研發、跟上時代脈動，以後都可能無法生存。今天科技進展一日千里，**企業如果沒有新的產品或服務，隨時保持危機意識，一定會碰上麻煩**。這就是為什麼台達不斷主動尋找和學術界合作的機會，除了幫社會培育人才，也是替企業尋找創新能量的必要方法。

從1971年創業的那天開始，台達現在已經跨過47個年頭了，仍然不斷在尋求變革，因為Delta數學上就代表一個變數，我們鼓勵同仁勇於變革、不斷創新，使這個社會可以變得更好。以上是台達身為企業公民、自我摸索如何實踐社會責任的一些經驗談，希望能給大家帶來一些啟發跟收穫，謝謝各位！

26

取之於社會，用之於社會

「台達50週年記者會」致詞（2021年3月）

各位嘉賓、各位媒體朋友：大家下午好！

今天真的是非常榮幸也非常高興，在台達50週年的此時此刻，跟各位在這裡見面。這半個世紀以來，台達從田埂邊15個人的小工廠，一步一腳印發展到今天，我最先必須感謝全體同仁，有你們跟公司一起打拚、一起成長，台達才有如今的規模。尤其，創業初期那幾位始終相信我、支持我的夥伴，面對各種難題都不退縮，連我自己都沒有把握答應客戶的事情，他們卻拍胸脯保證使命必達。這些4、50年前的畫面歷歷在目，讓我感覺有你們在身邊，真是我莫大的幸運。而在我背後最重要的，更是因為有了家人的諒解與扶持，多年來我也才能全心投入工作、經營事業。

此外，70至80年代，台灣的經濟及國際形勢都極度不利，在關鍵時刻，台灣能夠突破困境、扭轉危機，都是因為有一批充滿遠見、魄力、廉潔正直，熱愛國家社會，把畢生精力奉獻給人民的官員，如李國鼎、孫運璿、陶聲洋、尹仲容等人，在他們任內，教育、經濟、建設等都有許多建樹，吸引外商來台灣投資，為當時的台灣年輕人創造大量的就業機會，學習科技及管理經驗，進而有機會、有能力創業，發展國人的產業。台達躬逢其盛，搭上台灣經濟起飛的列車，受到當時良好投資環境的庇蔭，隨之持續穩定的成長，因此，我們不能忘記過去這些無我無私、鞠躬盡瘁的官員。

■ 回顧過去，放眼未來

台達創立初期，從電視零組件做起，從內銷做到外銷，品質深受客戶肯定。那個年代台灣經濟與工業蓬勃發展，用電量每年增加，供電吃緊，有時甚至輪流停電。我深覺應該改用效率更高的交換式電源，才是快速的解決方法。因此從80年代開始決定投入開發輕薄短小、效率更高的交換式電源，並同時訂下「環保、節能、愛地球」的經營使命。1983年台達的交換式電源產品正式供應客戶，到了2000年，所有的電源產品效率都超過90%。講到這裡，我還要感謝那些在先進技術上面提供台達許多思考方向與寶貴意見的科技顧問如李澤元院士、MIT的舒維都博士、史欽泰院長，還有給了我們許多經營與管理知識的李吉仁教授、黃崇興

一路走來獲無數貴人相助，值50週年的機會，整理出50位影響台達最深的人物，其中包含了李澤元教授（左）、劉炯朗校長（右）。

教授，以及已故的劉炯朗校長、羅益強董事長等。

因為台達電源產品的市占率很高，所以提升效率對節能減碳有很大的貢獻，2010年到2019年，我們的電源產品共為全球客戶節省約314億度電，等於減少1,674萬公噸的碳排放。創業至今50年，加上亞航跟TRW的就業年資，等於我投身工業界已經60年。在我一生經營企業的體驗中，時常會想到企業的存在價值，雖然企業要有利潤才能成長，但更重要的是運用核心競爭力，做對國家社會有貢獻的事。

近年來，製造業因為科技快速進步而產生許多顛覆性變化，尤其對傳統的製造方式、經營觀念發生巨大衝擊，台達也開始朝向整體解決方案以及多元化的產品面向來發展。

其中值得一提的項目，最近也非常受到社會大眾與投資人的關注，就是電動車的發展。電動車取代傳統燃油引擎動力的趨勢，馬達是動力系統的關鍵。台達的馬達技術最初由工業自動化產品為起點，投入電動車動力系統的開發超過10年，尤其在車體的有限空間中整合馬達、驅動器、直流轉換器等關鍵零組件，台達充分發揮了電子科技業的長處，目前已順利進入歐美一線車廠的電動車動力系統供應體系。

但我認為，電動車的鋰電池，不論在生產過程或是汰役之後的處理，都還不是最理想的。日本大廠如豐田、本田，都已投入研發氫燃料車，豐田量產的氫燃料車，更是早在2014年就上市，並預測未來10年內將成為環保節能交通工具的主流。氫氣充填速度快，不像電動車需要花長時間充電，且利用氫氣、氧氣的燃料電池，發電過程只會釋放水蒸氣，這是最為環保可行的方式。一旦燃料電池系統成本有所突破，運用在陸地交通之外，航空飛行器的採用也是指日可待。

除了追求成長和利潤之外

我一直認為節能、提升能源效率，比興建電廠更重要，**企業除了追求成長與利潤，更應該把資源放在對人類生活及社會有貢獻的產品開發**，今天工業的發展，造成資源的損耗、自然環境的汙染、生態的破壞等等，已經開始危及人類及其他生物的生存，我們必須正視地球暖化所帶來的環境衝擊。還記得去（2020）年夏天，台北氣象觀測站測到攝氏39.7度的高溫，創下了設站124年以來的歷史新高。同樣因氣候異常導致的生態衝擊，也不斷在全球各地發生。熊熊的野火，燃燒俄羅斯西伯利亞的針葉林、美國加州的巨木森林，以及巴西的熱帶雨林，面積創下歷史紀錄。過去科學家所有關於暖化的預言，現在似乎都已一一成真，我們必須立即採取行動，預防更多氣候災難的發生。

台達50週年，我們以「影響50，迎向50」自我期許。希望能夠將積累了50年的能力持續創新，與我們的各界夥伴攜手合作，一起邁向下一個50年。半個世紀以來，我抱持著取之於社會、用之於社會的心情，期許同仁在開發新產品與解決方案的同時，為氣候減緩及調適盡一份力，對企業來說，不只是企業社會責任，其中也蘊含商機。

【扎根】

為國家培養一流的人才

教育為國家永續發展之基石，

科技為產業持續升級之要素。

促成更多產學合作，

不只有助大學的經營、亦能加速科技的創新，

提升台灣的國際競爭力。

27

自我成長，堅強前行

「全民悅讀運動」致詞（2000年3月）

主持人、各位媒體朋友及貴賓，大家好：

今天非常高興各位媒體朋友及貴賓在百忙中前來參加這個記者會。這次由文建會、中國時報及時報出版公司共同策劃主辦的2000年全民悅讀運動，台達電子文教基金會非常榮幸能贊助這樣深具意義的全民文化活動。在此我謹代表台達電子公司及台達電子文教基金會，向主辦單位及媒體朋友還有好多位主講的先進、作家們所付出的辛勞，表示十二萬分的感謝。

台達電子公司成立於民國60年，經過過去29年的努力，目前是全球第一大的開關電源供應廠商，不僅用於電腦資訊產品，同時也應用於通訊網路產業。除此之外，我們也是電子及通訊產品零組件、視訊和網路產品的全球主要供應商。在企業發展的同時，身為社會公民的一份子，我們全體員工從不曾忘記我們公司的使命。

■ 一路走來未曾忘記的使命

過去20幾年來，我們繼續不斷的推出高效率、節省能源的產品，以落實生態環境保護與能源之有效利用。科技和工業的進步以及人類生活的改善，也讓能源的需求不斷增加。如果繼續不斷的付出社會成本、環境成本開發能源，倒不如設法去增加設備使用能源的效率，對節省能源更為有利。

開關電源就是典型的節能產品，從傳統的少於50%效率增加到高於80%，甚至90%效率。這一點也許讓我再舉一個例子來說明比較容易了解：我們把高效率開關電源的技術應用在照明方面，只要用19瓦的功率就可以得到相當於60瓦燈泡的亮度，換句話說可以省下2 / 3電能，如果全台灣使用節能燈泡，可以省下一個半核能發電廠。

過去我們的產品都是ODM（Original Design Manufacturer，原廠委託設計代工）及外銷，從2000年起我們要嘗試一下內銷。下個月我們將把我們42吋後投式顯示器，經由武昌電器行內銷，這是個高畫質、零輻射、多功能所謂3C顯示器，可以當電視、也可以當電腦顯示器上網，最大特點為零輻射、不傷兒童眼睛，可以說是一個有益人體健康的產品。

科技人，一向給人一股硬邦邦的感覺，其實**科技人除了有一個清晰的頭腦外，更需要有一顆柔軟的心**。台達電子文教基金會的成立與推展方向，就是有感於科技快速的發展，相較之下人們在心靈上的陶冶和藝術文化的培養都顯得不足。於是基金會在過去針對藝文活動方面舉辦多次音樂會，邀請了國內外知名的音樂家到台灣演奏，透過音樂的欣賞，淨化人們的心靈。當然，我們更希望這次藉由贊助2000年全民悅讀運動的機會，能使人們的視野看得更遠、心胸更開闊。

■ 打開心胸，迎向新世紀挑戰

2000年全民悅讀運動的主題：「災變後成長、與新世紀同行」，我們都知道去（1999）年台灣921大地震震垮了許多的家庭，大家有很長一段時間生活在恐懼中，總是提心吊膽，不知道什麼時候大地震會再降臨？這次地震，國際救災團體的協助及民間主動的救濟，充分發揮了人們的愛心，台達海內外所有員工也發動了「台達人愛心總動員」捐款活動，而台達電子文教基金會也於地震第2天，透過慈濟功德會的協助，將災民需要的物資即時送至災區，另外並與中華家庭扶助中心長期合作，認養災區的孤兒，希望能夠善盡一點社會責任。

我們深知外在的創傷容易復原，但是心靈的創傷呢？相信唯有透過自省、學習等自我成長的過程，才有堅強站起來的勇氣，這也是台達電子文教基金會贊助2000年全民悅讀運動的動機，我想文建會林主委（澄枝）已經講得非常清楚。

再次感謝主辦單位、主講人及媒體朋友的協助與指導，台達電子文教基金會期盼與大家一同成長，邁向嶄新的世紀。

28

與學術結合，產業升級勢在必行

「孫運璿科技講座成立典禮」致詞（2001年1月）

孫資政（運璿）、劉校長（炯朗）、史院長（欽泰）、各位貴賓，大家好！

首先感謝大家在百忙之中抽空前來參加「孫運璿科技講座」成立典禮。

到今年的4月，台達電子就要滿30週年了。公司內部員工討論要如何慶祝台達30週年，我也提議，除了一般慶祝活動外，我們希望能有一個有意義的活動。

我深感於台達這30年來能夠持續成長，除了全體台達同仁的努力外，更重要的是我們不能忘記過去數十年來政府裡一些有遠見、有魄力、廉潔正直、具使命感的政治家畢生奉獻國家、社會，在國家的關鍵階段突破困境。假如沒有他們的努力所營造出來的良好機會與社會環境，根本不會有台達的存在。所以在今天豐衣足食、事業順利發展之際，我們應該飲水思源，對這些任勞任怨、犧牲奉獻的政治家，表達最高的崇敬之意。有人說華人是最不善於表達感情的民族，我決定以實際的行動來表達感激與敬意，因此有今天這個聚會。

世人所津津樂道的「台灣經濟奇蹟」，我覺得最值得感念的是尹仲容、陶聲洋、李國鼎資政和孫運璿資政等幾位先生。台灣能在經濟及國際形勢對我們極度不利的環境下，自力更生創造出台灣經濟奇蹟，他們幾位的貢獻實在功不可沒。崇華幾年前有機會結識孫資政本人，才會有此機緣徵得孫資政的同意，加上清華大學的配合，成立「孫運璿科技講座」。

第一次碰到孫資政是民國74年11月在成大，他永遠是那樣的親切、熱忱、謙虛。這次在清大成立講座的想法，很感激孫資政一下子就答應，而今天的聚會實在不敢勞駕他親自出席。孫資政是大家心中所尊敬的時代偉人，更是我們後輩做人處事的模範。我是個平常不太會說話的人，在這個場合我忍不住說出來自心中的感受：人稱大家所愛戴的首長為父母官，我現在看到孫資政就像看到自己的父母一樣，他帶來了無比的親切與溫暖，讓我們又敬又愛。孫資政對國家社會的貢獻我想大家都知道得很多，這裡我不妨提出幾點與大家分享：

民國35年台灣光復後，當日本人以為台灣3個月內便會陷入一片黑暗，孫資政在短短5個月內帶領台北工專及台南工專（成功大學前身）三、四百名學生完成全台80%的復電。

民國58至61年第5期「經建計畫」時期，是台灣經濟年平均成長率最高——12.6%的時期。當時孫資政任經濟部長，財政部長是李國鼎資政，經國先生是行政院副院長。

歷經兩年的努力爭取，終於62年立法院通過成立工研院。工研院史欽泰院長在現場可以做最佳的見證。63年並決定開發製造積體電路。今天IC產業的蓬勃發展及對台灣資訊產業快速成長的重要性是無庸置疑的。

孫資政自民國58年起擔任經濟部長，民國67至73年轉任行政院長。過去數十年來，中華民國歷經了多次政治與外交的挫折，例如民國60年退出聯合國、61年中日斷交、64年蔣公過世、67年中美斷交、在經濟上經歷了兩次石油危機。國際形勢在在對台灣不利，令國民憂心忡忡，但在經國先生及孫資政的堅持下，提出「莊敬自強」的口號，政府並持續積極推出各項工業發展方案。在63年推動了十大建設、66年籌建新竹科學園區發展高科技精密工業、72年成立工業自動化技術服務團，協助國內廠商推行自動化、並在73年通過勞基法，嘉惠全國勞工。

我想以上所提的，都是孫資政過去對國內經濟發展以及產業升級上所做出的具體貢獻，在今天我們可以深刻感受當年他的遠見與政策的貫徹執行，對今天台灣經濟的深遠影響。

■ 培育下一世紀的科技人才

台灣工業界開始時做me too產品加工，但以目前的發展，產業升級勢在必行。高科技企業應該以國人智慧發展自己的產品，讓技術扎根。我要藉此機會呼籲工業界多多跟學術界結合，以孫資政及其他前輩的寬大胸懷為榜樣，共同開發市場上需要的產品與技術，帶動產業升級。進入21世紀的同時，希望台灣的高科技產業也能因此進一步邁入新的里程碑。此外，我們不能忽略了中國大陸這幾年的快速工業發展與經濟成長所帶來的機會，同時我們更應該加快腳步繼續發展台灣的高科技。

至於個人會選擇與清華大學合作，除了因為清華大學在科技方面的教學及學術研究享有卓越聲譽外，另一主要原因是因為劉炯朗校長是我在成大就讀電機系時高3屆最優秀的學長，當年做學生時，他就是我們其他學生的模範，我對劉校長印象非常深刻，他是一個標準的學者，學術淵博且決心回台奉獻教育，真是十分敬佩。

今天有機會個人捐贈台達股票，給清華大學，成立「孫運璿科技講座」，深感莫大的榮幸。相信在劉校長及各位教授學者的協助指導下，資源必能善加利用，發揮最大的效益，共同為台灣下一世紀的科技研發與人才培育而努力。再度感謝各位光臨，祝大家在此21新世紀身體健康、萬事如意！

29

凝聚共識，攜手再創產業新機

「李國鼎科技講座成立典禮」致詞（2001年8月）

高校長（強）、王董事長（昭明）、徐董事長（立德）、陳董事長（堂）、江執行長（丙坤）、李董事長（端玉）、李資政家屬李永昌先生暨夫人，以及在座的各位貴賓、媒體朋友，大家好！

首先，非常感謝大家在百忙之中撥空前來參加「李國鼎科技講座」的成立典禮。

今年是台達電子成立30年，從年初起公司同仁們就陸續籌辦各項慶祝台達30週年的活動，除了希望對內促進員工關係的和諧外，我們更認真思考企業如何善盡社會公民的責任，並進一步發揮正面的影響力。我深感於台達這30年來能夠持續成長，除了全體同仁的努力外，更重要的是因為過去數十年以來政府裡一些克盡職守、有魄力、剛正廉潔的政治家，他們將畢生奉獻給國家、社會，並在關鍵時刻毅然決然做出許多有遠見並影響以後國家發展深遠的政策。

假如沒有他們高瞻遠矚所營造出來的創業環境與投資機會，今天根本不會有台達電子公司的創立與存在。所以說在今天大家豐衣足食、事業順利發展之際，我們更應該飲水思源，感恩這些一心為民、犧牲奉獻的政治家，為台灣所付出的心力與貢獻。

■ 卓越貢獻，令人感念

在所謂「台灣經濟奇蹟」中最重要的推動舵手，莫過於尹仲容、陶聲洋、李國鼎資政和孫運璿資政等幾位先生。台灣能夠在經濟及國際形勢對我們極度不利的環境下，自力更生並創造出傲人的經濟奇蹟，他們幾位的貢獻實在功不可沒。今（2001）年1月份，台達曾經徵得孫運璿資政的同意，於國立清華大學成立「孫運璿科技講座」，用以培養國內優秀人才，鼓勵科學教育永續發展。現在，我們願以同樣的模式，以李國鼎資政為名，捐贈個人股票與國立成功大學合作成立「李國鼎科技講座」，以加強未來人才的培育工作。

很遺憾的，今年5月李資政離開了我們，崇華個人與李資政之前雖然素昧平生，但是在今年公司30週年酒會上承蒙李資政親自出席，並親切的給予支持與指導，在公司30週年特刊上，我們更感激李資政親自來文鼓勵，晚輩與公司實在深感榮幸之至。這次在成功大學成立講座的想法，蒙李資政生前答應，希望透過以李資政的名義設立一個長久的學術講座，來繼續推動李資政生平所一再關心的科技發展與人才培育的工作。

我想李資政對國家的卓越貢獻，是所有國人所難以忘懷並深深感念的。哲人日已遠，點滴在心頭，我這裡再說出幾點與大家分享：

- 民國48年成立工業發展投資研究小組，負責研訂改善台灣投資環境。訂立獎勵投資條例及協助國家其他單位與美方的各項合作計畫，為當時我國市場環境吸引眾多的國際資源。日後，並建立加工出口區制度，成功增加就業機會與提供外銷產能。
- 民國52年成立經合會，李資政擔任副主任委員並身兼經濟部長一職。期間與外交部聯手推行農業技術合作計劃，以非洲為重點在當地指導及示範稻米及蔬菜的耕種。這個合作計劃的成果不但聞名於世界，更成功為我國開創外交契機。
- 民國62年政府推動十大建設，時任財政部長的李資政，負起籌措經費的大任。部分採編列預算、部分發行公債、部分由公營團體自行籌措，所有的擴張財務計劃皆未引起通貨膨脹，成功為國家化解危機。
- 民國62年至77年李資政出任政務委員，成立應用科技研究發展小組，並在他的主導下，行政院召開了第一次全國科技會議，確立台灣高科技產業發展政策。次年，行政院便根據會議的結論，成立新竹科學園區。許多高科技產業的發展，李資政都是幕後推手，也因此博得了科技教父的美名。

- 民國68年主導成立資訊工業策進會，為我國科技發展奠定扎實的基礎，李資政並在當時行政院長孫運璿先生草擬的科學技術發展方案下，邀請7位國外一流科學家及工程師，擔任行政院科技顧問，使國內的科技發展與世界同步，進而吸取到最新的理論與技術，造就出今日台灣資訊科技產業的豐碩成果。

台灣在1950至1980年代，30年間的經濟發展被國際間公認為是第二次世界大戰以來最成功的範例，我們知道李資政曾經廣泛參與此一階段的經濟建設，並貢獻卓著。回憶當時，台灣物資缺乏、通貨膨脹惡化，全有賴政府採取一連串的改革措施以安定民心、扭轉局面，使社會在貧困中轉為豐足，進而厚植出今天的經濟力量。我想這些都是李資政過去對台灣經濟發展所做出的具體貢獻，時至今日一番對照，可以特別感受到當年因為他的遠見與政策的貫徹執行，而對今天台灣經濟發展的深遠影響。

李資政生前仍以90歲的高齡，以他廣泛深厚的經驗為國家社會和機關團體提供相當多的諮詢與指導，我們知道資政個人除了擔任多所研究單位的諮詢委員，應邀發表國際性的演講外，還以親身經歷發表著述，做為社會各界的參考。我們有感於資政如此大公無私、全心奉獻的精神，在目前經濟環境低迷的同時，在此亦呼籲產、官、學界能夠凝聚共識通盤合作，攜手同心再創台灣的新機。

這一次，會選擇與國立成功大學合作成立「李國鼎科技講座」，除了因為成功大學一直以來在學術研究與教學上享有卓越的聲譽，另一個主要原因也是因為我畢業於成功大學，過去母校的細心栽培是我今天能夠不斷努力發展的原因之一。透過今天這個機會與成大結盟，個人深感莫大的榮幸。我相信在高校長及在座各位教授、學者的協助指導下，「李國鼎科技講座」必能發揮最大的效益，共同為台灣新世紀的科技研發與人才培育盡一份力。在此，我再度感謝各位貴賓、各位媒體朋友今天的光臨，祝福大家身體健康、萬事如意！

與孫運璿（左前）、李國鼎（右前）兩位先生合影。

30

強化競爭力，從培育人才做起

「第4屆台達電力電子新技術研討會」致詞（2004年10月）

尊敬的各位教授，各位同學，大家早安！

很高興各位教授和同學能來參加我們在同里湖舉行的「第4屆台達電力電子新技術研討會」，也很榮幸能再次與各位共聚一堂，分享過去一年所取得的成就和進展。

我要利用這個機會先祝賀各位獲獎的同學，祝賀他們在過去一年裡所取得的優異成績，也希望他們能繼續努力，在今後的學習和工作中取得更大進步。

台達電力電子科教基金第一個5年計畫，在基金執行委員會7位教授的積極努力推動及6所學校的大力支持之下，將在明年順利完成。在過去5年中，該計畫支持74件科研項目，192人次優秀學生獲得台達獎學金，舉辦了3次成功的電力電子新技術研討會，在中國電力電子科教領域影響深遠。在此，我要特別感謝李澤元教授、丁道宏教授、蔡宣三教授、汪槱生教授、韓英鐸教授、黃是鵬教授、趙修科教授，以及清華大學、浙江大學、南京航空航天大學、上海大學、華中科技大學、西安交通大學等學校電力電子及傳動領域的各位教授和同學，謝謝大家對台達科教發展基金第一個5年計畫順利完成所付出的努力和貢獻。

台達基金董事會已決定從2005年開始啟動第二期電力電子科教基金計畫，希望能對中國電力電子科教創新及發展有更多的幫助，也希望能得到你們的繼續支持。

■ 從小工廠到跨國集團

因為在場的貴賓中，有些是第一次參加我們的研討會，所以我還是先簡單介紹一下台達電子的背景和過去30年的發展。

台達電子是1971年在台灣成立的。成立以來，我們一直本著踏實但不服輸的精神，透過不斷的研究開發，持續推出許多高品質的產品，在競爭激烈的國際市場中，贏得許多世界級客戶的長期信賴。也因此，我們才得以從一家小工廠，成長為現在年銷售額超過兩百億人民幣的跨國集團。 現在（2004年），台達在全球一共有17座生產據點，其中以在東莞、吳江，及泰國的廠區為生產重心。此外，台達的分公司及研發中心也遍布在全球20多個主要國家和地區，全世界的員工總數已將近4萬人。

1992年，由於中國的經濟蓬勃發展，及國務院台辦和東莞地方政府的大力支持，台達開始在東莞設立第一個廠，現在除了東莞外，台達在上海浦東、天津開發區、和江蘇的吳江市，也都設立了相當大規模的廠區，年產值超過120億人民幣，是台達集團最重要的生產基地。

早在1988年，台達為了取得新科技，就在美國維吉尼亞州成立了一個電力電子實驗室，並請到李澤元教授來主持這個實驗室。5年前，有感於本地的人才濟濟，及上海的優越環境能吸引海內外的技術人才前來，我們也在上海設立了研發中心，並同樣榮幸請到李教授來擔任中心主任。經過5年多的發展，中心現在已有110多位博士、碩士等一流的研發人員；為提升台達在中國大陸的產品開發能力，2002年我們又在上海設立了電力電子設計中心，目前該中心已有70多位產品開發工程師；我們在上海的研發人員，大部分來自於我們密切合作的6所大學。在此我也深表謝意，感謝你們為台達培養了許多優秀的人才。在過去的4年裡，中心完成了許多的研究課題和產品設計，並申請了多項專利，大幅提升了中國電力電子產品在全球市場上的競爭力。

■ 為中國科教盡一份心力

近年來，中國高層領導一直倡導科教興國，我們非常認同這個想法，也希望能有機會為中國的科技和教育事業盡一份心力。

在李教授和各位大學教授的熱心支持下，我們在2000年展開了「台達電力電子科教發展基金計畫」，每年提撥220萬人民幣給浙江大學、清華大學、南京航空航天大學、華中科技大學、西安交通大學、及上海大學，做為發展電力電子及電力傳動學科的科研基金，及該科系博士、碩士生的獎學金，希望能對他們的技術研究有所幫助。

我們深知**只有學校有好的老師，才能培養出好的學生，工業界才可能有源源不斷的人才供應，而教育是這所有一切的基礎，也是一切經濟發展的基礎**。因此，我們從2001開始啟動了「中達學者基金計畫」，希望能夠讓優秀教師繼續留在學校內從事研究及教育的神聖任務，在過去3年支持了清華大學、浙江大學、西安交通大學、和南航的6位傑出教授。我們希望能透過「台達科教發展基金」及「中達學者基金」這兩個計畫，對中國的教育事業和電力電子技術發展盡一份心力。

由於這兩個計畫的成功鼓勵，我們在2002年年中展開了「博士後科研工作站」的申請工作，並很幸運在同年10月得到了國家人事部的正式批准，讓我們企業今後能與學校進行更密切合作，吸引高層次的人才從事創新研發。透過這一系列的努力與各位的支持，我們希望，也有信心，使中國能早日在全球電力電子領域中取得領導地位。

目前我們博士後科研工作站的研究工作，只有在研究電磁干擾，也就是EMI ／ RFI 干擾方面，我們希望在以下領域，能夠選一兩項研究主題，作深入落實的研究，由公司配合一部分實際工作的進展，有實際驗證的機會。

這些思維其實都與我們目前的整個環境有關，想想地球46億年的歷史中，在人類工業革命後，短短3百多年的時間中，就對地球環境產生極大的破壞，地球所蘊含的資源被快速開發用盡，據估計現在所依賴的能源，石油將在40年後耗盡，煤礦也可能在百年後用盡。

■ 環保節能，大勢所趨

雖然美國現在是全球最大的能源消耗國，隨著中國經濟的發展，在可預見的將來中國一定會取而代之，成為世界最大的經濟及能源使用主體，對全球環保節能產業的發展也會具有領導作用。但是，如果全世界的人都想過的像美國人這樣浪費的生活，專家估計必須要有3個地球的資源，才足以支撐這樣的生活。我們必須從節能與開發新能源著手，才能讓人類所生存的環境可持續發展下去。

我們第一個考慮的題目就是綠色建築。其實在建築這上海研發大樓的時候，我就曾經提出要變更為綠建築設計，建築單位給我的回答是：「現在太晚了，變更會嚴重影響工期。」因此並沒有採取行動，不過我想各位也很清楚，中國目前的能源狀況非常吃緊，然而在快速城市化的發展中，新蓋的建築卻有95%以上都是非常浪費能源的建築。那天我還聽到中國建築節能專業委員會會長塗逢祥教授說，2002年中國全國的空調高峰負荷，用兩座三峽大壩來發電都不能滿足，相當於2.5個三峽電站建成後的滿負荷出力，而且如果照目前的狀況發展下去，15年後中國會需要有10座三峽電廠，才可以滿足全國的空調高峰耗能。

綠色建築，也有人叫生態建築或可持續建築，不談深奧的理論，簡單說就是可以親近自然、節約能源、減少垃圾以及讓人住得健康的建築。1987年ING金融集團在荷蘭阿姆斯特丹本部蓋了10座像藝術品一樣的建築物，強調「有機組合」，結合了天然的建材、水、陽光、綠色植物與高效率的能源使用，美輪美奐；前兩年我到泰國去訪察那邊的綠色建築，也看到了一棟棟結合了美感，因為設計得當，空調就不僅可以享受清涼、而且有濕度控制，能源效率高達94%的建築物，令我印象非常深刻，而且想：為什麼我們不來做這些事？

研究了綠色建築，就想蓋出綠色建築。我們目前計畫在同里湖或吳江廠先來做實驗，希望蓋個樣品屋出來，作為中國綠色建築的典範推廣出去，用一般家庭都負擔得起的價錢，讓大家都能夠享受符合生態概念，水平高的生活品質。

第二個領域是太陽能光電板，太陽每年所照射在地球表面的能源，是人類每年能源消耗量的2,000倍！台達也積極投入太陽能領域，正式組織專業團隊，跨入太陽能電池的開發與製造，用最新最有效率的生產線，預計明（2005）年即可開始有25MW年量產，預計在2008年能占全球市場的一成，將大自然的太陽光能有效率轉換為工商業及日常家庭生活所需之電能。

第三個領域是燃料電池，因為發電沒有汙染及廢氣排放等問題，是一般公認未來最具潛力的分布式供電系統。我們的研發主要集中在PEMF（Pulsed Electro Magnetic Fields，脈衝電磁場）與DMFC（Direct methanol fuel cell，直接甲醇燃料電池），前者屬於大型電池，後者適用於攜帶性行動電器，前者我們已經發展出實驗的原型，預計這幾年就能有好的成果，在這方面，我們也需要再與有興趣研究的專家，共同努力開發更完美的產品。

我曾在去年的研討會上向各位推薦《綠色資本主義》這一本書，同時也提到環保與節能的重要性以及台達對於這方面的努力。由於現有能源的成本逐漸增加，加上我們對能源的需求與日俱增、自然資源的加速消耗、以及環境保護的意識抬頭等因素，替代能源及可再生能源產業在過去幾年開始蓬勃發展。而最近由於國際油價暴漲，一桶原油的價格已經超過50美元，比過去十幾美元一桶的時候貴了將近3倍，因此能源供應、節能、及替代能源發展等相關議題，再度獲得國際間的重視。

■ 台達的核心價值和競爭力

除了再生能源的開發外，台達對於環保節能的產品也是相當的投入。例如台達所生產的電子式安定器，可使照明燈具的耗電量減少75%；我們所開發的變頻式馬達控制器，可使馬達維持不同轉速運行，有效降低馬達經常停止後重新啟動所需要消耗之大量能量；台達近幾年來也發展了一系列可供商業及家庭使用的無輻射顯示器產品，其中56吋的DLP背投式電視並於今（2004）年獲頒國家產品形象金質獎，深受市場的肯定。

我們同時也正在籌備於台灣的南科（南部科學工業園區）興建新的廠房，做為再生能源用電力轉換器等多項新產品的研發及生產基地。而針對全球消耗最多能源的汽車產業，台達也已積極切入，初期以汽車電子零組件及車內視訊系統為主要目標，以順應全球汽車產品日益數位化及電子化趨勢的需求，而我們的中長期目標則是希望透過汽車電路的整合，及諸如燃料電池等環保再生科技的應用，提供更舒適兼具節省能源特性的現代環保汽車。

台達電子是全球最大的電源供應器製造商，同時也是電子及光學零組件、工業機電、通訊網路產品、以及前投與背投視訊產品的主要供應商之一。我們有責任不斷推出更具環保節能特性的產品，並身體力行，而這也是台達的核心價值及競爭力所在。我們除了在台北的企業總部頂樓去年安裝太陽能板，實際操作了解太陽能板集電的應用外，並規劃於台南科學園區的新廠房設計成綠色建築，以及上海中達運通前面新建的台達R&D大樓，引進自然空調、太陽能發電、節能設備等綠色建築的理念，這些也都已經在進行當中。

我們深信環保節能的相關產品會有很大的發展空間，而積極推廣環保節能意識及產品，也是我們的一直以來的責任與努力方向。事實上在過去這一兩年來，大陸電力供應不足的問題已經浮出檯面，成為工業發展及民生的一大隱憂，也更凸顯出節能及替代性能源開發的重要性。其中與在座各位相關的電力電子技術的發展，從零組件一直到系統，都扮演了非常重要的角色。我相信隨著替代能源的發展及節能產品的問世，電力電子產業一定會愈來愈重要，因為正是由於電力電子技術的不斷突破，人們才能大量使用更高功率密度、更具效率的電子產品，改善現有能源的使用效率，更有效利用綠色能源來完成環保節能的使命。

最後感謝各位的參與，也祝大會順利成功，謝謝大家。

31

創新，積極培養綠能整合型人才

接受《成大產學合作》採訪（2013年5月）

Q1：鄭董事長每年皆親自出席成果發表會，成大台達聯合研發計畫目前已執行第5年，10年計畫已完成1/2，鄭董事長對目前為止的合作成果是否滿意？

答：為了因應21世紀環保節能及解救地球暖化的需求，這幾年來台達積極研發環保節能整體解決方案，將氣候暖化的危機，轉變為環保節能的商機。而近年台達已在工業自動化、電源、能源管理、醫療電子等具前瞻性的事業領域展現創新實力，這些成果都和台達與成大的研發合作緊密相連。

台達很榮幸在這5年來與成大合作多項先進技術的研發，也滿意目前的研發成果，相信成大與台達都從合作計畫中獲益良多。我們由衷感謝成大的師長、同學們這樣用心投入，合作過程中，台達也從成大這國內頂尖人才培育的搖籃發掘到相當多優秀人才。希望接下來5年的計畫也能繼續得到校長、副校長、各相關學院師長們的鼎力支持，讓雙方達到更緊密而正面的互動。

Q2：「業界出題、學界解題」是政府目前解決產學落差的方法之一，成大和台達電5年前即以此方式展開合作，是很有前瞻性的規劃，台達當時支持此計畫的想法為何？

答：我的初衷是希望回饋母校。透過與成大的合作機會，一方面學校的師長與同學們，可以給予台達更多指導與啟發，另一方面在計畫執行過程，也可為國家、社會培育優秀的人才，讓同學們能一出社會就有一技在身，為業界所樂用，也期許學弟妹們未來在成為社會的棟梁、有所成就之後，能回饋母校與社會。

此外，有鑑於氣候暖化日趨嚴重與國際綠能科技的發展趨勢，2004年起，台達逐步從資訊科技領域朝向能源科技領域發展，期許能將氣候暖化的危機轉變為環保節能的商機，而成大在生醫和綠能等領域的發展理念與方向和台達相近，因此展開了成大與台達為期10年的合作計畫，雙方並在台達捐贈給成大的大樓內進行研發，意義深遠。在環保節能的目標下，台達開發出許多綠色科技產品，依其功能性，約可分為：電源及零組件、能源管理、智能綠生活3大領域。

電源及零組件的開關電源，用於各類計算機還有攜帶型電腦及器件的行動電源、大型的通訊電源、不斷電系統。憑藉40多年來在電源管理上建立的基礎，產品的效率每年不斷提升，目前都達到90%以上，研發全球第一個「80 PLUS」鈦金級Server Power（伺服器電源，平均效率達96%），提供Dell高階伺服器電源管理應用方案，通訊電源效率已可達到97%、太陽能電源轉換器更達98%，因為這樣的成果，使我們的市場占有率不斷提高，有幾個項目的市占率接近全球50%，成為全球最大的電源供應器廠商。我們的電源，從2002年開始就成為全球第一，一直維持到現在；還有用於系統散熱直流無刷風扇自2006年開始，也是全球第一。

能源管理包括工業自動化器件、工廠及各種建築智能自動化的系統設計及服務、汽車電子動力系統及充電系統，另外，還有綠色能源如太陽能轉換器、風力發電、變流器及電控系統機台、中壓變頻器用於工業設備，如煉鋼廠的電源。

智能綠生活則包括了無線通訊網路系統、視訊系統及劇院大型3D及高端投影系統、節能LED照明、手持式醫療產品。智能語音系統讓生活更環保、健康、節能。

除了持續提升電源產品的品質與效率、積極發展潔淨與替代能源的產品技術之外，我們也提供綠能整合解決方案，如充電站基礎設施、LED節能照明、工業自動化、智慧綠建築系統等，都切合未來節能趨勢所需。

Q3：鄭董事長曾說過，台達電和多所學校的合作就屬和成大的研究案最值得，值得的地方有哪些？成大教授的研發成果對台達的產品研發有哪些貢獻？

答：台達長期與國際及國內知名學校（如成大）合作，開發符合客戶所需的產品與解決方案。同時，台達也與工研院、資策會等技術研究單位合作，強化市場應用的技術開發。

成大工學院的研究產出與人才培育的成就，相信大家都有目共睹。同時，我們也感謝成大醫學院、醫院，能以他們在醫療領域豐碩的研究能量無私協助台達，讓台達能在不熟悉的生醫領域站穩步伐。生醫的研究與產品開發，需要長時間的累積，希望在未來的5年合作中，能讓先前研發投入開花結果。

到目前為止，雙方合作研發的成果，對台達的產品開發貢獻良多，從能源管理領域（如馬達技術）到醫療電源系統的開發，成大給予我們的協助不勝枚舉。在這裡我們要感謝成大的師長們在研究上給予的協助與指導，使台達有機會更進一步拓展自己的技術視野。

Q4：「滿足需求」一直是台達電產品研發的初衷，未來5年和成大的合作研發有規劃要繼續滿足哪些需求？

答：台達秉持著「環保、節能、愛地球」的使命，未來5年我們與成大合作研發的規劃，著重在兩大領域：首先是台達熟悉的能源管理領域，以及接下來台達會積極投入的醫療領域。

能源方面，我們將持續投入再生能源領域之研發，與電力系統之改善，以減少當今能源生產所造成的環境負擔與汙染；醫療領域方面，台達希望能借助成大的醫療專長，透過雙方的合作，共同為提升人類生活品質盡一份心力。

台達現在正積極從Delta Inside轉變為Delta Outside，期許從ODM廠商跨入以技術研發、制定規格與提供服務的世界級B2B工業領導品牌。我們先以工業自動化產品與電源解決方案為例，目標是由技術導向的產品研發製造組織轉為以綠能整合導向的企業，積極推展「Smarter, Greener, Together. 共創智能綠生活」品牌承諾，這也是台達電子未來3到5年的品牌推廣重點。

Q5：鄭董事長曾說過退休後要待在實驗室，助人解決問題，目前有看到哪些問題是亟需學界和產業界攜手一起解決的？

答：我們現在正處於生態危機當中，氣候異常，物種大量滅絕，水資源短缺，石油及其他礦產的蘊藏量愈來愈少，科學家不斷提出警告，人類必須立刻覺醒，尋找新的生活方式，打造人類與自然生態和諧並存的環境；企業則應積極開發並使用潔淨的替代能源，研究更有效使用能源及資源，落實綠能、智能的想法於日常生活，共同實踐保護地球環境的承諾。

台灣企業的特性是調適能力強，只要提供機會就可以有所發揮、發展。但是，目前遭遇的問題就是企業的能力都做得差不多，同時，隨著中國經濟的崛起，全球市場發生極大的變化，企業的思維也要跟著改變。因此產業界與學界應加強合作創新，同時培育「綠能整合型」人才，以因應當前所面臨的環境危機與產業結構的轉變。

台達建立「勇於變革，永續經營」的企業文化，透過多重面向，積極培養綠能整合型人才。主要包括：

1. **舉辦台達年度技術交流研討會**：台達每年固定舉辦世界級的技術交流研討會，邀請台達經營團隊、事業單位、關係企業全程參與，引領同仁們吸納新觀點、開拓新視野，並透過橫向交流，激發研發新動能，發現新商機，是最好的研發人才訓練營。
2. **研發中心遍布全球，吸收國際人才**：台達在全球設立54個研發中心，持續提升研發質量並延攬優秀人才，目前全球研發人力超過7,500人。
3. **重視創新研發，鼓勵專利**：台達每年投注全球營收5至6%做為研發費用，並設立激勵制度，鼓勵員工申請專利。目前台達累計申請逾10,000件專利，約4,900件獲得批准。

4. **設立台達創新獎**：台達設有「台達創新獎」。鼓勵同仁致力研發，並具體落實「環保、節能、愛地球」的企業經營使命。曾獲獎團隊包含：高雄世運館太陽能案、超短投影機、電動車、桃三廠綠建築、QUMI投影機等。
5. **產學與產研合作**：台達長期與國際及國內知名學校合作，包含國內主要大學、美國的MIT、UC Berkeley、CWRU、University of Houston、以及中國大陸包括清華大學、浙江大學、北京交通大學等8所高校，進行產學合作，開發符合客戶所需的產品與解決方案。同時，台達也與工研院、資策會等技術研究單位合作，強化市場應用的技術開發。

Q6：鄭董事長是成大電機系48級的畢業校友，在成大的學習經驗對您未來工作和創業有哪些影響？有特別難忘的老師嗎？

答：大學畢業前在台灣獨力生活、求學的日子，我覺得是這一輩子十分幸運的一件事。要是沒有經過這段生活的磨練，似乎不會有信心在什麼都沒有的情況下創業，也不會在創業的過程中，鍛鍊出面對問題、克服困難，還有不懼不亂、樂觀奮鬥的精神。

當年在成大，我最感念的是賴再得老師。我在礦冶系讀完一年，由於學業成績不錯，所以順利轉到電機系，但因為大一念的是礦冶系，讓我有機會上到賴再得老師的化學課。我從中學時期就不喜歡記公式，或是死背書上的年代、人名、數字等，總覺得只要有個概念就行，我認為理解真相與當中的道理比較重要，賴老師的教學方法，正符合我的想法。

賴老師的課程內容非常充實，而且不用像過去高中時代不斷死背分子式、化學方程式。他讓學生從原子、分子的構造及基本原理去了解化學作用的產生，學化學的同時，也學到物理，啟發我們研究科學的思路及興趣。他教得太好了，我每一堂課都特別有興趣用心聽講，一邊聽課一邊思考，也同時問問題，甚至生病也不願意請假放棄任何一堂課。

有一次，賴老師帶了一串考題來測驗大家，大部分同學考的成績都不好，有的人甚至只拿了20多分，後來他告訴我們這是美國Purdue University（普度大學）碩士生的期末考題，考不好不必失望，沒有關係。不過那次的測驗，我考了88分，我深覺如果能百分之百吸收賴老師授課的內容，應該可以得到滿分。

這門課讓我認識自己的興趣所在，增加我對科技的信心，以及日後對學習科技的熱忱與興趣。有時我上課聽了賴老師的講解，腦海中產生很多問題，發問後賴老師都會一一詳盡解答，並且經常讚賞這是個好問題，他真是我這輩子遇到最好的老師。

有一次講課時，賴老師突然停了下來，告訴大家剛剛他講的幾句話是錯的，他說：「你們學生好騙，有時候邏輯不能亂用，剛才講的內容其實是嚴重的錯誤，你們要從腦海中徹底把這些話洗掉。」這件事讓我感覺到他的嚴謹、勇於認錯的研究精神以及愛護學生的心，連一句錯的話都不能留給學生。我常用這個例子與公司的主管共勉，發現不對時就立刻認錯更正，這才是我們應有的態度。

Q7：目前政府積極鼓勵大學校園的創業文化，鄭董事長創立台達電一直是成大校友創業的楷模之一，您對學弟妹的創業有哪些建議？

答：我個人在創立台達的過程深刻體驗到創業維艱，尤其在創業初期面臨到重重挑戰，要靠勇氣和決心去克服。**年輕人創業，需要的是面對挫折、解決問題的智慧與勇氣，堅持下去就可以學習更多，收穫更多，家長和學校則要從旁支持和鼓勵**，這會給予年輕人一股很大的力量，驅動他們勇往直前。

台達從草創開始一路走來，都把員工視為family的一部分，並不會因為景氣的影響而有所謂的無薪假。事實上，在第一次石油危機的時候，台達遭遇到滿大的困難，那個時候台達規模還很小，當時因為石油危機的影響，訂單少了一半，那公司就跟員工商量，同仁們認為可以用輪休來解決問題，於是，公司是給薪，雖然沒有獎金，但提供底薪給員工維持生活的基本花費，那時候，員工們都很高興，因為大家都難得有一個休假的時期。兩個禮拜為一個輪休，當時只輪流了一個cycle（循環）之後，景氣就轉好了，靠著全體同仁的努力與堅持，度過了經濟危機的一大難關。

Q8：鄭董事長目前擔任教育部「人才培育白皮書」的召集人，對學校教育和產業所需之間的落差，認為最大的問題在哪裡？對學校教育和產業銜接上的建議？

答：全球暖化是危機同時也是轉機，政府扮演有前瞻性的能源政策制定者，盡速制定並通過能源相關法規，並將全球暖化及低碳環保趨勢列入政策制定考量。企業與學校的角色則應共同設法加速因應全球暖化，共同著手開發並使用潔淨的替代能源、研究如何更有效的使用能源及資源，教導大家如何改變生活型態，切身實踐節能環保，因為綠色價值不只有利於環境與地球，更是產業競爭力的出發點。台灣在這方面不只是完整的產業體系與供應鏈，更可觀的是整個產業群所形成的獨特創新文化，可產生巨大的綜效。學校與企業的視野必須與時俱進，培育更優秀的人才，為國家創造更多競爭力。在這方面，我對政府、企業、與學界的合作建議包括：

1. **明確訂定國家科技政策，培養新興產業人才。**
2. **國家提供對等研發費用補助，鼓勵企業與優質的研發型大學合作**：以台達電子與中央大學合作培育光電人才為例，台達提供經費與研發人員，結合中央大學在光電方面扎實的基礎研究，歷經3年已有不錯的成效。

3. **培養具有國際觀、國際能力的人才**：
   - 加強與國際頂尖大學及研究機構的交流，加強學生語文能力培訓、拓展國際視野。
   - 鼓勵對關懷地球環境的有志青年，赴海外進行與環境及永續能源相關之技術、工程、法經與政策等各方面的研究，培養環境保護、氣候變遷人才。
   - 與中國大陸的接軌，不應因政治立場而偏廢。
4. **重塑技職教育**：技職教育大學化，造成學生實作能力退化，理論與實作兩頭空。重塑技職體系教育，配合國家科技政策，訓練專業人才是極為重要的當務之急，以創造政府、企業、人才三贏的局面。
5. **培養科技人才轉型「科技服務人才」**：1990年代以來，科技業吸引並培育了大量優秀人才，但近兩年分紅費用化後，科技業釋出許多人力，此時正好可培養科技人才轉型，朝科技服務、行銷業務等領域發展。
6. **推廣道德教育、地球公民教育**：加強教育大眾地球公民的責任，大家一起來「環保、節能、愛地球」。

Q9：鄭董事長對台灣綠色產業發展前景的看法？應該著重在哪些面向？

答：如何建立高效率的節能系統與開發更多可再生能源，以減緩對於環境破壞，讓經濟持續發展，是目前最大的挑戰。**對企業來說，環保節能已經變成一種策略，只要有助於減輕地球暖化、維持生物多樣性、打破產油國獨裁，就可改變全世界。**台灣企業應該把握節約能源及環保意識的高漲，投入節約能源產品的研發和生產，這方面可以發展的領域相當寬廣。

除了持續提升電源產品的品質與效率外，建議可積極發展潔淨與替代能源的產品技術，提供的綠能整合解決方案，如太陽能、風力發電系統，雲端運算、智慧電網、醫療電子、電動車、鋰電池、與充電站基礎設施、LED節能照明、工業自動化、智慧綠建築系統等，都切合未來節能趨勢所需，發展品牌，跳脫以代工為主的經營型態。

而台達也由本身的日常營運做起，不斷改善全球營運據點能源管理系統及能源使用效率。台達中國東莞廠區於2011年7月成為全球第一家通過ISO 50001能源管理國際標準符合性評估的電源及零組件之電子公司；台達泰國廠區也於2011年9月通過ISO 50001符合性評估，為泰國第一家。

台達的經營使命是「環保、節能、愛地球」，我們一直相信有遠見的公司，會善用環保節能的優勢來創造公司本身與產品的價值，同時也會藉由此特質讓公司不斷成長創新。台達會持續實踐經營使命。

統計全年節能成果，台達的高效節能產品與解決方案在2010至2012年的3年內，共節省高達91億度電，相當於減少490萬噸的二氧化碳排放；台達在全球的綠建築辦公室一年共可節省高達1,000萬度電，其中台達最新獲得LEED（Leadership in Energy and Environmental Design，能源與環境先導設計）認證的綠建築——桃園研發中心，全面整合台達建築能源管理解決方案，一年節能高達53%。這項成果歸功於桃園研發中心整合了許多台達節能系統解決方案，包括HVAC（Heating, Ventilation, Air-conditioning and Cooling，包含溫度、濕度、空氣清淨度和循環）智慧空調系統節能達52%、電梯解決方案節能達52%、及LED照明解決方案節能達50%等。

Q10：鄭董事長對於推行環保、永續環境不遺餘力，能否告訴我們退休後的生活安排？

答：台達的接班梯隊已經成形許久，接班團隊都有20年以上的台達經驗，點點滴滴累積在工作中，所以能夠快速無縫銜接，一切運行良好，我並不擔心。交棒之後，我覺得很輕鬆，過去會憂慮不景氣、公司的業務發展、業績情況這些事情，現在輪到接班團隊去緊張了。我現在花更多的時間出席外面的演講，要提醒和呼籲民眾重視環保節能的重要。

台達一直是個很低調的企業，可是在台灣，只要說起「環保」，大家通常第一個就會想到台達，尤其綠建築的推動上。「綠建築」在台灣本來是個很冷門的話題，經過我們多年的努力，綠建築這幾年成為了顯學，這是我很高興見到的轉變。所以，近年來我大力推廣興建綠建築的觀念，也要求公司只要有新建工廠或辦公大樓的需求，一定要以綠建築的工法做設計與建材選用。

2006年台達電子在台南科學園區的新建廠辦，就是由成大建築系林憲德教授所設計的，落成啟用後就獲得「黃金級綠建築」標章，經過使用過程中不斷尋求進步與改善，2009年升格為「鑽石級綠建築」。比傳統建築物節省35%的能源與50%的水資源。

我們最新落成的桃園研發中心，則全面導入台達自行研發的節能工業自動化產品和控制系統，電梯是採用自製效率高於90%的直流無刷馬達，加上能源回生系統，與一般電梯相比，可以節省50%以上的用電。這座智慧綠建築，自啟用後開始記錄一年的單位面積用電量，比一般傳統辦公大樓的平均數據少了50%以上，包括桃園研究中心在內，台達近年所新建的這五棟綠建築，在2012年就幫全公司省下一千萬度電。

台達與成功大學林憲德教授合作的「成大孫運璿綠建築研究大樓」，這棟零碳綠建築先前已榮獲美國綠建築標準LEED最高等級白金級認證、以及台灣綠建築最高標準鑽石級認證，今年還被英國知名出版社Routledge（羅得里其），選為世界上最綠45棟建築。另經實測，該棟建築2012年全年每平方米的EUI（Energy Usage Index，耗電強度）只有34 kWh，比內政部建築所調查台灣一般低層辦公建築節能73%。我聽黃校長說，綠色魔法學校目前每天造訪人潮源源不絕，甚至還已經成為到台南旅遊絕對不可錯過的參觀名勝，我很高興它能成為南台灣的一個新地標。

我們同步也把綠建築的經驗應用在災後重建工作上。在莫拉克風災過後，由台達所協助在高雄山區重建的那瑪夏民權國小，2012年落成後除平時當作國小校園外，汛期時已4度啟用成為全村的避難中心。另經過一年的實測，民權國小全年每平方米的用電量，竟只需要9.28度，甚至比教育部要求各學校在2015年達成的節能用電目標，還要再節能50%，預計今（2013）年民權國小在增設太陽能發電設備後，將成為全台第一座達成「淨零耗能」的校園，全年的發電量將等同全校的用電量。

32

提升高教能力，共創產學雙贏

「亞洲大學提升高教人才能力講座」演講（2013年12月）

蔣部長（偉寧）、蔡創辦人（長海）、劉院士（炯朗）、蔡校長（進發）、郭校長（位）、高教授（希均）、各位先進：

今天非常榮幸受邀來亞洲大學，在座各位都是教育界與學術界的先進，我雖然在產業界服務53年，但對教育所知還是有限，謹以自己求學的一些經驗提出一些看法，還請各位多多指教。

我小時候讀完初中一年級，因戰亂家鄉停課，為了不中斷學業跟著三舅舅到福州上學，到了福州，學校也停課；後來三舅舅找到台中一中的教職，因而隻身隨舅舅來台，從此一直住校，自己處理生活各種問題。但非常幸運的是，我在台中一中跟成功大學，都遇到了非常好的老師，當時的好老師會教你理解問題並啟發你的興趣，不需要去死記，這不僅啟蒙了我在數理方面的興趣與能力，更可以說是改變了我的一生。

■ 好的老師，改變學生的一生

尤其是當年在成功大學教化學的賴再得老師，賴老師的教學是先很有技巧的提出一個題目，激發你的興趣及好奇心，然後教你用正確的邏輯去思考，使你對這個問題一步步加深理解，再歸納出一個原理；你也可以自己導出公式，不像一般老師，要你去死記公式。此外，賴老師還會舉出實用的例子，讓你感覺到所學到的知識非常有用，愈來愈有興趣，甚至還會去聯想相關的問題，希望能學得更多。

我真是非常失望也很難理解，今天中小學的教育，有老師考試要與課本達到一字不差，恐怕這會造成學生不理解思考，只死記的習慣，難怪缺乏創新思考的能力。

過去一直建議，大一新生開始，主要的共同科目，應該安排最有經驗、教學優異的老師教課，因為優秀的老師能從一開始就提升學生的學習興趣，帶動他們產生好奇心去延續學習更深入的課程。假如學校只將師資重點放在高年級學生身上，忽略引導新生的最佳時機，恐怕會導致部分學生無法充分了解自己應選的科系，或是基礎學科沒有學好，可能影響日後的學習及吸收能力。

今天教授的收入比新加坡、香港偏低太多，甚至也低過大陸，許多法令非常不合理，難以請到國際的好教授，只怕台灣好教授流失，與幾所台灣好的大學接觸，幸好還有不少優良教授，但整體來說師資隨學校而異，差別很大，整體水準恐已下降。

2002到2012年，國際創投在教育科技的投資總額為28億美元（成長4倍），投資公司總數為236家（成長5倍），在今天全球化競爭，網路化社會及巨量知識的發展環境下，如何能與國際接軌，使其不致落後。今天國際間，因數位科技的進步，新型的學習模式如MOOC崛起，美英等國家之政府、業界、學校紛紛開始合作投入發展MOOCs，國際創投也看好此一產業機會。

■ MOOC的機會和挑戰

MOOC一詞出現在2008年，是Massive open online course的縮寫，意思是「大規模開放線上課堂」，由兩位加拿大學者亞歷山大（Bryan Alexander）與柯米爾（Dave Cormier）提出。據報導指出，MOOC的模式，讓當年一門僅有25人選修的實體課程，在網路世界中有2,000多人線上修讀。這數據代表的意義，不僅僅是80倍的差距，而是「學習」這個行為，已經進展到更具有創造性、自主性，甚至更加社會化。

延續到2011年，原任職於美國史丹佛大學資工系的特龍（Sebastian Thrun）教授將他的Introduction to AI（人工智慧概論）課程在網路上開放，竟吸引來自全球16萬人註冊選讀；同年，同樣任教於史丹佛大學資工系的吳恩達（Andrew Ng）教授，也將一門Machine Learning（機器學習）課程在網路上公開，同樣吸引超過10萬人報名。於是，這兩位教授先後於2012年成立了營利性質的MOOC公司Udacity與Coursera。

同年9月，由麻省理工學院與哈佛大學共同出資6,000萬美元的非營利機構edX，也加入MOOC競爭行列。2012到2013年，美國至少有10家以上培訓課程之創業公司宣布獲得投資，如Coursera獲得1,600萬美元投資；線上教授寫程式之Codecademy網站，獲得投資1,000萬美元；發展網站大學的University Now獲得投資1,730萬美元。這真是一場取得知識與學習方式的大革命。

MOOC動輒吸引數萬、甚至十萬人選讀的風潮，是教育界與企業界應該認真思考的現象。最重要的是，**主事者應該如何善用這種類型的知識分享或學習平台，提升教學與學習的品質，更同時讓接受教育的公平性大大提升。**

舉個例子，不管MOOC的主體在何處，其最大宗的使用者幾乎都來自海外，世界上有許多學齡青年，不管是因為生活艱困，或者因為身處戰亂之地，導致沒有平等吸收知識的機會，但MOOC打破了這樣的藩籬，只要能上網，大家都可以選修MIT的大師課程。

不過，這其中亦有潛在問題有待發掘。好比說，修習完課程之後的評斷機制，是否給予學分？是否給予同等學力證明？官方是否給予學校這方面的補助？這些問題，除了修課者本身的自律能力之外，大部分都可以藉由科技的機制或政策的制定來解決。

而有趣的是，未來一旦MOOC成為主流，名師的吸引力將勝過明星學校的光環。大家可以想像一位能在網路世界中引導讀者在某個領域中悠遊的專家，如果平台又同時提供了強大的設計團隊，即便此人不是名校出身，甚至可能不具備教授資格，在MOOC中達成萬人修課並不難。我深信，在企業界具備實戰經驗的人，非常有機會成為上述的角色，在此與線上讀者分享、授課、互動，而這也極有可能衍生出一種產學合作的新模式，非常值得我們好好思考並把握機會。

台灣長期以IT產業與創意發想行走國際，面對MOOC風潮，各校必須要有自我的創新思維，即使先加入現有MOOC團體的行列，我認為未來仍然可以朝向創設大華人區域MOOC的目標來邁進。教育部今（2013）年初已經啟動執行「磨課師（MOOCs）計畫」，我在此也衷心希望產官學能夠一起集思廣益，藉此建立大華人區域的MOOC領導品牌，讓台灣成為華人數位學習的領頭羊。謝謝大家！

33

懷念，一位對社會貢獻良多的企業家

「摯友羅益強先生告別式」致詞（2015年6月）

羅夫人及家屬、前飛利浦全球總裁Mr. Kleisterlee、朱經武校長、許祿寶先生、魏伴能醫師、羅先生的親朋好友：

今天我們大家聚在這裡，懷念一位對產業、對社會、對國家貢獻良多，我們的好朋友羅益強先生。

羅先生一生投入產業界，1963年自成大物理系畢業後，從建元電子工程師做起，1969年加入台灣飛利浦公司，在該公司服務了30年，從基層工程師升到工廠總經理，然後成為在台第一位本國籍總裁。羅先生為人正直，做事有大將之風，我從他身上學習不少，我覺得他很有膽識。

羅先生以他的傑出表現爭取總公司把新技術投資到台灣，在他任內，飛利浦對台灣投資非常多，他說服總公司爭取新技術到台灣的成就，在外商經理人中很少見，他非常有遠見，爭取「對」的東西，拿來後做得比外國人好，建立信譽。

由於他的卓越成就，使得飛利浦在90年代獲選為最佳外資企業，得到各界肯定及獎章，如經濟部的金質獎、國家品質獎，飛利浦全球品質領導獎等等，非常之多。

飛利浦的同事們在紀念的小冊子裡，記下一些小故事：為了爭取商機，在台灣炎炎酷暑及颱風天氣下，破紀錄9個月建了高解析度大尺寸映像管廠；為了使品質更好，堅持帶領全公司艱辛挑戰 Deming Prize（戴明獎），終於在5年後贏得桂冠。羅先生不但升任飛利浦全球電子組件部總裁，1996年更被飛利浦總公司延攬進入荷蘭總部最高決策核心，主掌全球電子組件部業務，成為飛利浦公司最高決策董事會6名董事的一員，成為飛利浦成立106年來第一位進入董事會的亞裔人士，這不但是羅先生個人的成就，也是國際級專業經理人的表率。

除了領導飛利浦之外，羅先生更關心台灣產業的升級與發展，主導台灣飛利浦投資台積電。今日台積電成為全球最大晶圓代工企業，再度證明羅先生獨到的遠見及決斷後的溝通能力。

羅先生關注台灣產業與經濟發展。退休後，以他參與跨國企業營運的寶貴經驗，分享企業經營策略，協助台灣企業升級與國際接軌。台達就是在這樣的機會下，邀請到羅先生擔任台達的獨立董事。羅先生在台達，強調組織分工與授權當責的管理精神，並率先提出長期策略規劃的概念，進行品質診斷等創新做法，協助台達奠定日後發展的堅實基礎。

羅先生關心環境，台達也邀請他擔任環境教育基金會的董事，成立環境獎學金，提供環保人才赴荷蘭深造，幫助許多青年人完成留學的夢想，也為台灣與全球的環境保育貢獻心力，至今培育68位優秀的碩博士人才，已在許多崗位上發揮其影響力。

我們深深感念羅先生帶給國家社會的影響力，未來，也希望能有更多的青年學子、企業經理人、環保專業人士，大家在自己的崗位上，學習羅先生為人處世的精神，對工作、對社會，發揮正面價值和影響力。

今天抱著懷念及感激的心與各位一起來參加羅先生的告別式，看到羅先生的照片，那爽朗的表情及笑容，將永遠埋在記憶中，永不忘懷！羅先生，您一路好走！羅先生雖然離開大家，但他的精神會永遠與我們同在。

和羅益強先生（右）合影。

34

利用數位科技，消弭學用落差

「第17屆提升技職學校經營品質研討會」演講（2016年4月）

各位師長，以及關心技職教育發展的各位先進：

大家好！很榮幸今天在這裡跟大家介紹數位學習新趨勢，以及我個人對於技職教育的一些想法。彰化師範大學是許多高工與高職好老師們的搖籃，今天在座許多先進，都是老師們的老師，也都見證過技職體系過去為台灣經濟起飛，奠定了穩固根基。相信大家都希望這樣的榮景能夠再現，為全球邁向低碳與永續發展，打好堅實的基礎。

台達創立於1971年，在全體工程師與同仁的長期努力之下，從2002年開始成為全球最大的電源供應器供應商，從2006年也成為全球最大的散熱風扇製造商，許多產品的能源效率全球最高。台達今日的成就，與台灣過去技職教育所培育的人才，息息相關。台達許多高階主管，都出自技職教育，經過長期的學習磨練，與公司一起成長。

也不光是台達，台灣能在戰亂後重新站起來，在科技界頂天立地，是因為孫運璿、李國鼎等人推動台灣教育使經濟成長、年輕人畢業後有機會就業、磨練的機會，特別是像技職體系強調實作的精神，讓很多年輕人都成為優秀的工程師或嫻熟的管理者。

過去的技職教育訓練，非常符合台灣的需求，因為台灣的中小企業占比很高，而中小企業最需要由技職體系所訓練出來的人才：他們吃苦耐勞，手腦並用；高職或專科所訓練出來的人才，對社會都有非常大的貢獻。

■ 產業發展與人才培育的差距

可是，後來教改把制度做了改變，使很多原本屬技職體系的學校，放棄了各種技職專長的訓練，反而變成普通高中，專科甚至也都逐步升格變成大學。但事實上，我們不需要這麼多大學；大學的數目增加，不但師資無法配合，學生的程度也不夠，畢業後更與企業的需求脫勾，社會上根本不需要這麼多研究型的人才，現在有些學校連招生恐怕都有問題。隨著教育改革，技職體系開始被忽略，也使得產業發展與人才培育上，差距擴大。

過去幾十年來，高職直接升大學的比例不斷上升，從1991年的13.7%，到2014年的81%，直接就業比例目前僅剩12%。我曾聽過一位資深的高職校長分析，為了升學，高職許多的課程偏向理論，實習的時數慢慢減少，造成專業技術的弱化；甚至高職與科大的專業課程，在理論部分至少有一半重疊，不論時間、設備、還有學生的學習興趣，都在這些重複的課程裡給消磨掉。

未來12年國教實施，高中與高職全面免試入學之後，學生之間程度的差異，會從過去學校與學校之間，變成在一個班級之內就會發生。老師如何在一堂50分鐘以內的課程中，利用一套教材，同時教會幾十個不同程度的學生，將會是未來很大的挑戰。

不論是看到台灣的技職體系轉變為升學導向，與產業界的距離愈來愈遠，或是第一線老師所面臨的挑戰愈來愈多，我退休後都希望能多做一些事情，利用數位科技，消弭學用落差，並讓更多的好老師能發揮影響力。

我過去的求學經驗告訴我，好老師對人的影響非常大。我因戰亂來到台灣，很怕成績若不好，可能連書都沒得念，就很努力用功，那時遇到一位教代數的汪煥庭老師，我在他的課第一次小考得了滿分，汪老師就注意到我，後來只要我的成績低於80分，汪老師就會到我座位前問我為什麼失常，我只好從此都以80分為及格的最低標準。其他像是教幾何的嚴其昌老師，也教得很好。我自己體會，**中學時代的朋友和老師，對於往後的人格養成特別重要，很多的興趣與專長，不見得那時候都會被發掘，但如果有好老師的引導，尤其是對知識追尋的習慣，將一輩子受用不盡。**

考上成功大學後，賴再得老師的化學課可以說影響我最深。我非常討厭死背，所以過往對於要死背記憶的化學科，並不感興趣。但賴再得老師所教的化學課課程內容非常充實，不像過去高中時代不斷死背分子式或化學方程式，他讓學生從原子、分子的構造及基本原理，去了解化學作用的產生，學化學的同時，也學到物理，啟發我們研究科學的思路及興趣。

這門課讓我認識自己的興趣所在，增加我對科技的信心，以及日後對學習科技的熱忱與興趣。有時我上課聽了賴老師的講解，腦海中產生很多問題，發問後賴老師都會一一詳盡解答，並且經常讚賞我問了好問題。

■ 善用科技力量，改變教育現場

不過，當年的教育環境氣氛較為單向，大多是由老師在台上授課，學生在下聽講；反觀現在的教育方式，教師們授課都強調互動式學習，在問答之中引起學生興趣，教材也較以前多元活潑，讓課本裡的學習內容，更容易閱讀理解。除此之外，數位學習基礎設施完整、多媒體運用的加入、網路的發達等，隨著科技發展，教育的形式也產生了變革。我的求學經驗放到今日來看，已經與現在授課的方式不同，而隨著科技發展，學習的方法也更加進步。今天學生只要願意打開電腦，連上網路，許多免費的線上學習平台，都可以提供學生使用。

比如說，由Salman Khan（薩爾曼．可汗）2006年創立的開放式數位學習平台Khan Academy（可汗學院），現在（2016年）已有4千多個課程上線、已超過2億3千萬人次觀看、與超過6億次的線上練習。薩爾曼當初只是為了幫助住在遠處親人學數學，試著把自己的教學影片放上YouTube網站，沒想到竟造成許多迴響。現在可汗學院每個月要在線上服務約1,500萬位使用者，上傳的10萬支影片，也被翻譯成36種語言在各地被使用。

在大學端，也早在1999年，美國麻省理工學院就在教育科技會議上提出知識分享計畫的OCW（Open Course Ware，開放式課程）構想，並於2002年正式發布50門課，目前課程總數超過2,000門。但OCW是由講師單向授課，隨著技術的演進，後來發展為MOOC形式，利用雙向教學，提供更完整的教育平台，也結合線上試題、論壇等功能與學生互動。

隨著相關發展條件愈來愈成熟，2012年起MOOC在全球掀起熱潮，如edX、Coursera和Udacity等。edX是由麻省理工學院與哈佛、柏克萊大學的線上學習平台合併組成，註冊人數已超過160萬，第一門課是由現任執行長Anant Agarwal（安納特．阿嘉瓦爾）教授所開設的「電路與電子學」，共吸引了165國共15萬5千位的學生修習，其中包括來自於蒙古的15歲青年巴圖詩蒙，在沒有任何微積分的基礎下，靠著線上反覆學習，在這門課取得了滿分的成績，優異的表現也讓MIT跨海錄取他；Coursera則由包括史丹佛大學、普林斯頓大學、密西根大學等75個名校組成並開設課程，目前有400多萬名會員；Udacity是2012年由一位史丹佛大學的教授所創辦，主要和個別學者專家以及知名企業如Google、Facebook 等合作，並著重在科技業的職前培訓，現有課程60門，註冊學生人數也有80萬人。

■ 翻轉教學，擴大好老師的影響力

除了美國以外，中國大陸與印度推動MOOC（也就是中國大陸講的「慕課」）的速度也非常快，甚至有市場化的傾向。2013年北京清華大學與北京大學加入edX，北京清華大學並於同年推出了使用edX開源程式碼建成的「學堂在線平台」，上線兩個月就吸引5萬多人選課；同年，復旦大學與上海交通大學加入Coursera，兩高校提供中文或英文教學的課程，與耶魯、麻省理工、史丹佛等世界一流大學共建全球線上課程；中國大陸的教育部也在2014年，成立在線教育研究中心。

中國大陸另外也有民間的平台成立，如慧科教育集團所設立的線上平台「開課吧」，專注泛IT學科與職業訓練，利用之前累積的教育資源，提供科技領域經典的線上課程。

根據統計，中國的線上教育市場現在（2016年）已達到近231億美元（1,500億人民幣），光從2013年到2014年，中國線上教育市場增長了700%，而同期美國市場僅增長了9%，顯示線上教育市場規模之巨大，並以前所未有的方式迅速發展。

全球人口排名第二多的印度，因教育領域投資不足，不少高校基礎設施更新較慢，網路學習也因此成為印度青年獲得知識與技能的重要途徑。印度是edX的第二大使用者，美國占了30%、印度約12%。預計到2017年，印度線上教育市場規模將從目前的200億美元，成長到400億美元。

MOOC也與翻轉教學作了結合，最近有一位翻轉教室運動的創始人柏格曼（Jonathan Bergmann）造訪台灣，他主張教學流程翻轉，把課堂原先先在講課，改成提前讓學生在家預習，上課時再練習作業，學生有不懂的地方，當場可以發問，老師也能個別指導。他認為，學生學不好，不應是怪學生不努力，或許是怪老師不會教，而MOOC利用數位技術提供給老師工具，能幫助第一線的老師解決許多問題，協助不同學生找回學習興趣。

透過網際網路的普及，一堂MOOCs的課程，讓過去一個好老師，一年可能只會教到幾十位、頂多幾百位學生，現在卻可以吸引上千名，甚至上萬名來自全世界有心向學的學子，共同在網路上追求知識。相同的，一個老師面對班上程度落差極大的學生，也可以透過不同的數位教材設計，讓每位學生選擇最適合自己的學習進度，並透過網路平台的學習分析機制，找出學生在學習上的困難點加以輔導。相信這樣的科技變革，必定會對往後的教育方式，帶來極大的創新，帶領全人類邁向嶄新的學習領域。

■ 台灣產業能否升級的關鍵

台灣教育部內，現也成立「磨課師」辦公室，然而就像其他的資源，技職實作這塊，相較之下資源同樣比較缺乏，技職學校的師生較少有機會，可以接觸與發展自身的MOOCs課程。然而，技職教育體系這一塊，卻是未來台灣的工業想要繼續升級發展的關鍵，特別是當這幾年台商陸續回流台灣之後，實際上並沒有足夠的技術人才足以支援。

以外部環境情勢來看，中國大陸實施一胎化政策以來，已開始浮現少子化問題，可預期未來將面臨工人短缺的狀況，而中國大陸現階段已失去過去低勞動成本的優勢，也已經遇到轉型的壓力。90年代的台灣也曾經歷這樣的問題，就像台達也曾遇到有段時間，即使加薪也不一定找得到人的時期。因此「自動化生產」勢必是未來的趨勢，對相關領域人才的培育是有急迫需求的。

台達多前年即成立工業自動化部門，清楚了解**深耕產業競爭力，除了資源部署，更重要的是人才培植**，因此早期即投入跟科技大學合作開發自動化教育。包含於北科大、台科大、雲科大等校，設立台達自動化實驗室，以及推動相關產學合作計畫等。

因此當我邀請了元智大學前校長、現任清華大學講座教授彭宗平校長，希望在台灣推動關注在技職與自動化領域的MOOC平台時，他特別就力邀了台科大、北科大與雲科大三所頂尖科技大學，與台達基金會共同就自動化學程合作，希望走出一條不一樣的道路，為台灣接下來邁向低碳經濟的革命，打好根基。

我們所推動的這個專門為自動化學程的平台，叫作DeltaMOOCx，目前已有10門課上線，從微算機原理到機器人學都有，下學期還有工業4.0的課程可以修習，規劃與錄製中的課程，另外還有8門。這放到全球來看，也是比較少見，專為自動化課程完整開設的MOOCs學程。

除了科大的課程以外，彭宗平校長也發現許多核心的基礎科學課程，其實在高工或高中階段就應該要加強，因此DeltaMOOCx也與教育部自然科相關學群科中心、國民及學前教育署、以及與國家教育研究院共同合作，由學群科中心的老師參與課程設計，並由國教院組成專家團隊審議。

這樣的組合，使得學群科中心裡的「好老師」，可以透過最專業的呈現，利用網路，協助課堂裡第一線的教師群完成教學工作；而第一線的教師也可以反過來利用DeltaMOOCx平台，進行教室內的翻轉教學，使得學習變得更加有意義。

■ 推動DeltaMOOCx，拋磚引玉

目前在高中、高工的課程，已上線與送審中的已有108小時，其中1/3左右是電機電子群科中心所拍攝。今年光電機電子群科，還會另外拍攝55個小時，其中幾位授課老師講授內容清楚，時常在線上回覆學生的問題，有時也用手繪圖或計算式詳解學生問題，與學生們的討論互動，十分成功。

而數學與物理兩科也會在3年內，把高一、高二的基礎課程全數拍攝完成，讓學生可以透過DeltaMOOCx平台不斷複習與練習，並與老師互動。這些課程的設置，就是希望學生不要一開始遇到數理就感到挫敗，協助他們突破學習盲點。

在推動DeltaMOOCx的過程中，我們也觀察到許多老師投入教育的熱情。像有些老師會觀摩其他老師的課程，修正自己的講授方式，甚至主動要求重新拍攝，希望能呈現最佳的表達方式，幫助學生了解課程內容；也有老師要求班上學生要在課前預習，課中會安排討論，增加學生學習的動機，老師也在晚上特別開立線上輔導時間，讓學生有提問的機會。

有位非相關科系的科大學生曾回饋，因為有DeltaMOOCx平台的自動化課程，讓他課前能先預習，在課中較能跟上進度，回

家重複觀看不懂的部分，且每個章節後都有練習題可檢驗自己對這個章節的了解程度，也提高了學習這門課的自信。

除了DeltaMOOCx以外，台灣許多大學與民間組織，也都陸續投入像MOOCs或翻轉平台的設置，如誠致教育基金會推動的「均一教育平台」、清華大學所推動的「學聯網ShareCourse」、交通大學與空中大學所推動的「育網ewant」。DeltaMOOCx平台的成立，主要是彌補在全球邁向工業4.0的挑戰下，台灣現階段缺乏專為工業自動化學程、以及高中基礎自然科量身打造的MOOCs課程，足以讓台灣的學生，能即時為未來的變局預作準備，掌握台灣下一波的工業轉型契機。

DeltaMOOCx希望能作為一個媒介，激勵更多的老師，願意在教學上投注熱情，進而引發學生更多的學習動機。提供課程平台後，如何讓好老師發揮自身的影響力，影響更多的人，也讓更多老師願意運用線上科技，縮短城鄉差距，相信會讓更多學生擁有更多學習資源。

以上是我粗淺對於技職教育的看法，以及對於DeltaMOOCx的期許，希望能力範圍以內，能繼續在這個領域努力，也讓在座各位好老師的影響力，真正透過網路的力量無限擴大，謝謝。

35

讓第一線好老師，影響更多人

「當適性教學碰上DeltaMOOCx記者會」演講（2016年11月）

彭校長（宗平）、國教院張主任（雲龍）、陳董事長（怡君）、曾老師（政清）、蘇老師（麗敏）、現場的媒體朋友，大家午安！

很榮幸能邀請各位一起參加今天的記者會，在這裡跟大家分享數位學習的一些想法。

隨著高中、高職免試入學的比例正逐年提高，上高中後學生之間程度的差異，已從過去學校與學校之間，變成在一個班級之內就會發生。高中老師如何能在一堂50分鐘以內的課程，利用同一套教材，同時教會幾十個不同程度的學生，已成為教學現場很大的挑戰；因為學生只要一跟不上進度，往往整個學期後半的課程就只能呆坐在課堂之內，浪費人生寶貴的時間，老師往往也得再花很大的力氣，才能把學生重新拉回正軌。

然而隨著數位學習基礎設施完整、多媒體運用的加入、網路的發達等等，教育的形式也正在產生變革，如果能將老師的講課內容，拍攝起來放在網路上，學生可以隨時聽課，應該能幫助到目前許多求助無門的孩子們，以及在第一線想要協助孩子們的好老師。

今天我們邀請到現場的兩位同學，就是利用DeltaMOOCx網路學習平台在課餘時間自修，順利重拾學習的信心，相信這樣的教材一定可以影響更多的人。

此外，當第一線的老師，面對班上程度落差極大的學生，也可以透過DeltaMOOCx已拍攝好的內容，讓每位學生選擇自己最適合的學習進度，並透過網路平台的學習分析機制與問答機制，找出學生在學習上的困難點加以輔導，相信這樣的科技變革，必定能協助老師減輕教學負擔，幫助學生適性學習。

這裡要特別感謝DeltaMOOCx計畫主持人彭宗平校長，在過去這3年投入在數位教材開發的領域，也感謝教育部國教署推薦優秀的學群科中心老師錄製影片，包括今天在場的曾政清老師、蘇麗敏老師等；而國教院長期投入資源，為課程品質與內容的正確性把關，也非常感謝。因為大家無私的合作，才讓在第一線服務的好老師，真的有機會可以透過網路科技，在線上平台影響更多的人。

最後，謝謝各位的蒞臨指導！祝大家身體健康、萬事如意！

36

每一個人都可能翻轉世界

「陽明大學頒授榮譽博士」致詞（2016年11月）

梁校長（賡義）、高副校長（閬仙）、各位師長、各位同學：

大家早安！今天獲得陽明大學授予名譽工學博士學位，感到十分榮幸，感謝陽明大學校長及師長們對我的肯定。同時，我也要感謝公司的同仁與支持我們的朋友，以及我的家人，有了大家的合作與扶持，我才能全心投入工作，所以這份榮耀是靠大家的努力得來，理應跟所有人一同分享。

今天是一個非常好的機會，能夠在這裡跟陽明大學的同學們見面互動。每次受邀演講，尤其在校園，我常在想，自己訂的題目，是不是同學真正感興趣的、對同學們真正有用的？大家的時間都這麼寶貴，我希望我所講的能夠對同學有所幫助。於是，我請學校幫忙收集了一些同學的問題，在24日禮拜一我就收到了回應，而且都是些非常好的問題，我想今天我就針對這些問題來跟各位聊一聊我的心得。

談到我在什麼樣的機緣下起了創業的念頭？我是民國48年從成大電機系畢業，已經是超過半個世紀之前的事了，服完兵役之後，第一份工作在當時台南的亞洲航空，當年台灣大多只有螺旋槳飛機，而亞航買了第一部噴射客機，亞航擁有許多資深技師，對飛航機械很有經驗，但噴射機使用了很多現代化的電子設備，於是亞航找上成大，希望能夠網羅成大電機系的畢業生，在服完兵役後到亞航來服務。當時，我的同班同學全都收到應試通知，而幾乎全班同學，甚至包括準備出國深造的人，一方面因為好奇，一方面也想跟同學見面，都來到亞航，儼然就是一場成大電機的同學會。

■ 把握每一個學習和累積的機會

後來我跟其他7位同學，共8位獲得錄用，對當時剛畢業的我們來說，一出社會工作就能接觸世界最新的電子科技與設備，是非常難得的機會，令我們十分興奮。我在亞航儀器部工作，有機會將各種飛航儀器、自動導航、各系統燃油壓力等控制儀表等等，全部摸透，也藉拆解維修的過程，閱讀維修手冊及美軍技術手冊，可以充分理解原理到構造，再到作用、功能，學習到很先進的技術能力，也讓我在亞航工作的前4年，忙得不亦樂乎。到了第5年，由於我累積了飛機各種儀器的知識跟經驗，公司開始派我上飛機去做系統問題的排除，雖然每次都達成任務，但是愈做心裡卻愈惶恐，原因是我覺得我從零組件的儀表去了解系統，總是不夠深入，況且飛安攸關生命安全，心理壓力日漸增加，漸漸萌生了轉換跑道的念頭。

當時，適逢政府獎勵外資來台投資設廠，美商精密電子，也就是TRW公司，到台灣來設廠，我去應徵後順利錄取，但一開始，會覺得在工廠裡每天做同樣的工作，有點太簡單而覺得枯燥，甚至有點失望。我想在座各位同學，畢業以後或許也會面臨到同樣的問題，在這裡我用我自身的經驗提供給大家參考，雖然工廠的工作看似一成不變，實際上，日復一日的累積，就是讓我們知道如何將一個零件，用最經濟的方法做出最可靠的品質，逐漸上軌道之後，我從生產部門、工程部門，一直做到跨廠區的品管經理。這些都為我累積了許多創業的能量跟經驗。

由於TRW是外商，工作環境跟條件都比本地廠商好很多，所以當時在台北樹林地區，TRW招工相當容易，可是外商只要訂單一少、生意不好，就開始裁員，也造成了後續招工不易，這是台美文化的差異，後來，甚至連我花了將近兩年所訓練出來的幹部，都被裁員，我真的是感到憤怒又失望。而當訂單下滑時，我們幾個經理人建議公司可以將產品銷售給台灣廠商，公司也同意這樣的策略，於是我就去向大同公司推薦，大同的人聽到TRW

願意賣產品給他們，都覺得非常開心，後來實際下單後，TRW竟然又因為覺得數量太少而拒絕大同的訂單，這讓我對大同感到非常抱歉，第一時間親自去告知並致歉，不過大同的人也都沒有責備我，當時在業務洽談的過程中，剛好發現大同面臨一些品管問題，為了補償，我就利用假日去大同當義工，幫他們建立了品管系統。

後來，大同的經理們跟我說：「鄭先生，不如你自己出來做，我們跟你買吧！」就因為這樣一句話、加上之前的裁員事件讓我灰心，我一股衝動就開了公司。其實一切都沒有準備好，初期就靠著大同的訂單跟30天的付款條件，讓台達得以不斷周轉，繼續做下去。

■ 創業沒有回頭路

台達創立於1971年，也就是中華民國退出聯合國的同一年，加上後來遭遇全球石油危機，匯率變動等衝擊，訂單不像過去暢旺，客戶的付款條件也愈來愈嚴苛，幸虧及時拿到了RCA的訂單，建立信心之後，不但業務量一年一年增加，付款方式更可以在尚未交貨時就先開立LC（信用狀），我們則可以利用這張LC去台灣銀行貸款，資金運用相對靈活很多，也可以做更多生產設備跟原料的投資。台達擁有愈來愈多外商客戶，營運狀況也才逐漸穩定下來，我還曾經把多餘的資金用來培養台達的供應商。

台達發展過程中遭遇最大的困難，就是資金的不足。前面提到，創業初期是因為大同給我們30天的付款條件，讓台達可以一步一步走下去，可是後來，大同的付款條件也從30天，逐漸調整成45天、90天，甚至120天。那樣的狀況下，訂單拿愈多看似生意愈好，但實際上被卡住的貨款也愈多，是個惡性循環，當初如果不是因為拿到RCA的訂單，台達是不可能生存下來的。

有同學問到，大學時期應該培養什麼樣的素質或才能？以我自己的經驗來說，年輕時要把握學習的機會，從好老師中得到啟發，多用大腦，非常認真的吸收知識，出社會工作後，不僅運用所學，更持續不斷的在工作中學習。譬如說亞航時期，我鑽研新技術；TRW時期，我學到生產流程的改善與掌控，以及公司管理。我想，我是滿幸運的，我還是把握各種學習的機會，大家也應該趁年輕，多多把握學習的機會。另外，同學們要知道，進入社會，或是創業，可能會遭遇到許多你無法想像的困難，嚴重打擊你的信心，但是，公司要你解決問題，就是你鍛鍊能力的大好機會，當然不應該放棄，就像我也曾經後悔為什麼要創業？但是既然已經把工作辭掉了，就沒有回頭路，**人最要緊的就是不能半途而廢，只要堅持下去，當你排除愈大的困難，就會得到愈大的成就感，同時也建立更強大的自信心。**

■ 取之於地球，用之於地球

台達創立初期供應電視零組件，到了80年代初期，台灣工業發展得很快速，所以每年用電急遽增加，產生很大的供電壓力，有時候會被輪流停電，我一直認為節能、提升能源效率比蓋電廠迅速、有效，同時伴隨著80年代PC的發展，台達也應該開始投入新領域、新的發展目標，於是著手開發能源效率更高的交換式電源供應器，進入了資訊工業的領域，同時將經營使命訂為「環保、節能、愛地球」。

早期的電源供應器是線性式，效率非常低，甚至低於50%，而且體積大、重量重。交換式電源供應器則體積小、重量輕，轉換效率也高，在當年至少可以提升到65%。1983年台達的交換式電源供應器正式供應市場，成為個人電腦及其他各種電器都需要的核心零件。經過多年的努力，台達的產品效率不斷提升，目前所有的電源產品效率都超過90%。後來更開發出全球第一個80 plus鈦金級的伺服器電源，平均效率超過96%，通訊電源與PV inverter（太陽光電變流器）目前效率更高達97.5%與98.7%。另外自2002年開始，電源產品銷售額就位居全球第一；2006年，直流散熱風扇也成為全球第一。

講到環保，同學也提到台達電子文教基金會的創立宗旨，在這之前，讓我們先思考一個問題。太陽系的形成，開始在46億年前，而我們居住的地球，1萬5千年前還是冰河期，並沒有生物可以生存，一直到大約1萬1千年以前轉入冰間期，氣候變得溫度適中，擁有液態的水，逐漸孕育出這個適宜生物居住的美好環境，所以人類應該要更加珍惜。不過，目前這個冰間期應該已經進入尾聲，而且科技進步及工業的發展，造成資源耗損、環境汙染及自然生態的衝擊，由於人類過度排放二氧化碳等溫室氣體到大氣層中，造成了地球暖化，使全球各地天災愈來愈多也愈來愈嚴重。大家必須認真的正視這個問題。

長期以來，台達透過基金會，向外擴大社會影響層面，運用台達累積的電力電子技術與知識，從生活中做起。不僅舉辦環境展演、電影、演講、工作坊等活動，更深入學校協助長期養成學生節能習慣，包括與專家共同開發節能教材，台達企業志工進入小學校園授課，協助多所中學進行節能改造。我們集合了台灣綠建築專家，在基金會開班授課，培訓綠建築的建築師及室內設計師，共同為台灣的綠色未來而努力。

除此之外，基金會二年前開始還執行了一個DeltaMOOCx專案，我請了彭宗平校長及台達自動化部門，這也剛好呼應到同學所提的最後一個問題，就是我對於現在教育與求學環境的看法。

現在到未來的教育方式，老師們的授課將愈來愈強調互動學習，在問答之中引起學生興趣。由於網路發達、多媒體的應用成熟，讓數位學習的基礎設施日漸完整。換句話說，隨著科技的發展，教育的形式已經產生了變革。現在的學生只要願意打開電腦、連上網路，都能取得許多免費的線上學習平台。

■ 掌握科技巨變的先機

早在1999年，美國麻省理工學院就在教育科技會議上提出知識分享計畫的開放式課程構想，並於2002年正式發布50門課，隨著技術的演進，開放式課程更結合線上試題、論壇等功能。2012年起，開放式課程在全球掀起熱潮，知名的包括像是edX、Coursera、和Udacity等。透過網際網路的普及，一堂MOOCs的課程，讓過去一個好老師，一年可能只會教到幾十位、頂多幾百位學生，現在卻可以吸引上千名，甚至上萬名來自全世界有心向學的學子，共同在網路上追求知識。

這樣的科技變革，必定會對往後的教育方式，帶來極大的創新，帶領全人類邁向一個嶄新的學習領域。因此，我希望在台灣也能推動翻轉教育平台，所以透過台達基金會也執行了一個DeltaMOOCx專案，目前在線課程從微算機原理到機器人學都有，接下來還會有工業4.0的課程可以修習。曾經有位非相關科系的科大學生告訴我們，因為有DeltaMOOCx的自動化課程，讓他能在課前先預習，課中較容易跟上進度，回家也能重複觀看不懂的部分，且每個章節後都有一些練習題，可檢驗自己對這個章節的了解程度，提高了他學習這門課的自信。

我認為，DeltaMOOCx只是一個媒介，拋磚引玉後，能夠激勵更多好老師在教學上投注更多熱情，讓學生擁有更多學習資源。相信這也是學校、學生與家長都樂見的結果。

近代科技的進步愈來愈快速，全人類目前正處在一場因為科技工業的發展而帶來的巨變。在座的同學們，你們的未來，必當隨時感覺到「才剛習慣一種變化，新的變化又來了」，如果加上我剛剛講的，翻轉教育讓原本的弱勢團體能夠輕易獲得學習的機會，全世界的知識結構又會再有一次大轉變，影響幾十億人的生活，而且直接衝擊的，就是我們這一代年輕人。

面對不確定性，看似危機，但如果大家能夠做好充足的準備，其實當中也蘊含了許許多多的機會，關鍵就在於「你先做，還是別人先做」？想像自己站在一部向下走的電扶梯上，但方向卻是要上樓，這時候就必須要用比原本快兩倍的速度，才能順利抵達目的地。在這裡勉勵大家，坐而言不如起而行，掌握每一個學習、充實自我的時刻，每一個人都有可能翻轉世界、改變人類生活。

37

攜手合作，共同發掘智能高手

「京台論壇：智能製造分論壇」致詞（2016年11月）

尊敬的海淀區何主任、李區長、各位嘉賓、大家早上好！很榮幸參加京台論壇的「智能製造分論壇」，有機會跟各位分享智能製造的產業發展趨勢，並思考兩岸未來進一步合作的方向。

習近平主席多次對中國製造轉型升級作出重要論述，強調「推動中國製造向中國創造轉變、中國速度向中國品質轉變、中國產品向中國品牌轉變」。而「中國製造2025」更希望透過3個「三步走」，分階段共30年的努力，實現由製造業大國，發展為製造業強國的目標。其中，「智能製造」成為競爭力的關鍵，從德國工業4.0到中國製造2025，都堅持創新驅動。

台達早期曾面臨嚴峻的缺工問題，勞工短缺最好的解決方法就是生產自動化，才能降低成本，提升效率與競爭力，於是我們積極開發自動生產線。如今中國製造業也遭遇同樣挑戰，人力短缺、流動率過高，造成成本增加及永續經營的困難，因此製造業必須轉型，智能製造成為發展的方向，包括降低生產能耗、節省勞工成本、縮短商品週期短等，都促使智能生產的需求增加。

■ 兩岸創新發展驅動力

智能製造，就是人的智慧與機器的整合，所以需要一個軟硬體的整合架構，但是真正的挑戰在各個應用領域的領域知識。

台達以自身工廠智能化為基礎，發展跨應用領域的、軟硬體整合的智能製造解決方案。除了專精電源與散熱管理等領域，工業自動化亦為重要的核心事業，在長期耕耘的發展軌跡中，除了改善、精進自身的生產線，逐步由傳統產線進入少人化、無人化，更藉由投入工業大數據分析，讓台達的工業自動化領域跨入智能製造，能源使用上也將更有效率。

台達全力發展智能製造，目前有3大範圍，已經在江蘇吳江生產基地實際體現，包括：

1. 智能機台：生產機台具備自我監控、自我調適以及自我學習力，實現少量多樣、快速換線、混線生產等。
2. 智能產線：整合資訊流與實物流，達成品質管制、生產管理及設備保養。
3. 智能工廠：從產品開發、客戶需求、工廠排程、生產現場管理，智慧串聯整廠流程，整廠協同運作，即時回應並滿足工廠端、供應端以及用戶端的變化需求。

在此同時，隨著世界經濟一體化和貿易全球化發展，台灣原本處於世界領先地位的一些產業，也面臨產業升級和技術改造的挑戰。台灣相關部門兩年前推出「生產力4.0計畫」，是以「智慧自動化」為基礎，鎖定智能製造、智能服務與智能農業等3大應用，以促進工具機、金屬加工、3C、食品、醫療、物流、農業等7大產業升級轉型。匯聚智能機器人與虛實整合系統（Cyber-Physical System, CPS）、物聯網（Internet of Things, IoT）和大數據技術，智動化自然水到渠成。

兩岸在智能製造產業平台，如何對接，台灣在中國這一波製造業全面升級過程中應當扮演何種角色？都將影響兩岸未來產業分工結構，也期許京台智能製造創新基地，能替兩岸相關產業搭橋，優勢互補。

■ 多管齊下，培育智能人才

為了因應智能製造所需的融合型人才，台達也多管齊下，積極培育人才。員工依崗位需求進行技能培訓，並有多項實訓平台，包括：

1. 企業學院：台達成立企業學院，現有兼職講師約200人。講師來源於生產，工廠技術一線的工程師、主管成為技能訓練當然之講師，具有豐富實戰經驗。
2. 技術培訓中心：截至2016年12月，在大陸已建成「維修電工實訓室」、「PLC實訓室」、「Robot機器人實訓室」、「軟體實訓室」、「銲錫實訓室」5大技能實訓室，共培訓200多次，為企業培養各類技能人才近6,000人。
3. 智能製造人才培訓中心：台達目前在上海、杭州、南京、武漢、廣州，未來也將在北京、成都、西安等，陸續建立智能製造人才培訓中心，助力智能製造人才的養成。

另外，我們也與兩岸高校合作，舉辦「台達盃自動化設計大賽」，發掘智能生產的明日之星。像今（2017）年7月底才辦的大賽，就吸引了來自大陸、台灣、印度、泰國，共68個學校、74支隊伍晉級決賽，互相交流與競爭。人才是提升競爭力的關鍵，也期待兩岸從產業到教育，都能攜手合作，共同發現智能高手，謝謝大家！

38

學無前後，達者為師

「劉炯朗校長音頻網站發表會」致詞（2021年8月）

張教授（韻詩）、彭校長（宗平）、清大校友會陳前會長（健邦）、IC之音張總經理（令達）、IC之音姜前台長（雪影），各位貴賓、各位媒體朋友，大家午安：歡迎各位今天特別排出時間，參加劉炯朗校長的音頻網站發表會。

劉校長是我成功大學的學長，記得60多年前，我還在讀成大電機系的時候，只要經過系上的公布欄，就會看到劉炯朗學長的照片。因為系上拿學長榮獲美國麻省理工學院全額獎學金的消息，做為所有電機系學生的榜樣，希望大家向他看齊。那時我還沒跟他見過面，心中就已經對這位學長充滿敬佩。

後來相隔多年，到了1998年，劉炯朗學長終於回到台灣，前往清華大學擔任校長。當時我見機會難得，就想與劉校長聯繫，經過當時的工研院史欽泰院長幫忙，終於和這位傳說中的學長見到面。

當時台達已經發展到一定規模，我希望提供學校一些捐助，鼓勵更多教師投入卓越的教學和研究。於是劉校長建議，不如成立一筆講座，穩定支持這項計畫。最後我個人捐助了清大一百萬股台達的股票，並決定以孫運璿先生命名這個講座，紀念孫資政對國家的貢獻。幾年之後，當我再有機會捐贈清大台達館、成為台達所打造的28棟環保綠建築之一，過程中都有勞劉校長在幕後幫忙促成。

往後這些年，我有不少機會和劉校長互動，在許多餐敘和聚會活動上，他總是妙語如珠，而且展現深厚的人文素養，讓身為學弟的我望塵莫及。

■ 散播正能量，令人感佩

從清大退休之後，劉校長並沒有停止教育的使命，他不但有長達15年的時間，親自在電台主持節目，還出版了數十本科普、人文、社會科學等優秀著作，如此豐富的創作能量，讓我既佩服、又訝異。每當我好奇問他怎麼有辦法做到？他總是自豪的回答：「這些都是我絞盡腦汁，用功整理的內容。」

除了耕耘教育，劉校長多年來也一直支持台達提出的環境倡議和公益活動，不論是在吳江同里湖舉辦的電機電子論壇，或是在南投日月潭的《水起・台灣》環境紀錄片放映，以及像是在東京森美術館舉辦的8K展覽活動，劉校長都親自到場參與。

2015年底，當全球都關注在巴黎所舉辦的聯合國氣候會議COP21，可否產出新的國際氣候協定時，劉校長更是風塵僕僕陪著台達團隊前進巴黎，出席了多場論壇與展會。當時在一場國際論壇上，他以杜甫的詩句「安得廣廈千萬間，大庇天下寒士俱歡顏」來期勉台達，讓我印象尤其深刻。

我所認識的劉校長，就是這麼一位博學多聞、謙沖為懷、又讓旁人如沐春風的君子，每位跟他接觸過的人，無不感到溫暖。今年適逢台達創立50週年，我們特別列出50位對台達一路走來貢獻良多的「台達50影響人物」，劉校長正是其中之一。

這次我們特別攜手跟劉校長合作多年的IC之音竹科廣播電台，把他15年來所累積的800多集精采節目，集結到「劉校長開講・愛上層樓」這個廣播網站，希望透過最新的數位平台和傳播科技，讓更多人感受到他睿智、幽默的言談，還有那份令人難忘的親切感，讓社會充滿更多正向的力量。

謝謝各位今天的參與，也希望未來能跟更多人分享，劉校長所帶給我們的智慧！

輯四

【願景】

為地球打造安全、健康、永續的未來

宇宙在自然運行之中，

結合了這麼多巧妙的條件才創造出地球，

大家要用感恩之心來愛護地球環境，讓地球永續運行。

39

我們要有新的工業革命

「中央大學93學年度畢業典禮」致詞（2005年6月）

劉校長（全生）、李院長（鍾熙）、各位教授、各位貴賓、各位家長以及各位同學大家好！

非常榮幸參加畢業典禮，今年又正逢創校90年慶，這麼值得慶賀的日子，首先恭賀中央大學的90年慶，再恭賀各位同學能在這麼一所歷史悠久、校風純樸務實的一流學府畢業。

在踏出校門之後，各位同學就要面對繼續深造或是進入社會就業的抉擇。不管你做哪一種選擇，我覺得**畢業絕對不是人生學習的終點，只是人生學習過程的一個里程碑**。大學教育基本上是在訓練我們的思考邏輯、學習基礎知識、以及培養待人處世與認真的工作態度。對於深一層的專業知識領域，仍然需要不斷學習研究及工作歷練和經驗的累積。在大學裡學到的基礎教育，讓我們有能力去繼續尋求你有興趣或需要的更新、更專業的知識。在科技日新月異的今天，畢業可以說是另一個學習階段的開始，而為了不讓自己落伍，我們真的是要做到老學到老。

我是1959年從成大電機系畢業。當時台灣並沒有太多研究所，留學風氣很盛行，我的同班同學大約一半以上都到國外留學。因為我是隻身在台，受限於許多條件出不去，只有留在台灣就業。我畢業後，服完兵役先到台南亞航工作。那年亞航正好買了新民航噴射客機，我在工廠裡負責維修各種飛航儀表及電子設備。五年下來忙得不亦樂乎，也讓我有機會接觸到飛機各項系統以及新的科技。後來美商TRW來台投資設廠，我去應徵，錄取後先被派到美國受訓再返台設廠。在TRW一共工作了5年，我很慶幸這5年當中，我先後負責生產、工程、品管等部門的經理工作，從工作中學得很多寶貴的知識及實務經驗，這些經驗對後來創立台達電子公司都有很大的實際幫助。

以我自己的經驗，覺得第一份工作公司的風氣，尤其是天天接觸的主管做事和管理的風格，相當重要。不論你認同不認同、好與不好，長期下來，他會不知不覺的影響自己。很可能你將來的管理處世待人的風格，就會像他一樣，因此選擇就業的時候，要注意到這一點，多打聽、選擇好的就業單位以及好的主管，就如繼續深造，你也會選擇好的學校、好的指導教授一樣。

最近這十幾年來，台灣一方面因為研究所增多，另一方面就業的機會、待遇也不錯，畢業後到國外去留學的學生已一年比一年少。這不是一個好現象，在全球化的新時代，我們需要與世界先進國家接軌，因此如果環境許可，有能力出國，我還是鼓勵你們能到國外一流的學府去繼續深造，拓展國際視野。

各位這一代的生活環境與我們30、40年前生活在窮苦戰亂恐怖之中相比，可真是快樂幸福多了！今天擁有的幸福，要歸功當年尹仲容、陶聲洋、李國鼎、孫運璿等這一批有遠見有魄力清廉無私的官員。他們不僅扭轉了不利的形勢，把台灣的社會及經濟一步步的導入正軌，並做了許多正確有創意的措施，最後產生台灣的經濟奇蹟，讓工商界人士可以掌握這有利的投資機會，讓各位可以接受良好的教育。為了感謝他們對台灣的貢獻，我們在公司成立30週年慶的時候，特別做了李國鼎資政以及孫運璿資政的VCD片以茲紀念，我們絕不能忘記他們的努力與貢獻，同時也要以他們作為榜樣。

■ 環保意識抬頭

接下來讓我們一起來想21世紀以後，我們以及我們的後代會怎麼生活？各位將來會面臨什麼問題及挑戰？讓我們回憶一下，人類在1萬年前由游牧時代進入農業時代，人口從約7,000萬，經過幾千年增加10倍，到約7億。工業革命以後全球人口在短短不到200年內又增加10倍，現在（2005年）人口約64.5億，呈指數成長。人類自第一次工業革命到現在，所引以為傲的科技與工業進步，讓大家的物質生活享受，提升到前所未有的境界，但不可忽視的是，在這短短不到250多年中，自然界資源的損耗及環境的破壞也是空前的，人類賴以生存的自然資源也被浪費而急遽減少，同時，所產生的廢棄物更造成嚴重的環境汙染，這些真是不勝枚舉。太陽系與地球是經過46億年逐漸演化，才形成適合人類及生物生活的環境，但人類卻在不到千萬分之一的時間內把天然資源大量浪費，把這個環境破壞了。

最近有一份由全球95個國家一千多個專家，共同執筆的Millennium Ecosystem Assessment（千禧年生態系統評估）報告，指出全球已經過度使用自然資源，使全球2/3的自然資源嚴重耗損，石油再過3、40年就要用完了，煤礦最多也只能用上百年，我們必須嚴肅面對這大量浪費的地球資源、惡化天然環境議題，以免造成無法挽回的局面。

1995年，環保倡議者霍肯提出「自然資本論」，後來與羅文斯博士合著《綠色資本主義》，強調創造下一次的工業革命，其關鍵論點是現代經濟正在以一種對人的生產力的重視，轉向大幅增加資源生產力，書中還舉出許多實例及改善的成功例子。以美國為例，估計廠商所使用的自然資源中，只有6%製造成品到消費者手中，其餘的都成為廢棄物。我認為美國人在鼓勵消費增加市場購買力的風氣下，他們最壞的習慣就是太浪費，東西買了用不久就丟。現在BRIC金磚四國的經濟興起，製造及消費人口必然不斷增加，如果採用美國式的生產及使用習慣，不久自然物資將消耗殆盡。人類及地球生物賴以為生的空氣、水等天然資源將遭嚴重的汙染，造成的浩劫。

這幾年歐洲首先提出RoHS危害性物質限制指令，禁止電子電機物品使用危害物，如鉛、汞、鎘、六價鉻及PBDEs、PBBs等重金屬及化學物；另一項是WEEE廢電子電機設備指令，防止廢棄物的產生，促進廢棄物的回收及再利用。

這些指令，可以說是人類改善資源的利用及環保觀念的覺醒，台達電子公司在2000年就開始試用無鉛銲錫，並得到SONY的Green Partner Certificate（綠色供應商認證）；2001年我們設立「重金屬及毒性物質檢驗實驗室」，很早就開始實施歐盟RoHS的要求；至於歐盟公告的WEEE回收再製，讓天然物資可以循環使用的環保原則，**今後我們的產品設計，除了過去的Design for Manufacturing（為製造設計）外，還要加上Design for Recycling（可再生性設計），同時消費者的習慣也要更改。**

我今天帶了一些《綠色資本主義》，及李資政、孫資政的光碟片，要贈送給學校。我誠懇的呼籲有智慧的朋友們，在每天工作與學習之餘，留點時間來咀嚼這本書的涵義，好好的思考。這本書中所提示的新觀念、各種問題以及解決的範例，給了我們許多啟示，也指引了我們今後努力的方向。不論是政府或民間，都應該立即付諸行動，對企業界來說，這也是一個很好的商機。

■ 觀念要改變，做法更要改變

「企業社會責任」最近已經成為全球所關注的議題。很高興這樣的觀念漸漸覺醒，能有更多的企業重視，並且投入。台達長久以來，一直以「環保節能」作為公司的使命，不斷投入於研發，落實我們的理念。我們電源供應器的產品效率都能在90%以上，10年前所開發的節能燈泡安定器，就可省下2/3的電能；而我們也剛剛領先開發成功，符合RoHS規範的無汞平面背光板，不久也可以供應液晶平面電視使用；至於我們的節能交流馬達變頻器，本來就是用於自動化的節能產品，最近大陸地區缺電，我們各廠設備安裝後，約可節省設備用電量30%。

在潔淨能源方面，我們創立了旺能光電公司，今年第3季就開始生產太陽能電池，與我們的太陽光變頻器成為系統產品，此外我們也積極的開發燃料電池的各項零組件及汽車零組件。

我剛才提到，21世紀的人類應該覺醒，不要把經過46億年孕育出適合人居住的地球，在從第一次工業革命到現在還不到千萬分之一的時間內，把這美好的自然環境破壞殆盡，以致造成後代子孫無法生活。其實我們只要對環保節能多用點心，可做的事情與機會非常多，一些實際的例子，如Toyota的油電車Prius II在市區每公升汽油約可跑26公里，大約是一般汽車用油的1/2，而性能絕對不差。我相信將來將會使用Fuel Cell車。

再舉一個例子，我在泰國看到已經有建好並且正在使用的綠建築，它的用電只有一般的1/16，而還比現在的建築物更舒適、更健康。歐洲許多國家如德國，也開始推廣節能環保的綠建築，因此我們要有新的工業革命，觀念要改變、做法更要改變。

台達決定現在與將來蓋的建築物，都要建綠建築，例如今（2005）年8月即將完工的台達南科廠房，也是一個綠建築。最近全世界都在談「企業社會責任」的議題，台達的企業社會責任白皮書，其內容精神之所在，就是「企業誠信」與「善盡世界公民之責任」，同時我們也將公司治理透明化與種種環保節能的作為，融入到企業日常的核心管理中。

「環保與節能」不僅是我們每一個人該做的事，它更是21世紀全球企業最重要的商機。各位同學在畢業之後，無論是就業或是再深造，**環保與節能相關的領域，是企業的機會，也是各位的機會**。中央大學90年來培育英才無數，也在許多方面引領風潮，期待各位同學在21世紀更能有所開創，展現中央大學的新風華！

謝謝大家！

40

珍愛地球是門好生意

「交通大學思源基金會」演講（2006年12月）

黃（少華）董事長、周（吉人）執行長、趙（子宏）會長，各位同學，大家晚安：

感謝交大思源基金會的邀請，有機會來到這裡與各位見面，各位都是企業界的高階經理人，在忙碌工作之際，還挪出時間到學校充實自己，這個星期一與幾位同學代表，在我們公司初次見面交談，讓我感覺到各位認真學習的精神，十分令人敬佩。今天我想先把我自己這些年來經營事業的一些心得，拿出來跟各位分享，接下來會跟大家談一談21世紀許多人不願面對的問題：因人口暴增，人類活動及工業發展造成的自然生態危機，還有我們應該如何去因應？讓危機成為我們的商機。

地球因人類活動的頻繁與工業的發展造成破壞汙染，漸漸失去了生態平衡。由於這種破壞是漸進的，大家忙於自己的工作與生活，而沒有注意到問題的嚴重性。生態環境的惡化約從200年前工業革命時開始，這200年與地球年齡46億年或是地球開始有人類出現的時間相比，真是短之又短，但這人為造成的自然環境破壞，情勢愈來愈嚴重，必須快速採取行動。

根據一些科學家的研究，地球上一次的大災難發生在6,500萬年前，因為受到一顆大隕石的撞擊，使得全球生物滅絕，恐龍因而絕跡。根據核子物理學家尼爾森在其著作《為了我們的孩子而寫的求生手冊》中，收集了許多專家的研究結果與預測顯示，目前維生系統的不斷惡化，恐將再次爆發大的災難，時間很有可能就在21世紀中葉；另有一說更為驚人，1970年提出「蓋婭假說」的知名英國科學家羅夫洛克預測，地球溫度不斷上升，人類將難以生存，目前全球65億人口可能有數十億人死亡，下個世紀最多只有5億人能存活，這是比較悲觀的說法。在座各位都很年輕，等大家到達我這個年紀，說不定就會遇上危機。

目前我們察覺到的生態問題，簡單分類為下面6項：

1. 人口爆炸性膨脹
2. 大氣層的破壞
3. 能源危機
4. 水資源的耗損汙染
5. 土地資源的耗損汙染

6. 政治的衝突與戰爭

■ 人口爆炸性膨脹

先談人口爆炸，人類1千年前從游牧時代進入農業時代，人口從6千多萬，經過好幾千年增加10倍，成為6億多人，但是工業革命以後，短短200年就再度增加10倍，目前全球人口約有64.5億人。這樣的增加方式絕不只是呈「指數成長」，而是呈雙曲線的「爆炸成長」，曲線後段幾乎是垂直上升到無限大。而地球能容納多少人口？科學家對於下個世紀2100年的人口有著上、中、下3段預測，分別是80.8億、102.2億、122.6億，而且似乎不敢再往後預測了，可見如果我們對物質浪費的習慣不改、生育無法控制，人類未來將不知道該如何生存下去！

用中國來解釋人口的問題最清楚。我的好朋友梁從誡先生（梁啟超的孫子，梁思成與林徽音之子），是中國第一個非營利環保組織的創辦人，他常常引用中國領導人的話說：「中國的問題，就一個乘法，一個除法，13億人的加減乘除。」舉例說，現在單美國一個國家的溫室氣體排放，就占全世界的1/4，而中國的溫室氣體人平均排放量則是美國的1/6。試想，以目前中國發展的速度，要是繼續比照美國人的消費方式，光是家家戶戶買車，溫室氣體的人平均排放量追上美國，整個地球的溫室氣體排放量馬上就多1倍，後果難以設想。

人口爆炸，加上人類對自然的無情掠奪所引發的問題，再舉一個大家感覺比較切身的例子，根據聯合國糧食暨農業組織的調查統計顯示，由於消費增加，全世界52%的漁業資源已經耗盡，而最近一位著名的加拿大生態學家大衛．鈴木（David Suzuki）也在一年一度的Green Build Expo中表示，再這樣下去，人類50年後就吃不到魚了。

■ 大氣層的破壞

工業與汽車所排放的大量二氧化碳及其他有害氣體增加，造成的影響非常嚴重。目前空氣中二氧化碳的含量，由工業時代以前的280ppm增加到2005年的381ppm，並還在持續上升；大量的碳排帶來溫室效應，造成地球持續暖化，引起氣候不正常與天災頻繁，更嚴重的是，極地冰山融化已經使海平面開始升高。

美國國家冰雪數據中心的研究人員在分析了美國太空總署最近4年來的衛星遙感測量數據發現，從2002年春季開始，北極圈內的北西伯利亞和阿拉斯加地區冰雪提前融化。太空總署和國家冰雪數據中心從1978年起用衛星觀測北極圈冰層狀況，分析報告指出，北極圈冰層面積在1978年至2000年間的平均值為700萬平方公里，至今（2006）年9月21日，北極圈冰層面積已縮減至

531萬平方公里，這是近一個世紀內的最小值。如果按照目前每年減少8%的速度計算，2060年夏季北極冰雪可能永遠消失。

研究人員指出，北極冰蓋持續消融，無疑給地球本身和當地的自然環境帶來嚴重影響。以格陵蘭島為例，如果島上的冰蓋全部融化並流入大海的話，全球海平面最高可以上漲7公尺。若不立即改善這個現象，不久的將來全球1/2人口所居住的沿海地區陸地都將沒入海中。為了緩和全球暖化，我們亟須減少溫室氣體之排放，而節能及開發潔淨能源都是非常重要的努力方向。

講到大氣的破壞，我想到11月17日的中國時報報導，兩座由南極洲漂流1萬3千5百公里而至紐西蘭外海的冰山，竟然已經成為最新的觀光景點。不過紐西蘭當局忙著警告往來船隻提高警覺，以免碰撞而失事。紐西蘭國立水與大氣研究所表示，這兩座冰山是近75年來，在紐西蘭外海看到冰山的最近距離，奧塔戈大學一位教授告訴紐西蘭電台，就他們所觀察到的，這兩座冰山大約每天移動1到2公里。而水與大氣研究所的海洋生物學家則指出，這兩座冰山是從南極的龍尼冰棚分裂出來，6年前開始移動，當時長寬是167公里和20公里，目前的長僅剩300至500公尺、寬30公尺，融化的速度相當驚人。

再舉個最近因溫室效應造成氣候遽變的例子。上個月中旬，加拿大的北極圈海岸水路，因為突如其來的猛烈暴風雪而被冰封，使得平常經由這條水路游向外海的白鯨，受困在一條狹小的水道中，冰封嚴重，海面上幾乎沒有可以供白鯨換氣的呼吸孔，最後當地政府決定讓那些白鯨安樂死。官員表示，通常白鯨都在8月份離開當地游向白令海，1989年及1994年都曾發生過這種情形，應該都是由於海水溫度升高造成的生態失衡。

■ 能源危機

由於全球石油的存量終將在40年後耗竭，因此油價的長期上漲，是不可避免的趨勢。但石油存量不足對於能源危機而言，只是冰山一角，其他可供發電使用的資源，如鈾的蘊藏量僅剩下48年、天然氣的蘊藏量只剩62年、煤礦也將在200多年後開採殆盡，不過這些都是當前的估計數字，如果我們一直沒有危機意識，認為天然資源是取之不盡、用之不竭的，這些礦藏會在更短的時間內用罄。

這樣的危機感，也正是台達積極投入開發潔淨能源的原因。我們知道，**太陽能是一切能量的來源，陽光照射地球1小時可供全球1年能源所需，且無供應枯竭之慮，以長期永續的觀點，絕對是正確的可開發能源**。台灣及大部分中國大陸地區，陽光照射充足，應鼓勵安裝。目前90%以上太陽能發電，都採用矽晶為原材料，雖然成本偏高，效率約為17%，但跟其他潔淨能源方案相較之下，仍然是最好的方式。為了解決尖峰時段的電力不足而增設電廠，避免離峰時段電力過剩之浪費，還是有它裝設的經濟價值。目前各先進國家，對第二代的薄膜及第三代的有機太陽能都在積極研發，希望將來太陽能在能源的供應量上能不斷的提高。

其實，許多國家如德國、日本，不論是政府及民間，對資源的利用及環境的保護都很重視，尤其在開發潔淨能源或再生能源方面，是世界的先驅，在其成為世界經濟強國的同時，也避免或解決了很多的環境問題。而根據11月18日出版的《經濟學人》期刊報導，雖然全球耗能大國的美國政府不願面對環境惡化的真相，但民間在潔淨能源與再生能源方面的投資金額，從2004年的約5億美金，到今年目前為止已經成長到20億美金，並且還在不斷升溫。另外，加州也通過了2010年可再生能源將占所有能源來源20%的目標。

■ 水、土地等其他環境問題

至於水資源問題，同樣因為人口增加而產生，聯合國在2002年發表的研究報告就已指出，全球當時有11億人口無法取得安全衛生的飲用水，每年有500多萬人死於因飲水所引發的疾病，這個數字是因戰爭死傷人數的10倍。聯合國提出警告，如果人類仍然以今天這樣的速度消耗水資源，2025年時，全世界至少有27

億人將因嚴重缺乏淡水而面臨生存的威脅，屆時，飲用水將取代石油成為日後引發國際戰爭的火種。

而土地資源問題，大多是因為過度開發與礦物開採，自然也跟人口爆炸脫不了關係，為了擴展人類活動範圍，原本應保留的自然綠地，很多都被開發成為商業用途；開採礦物時冶礦的廢棄物或是其他化學物質，也破壞了土壤資源。其他像是政治與戰爭因素對環境的破壞，因為時間的關係，我就不在這裡多做贅述。

■ 台達因應能源議題的作為

剛剛介紹過，台達電子成立於台灣經濟快速起飛的時期，公司成立不久，台灣每年用電量平均增加7%，供電相當吃緊，許多人都認為要快點增建電廠，我記得當時讀到一些文章，提到美國加州的電力公司，用提升負載設備的效率來解決電力供應不足，如免費贈送用戶省電燈泡。那個時期台達正開始跨入交換式電源供應器的市場，鼓勵工程師提升產品的效率，由於大家的努力，台達產品的效率每年不斷提升，從過去的60至70%，一直到現在超過90%以上，這是累積的努力與成果，也讓台達的交換式電源供應器擁有世界第一的市場占有率。

1985年，奇異照明找上我們，問我們想不想跟他們一起開發生產節能燈的安定器，當時雖然有些同事認為，照明並非台達本業而感到有些疑慮，但是我二話不說就接下了這筆生意，我還記得當時我給同仁們的理由很簡單：**不能忘記公司創立的使命是——提供高能源效率的創新產品，追求更好的生活品質。**

舉個實際的例子，以我們市場占有率最高的電源供應器產品來說，供應面包括個人電腦、通訊、消費電子、醫療器材等市場，我常常勉勵同仁設法提高每個台達生產的電源供應器效率，這正好呼應了Intel技術長與Google工程師在英特爾開發者論壇（IDF）中提出的嚴正呼籲。電源供應器產品的效率提升到現在的90%以上，以Google工程師提供的計算資料來看，假設這些電源供應器被1億台電腦採用（事實上台達的市場占有率超過這個數字），每台電腦每天工作8小時，3年內可以為地球省下400億度電；如果用林口火力發電廠每年36.5億度的發電量來計算，等於省下約11座林口火力電廠每年的發電量；若以美國加州的電費來換算，共可節省50億美元。但真正可以減少大量二氧化碳的排放，這才是對環境最有幫助的部分。

在產品的環保概念上，早在2003年2月歐盟發布RoHS規範之前，我們就已經發現環保議題的趨勢，1999年，台達就開始評估將一般銲錫生產線改為無鉛銲錫的可行性。2000年，當無鉛銲錫的成本從一般銲錫5至6倍降低到2至3倍時，就決定開始導入第一條無鉛銲錫製程的生產線，當時有同業認為此舉造成生產成本的增加，並不看好，但也正因如此，2001年當SONY為了遊戲機產品開始找尋日本當地以外的零件供應商，找到台達電的時候，發現台達電早就在做無鉛的製程，而且標準跟他們要求的完全一樣，不僅感到大為訝異，也陸續跟我們做了更多生意，並在2003年頒了全球第一家海外綠色夥伴的認證給台達電。**當初，我們只希望能為地球環境多盡一點力量，卻無形中讓公司可以從容面對環保規範，並且創造了很好的商機。**

至於2002年10月，歐盟發布的WEEE指令，內容主要是防止電機與電子設備廢棄物的產生，並促進物品的回收再利用。我們發現過去的產品，都是因為設計時並沒有事先考慮到拆解與回收的便利性，也因此回收之後只能「降級循環」，由於再製的材料特性比原本差，若要提高可用性，常須添加更多化學品，增加成本之外，也使材料毒害問題更嚴重。今後，要培養工程人員更先進的觀念，讓產品從設計就開始改善回收與循環使用的不便。WEEE的精神就是要降低電子電機廢棄物對環境所帶來的危害，同時藉由重複利用、回收再製，減少垃圾，節省天然資源。

事實上，在環保規範施行之前，台達就已經有很多相關的措施。我們從生產材料進貨的源頭開始訂定管理規則，要求供應商自行管制、自我檢測，如果自己沒有儀器或是不具備檢測能力，也必須送到具有國際公信力的外部機構測試、檢驗，值得一提的是，台達在2001年於中國大陸吳江廠設立的重金屬及毒性物質檢驗實驗室，是第一家獲得中國大陸國家實驗室認可委員會所核可的國家級標準實驗室，後來我們陸續也在台灣及泰國等地的生產據點設置相同等級的實驗室。

■ 推廣綠建築

不只是產品追求環保節能，我們更將這些概念深化在公司日常運作中。台達在工廠的燒機區，由同仁自行設計並加裝電力回收模組，使得原本需使用馬達負載消耗的電力得以回收，依照生產線的差異，電力回收率為70至85%不等。另外也在塑膠射出成型機與銲錫爐的設備表面做隔熱處理，因此減少了許多熱氣的排放，不僅節省空調用電，還讓工作環境更為舒適。

我們在台南新建的廠辦是一棟綠建築，獲得內政部「黃金級綠建築標章」的肯定。綠色廠辦可比傳統建築物節省30%的能源與50%的水資源，並且可以透過良好的通風與採光設計，帶來更健康舒適的工作環境。很多朋友與媒體問我為什麼會想要花費更高的成本興建綠建築，最主要是我2004年去泰國的時候，見到了一位專精於綠建築設計與工法的教授Dr. Soontorn Boonyatikarn，並有機會參觀他所設計監造的Bio-Solar Home，這幢綠建築的特點十分引人入勝，包括：

1. 全年室溫約保持在25℃，相對濕度保持在50%左右。
2. 空氣品質很好，可濾掉0.5微米的灰塵。
3. 空調系統比同體積房屋使用能量少了15倍。
4. 照明用電量是一般建築的1/4。
5. 使用太陽能板發電，並且與市電併聯。
6. 將收集的雨水及空調冷凝水過濾回收，使用於馬桶沖水及澆灌花草。還利用割下來的乾草及樹葉產生沼氣，供家庭燃料使用，水、電、瓦斯都能自給自足。

大體來看，一棟好的綠建築僅使用一般房屋所需1/15的能量，卻能達到更舒適的溫度、濕度。在建築的設計上，應用了許多科技的基本原理，如建材的隔熱，在兼顧玻璃門窗的採光設計時，還將含高熱的輻射，用低輻射玻璃濾除；同時注重房屋坐落的方位配合自然風向，使進入的空氣溫度降低及增加含氧量，因而得到最佳效果。屋內還利用電腦及各項儀器進行長期記錄，等於是一個實驗室！

這棟房子提供了一個節能又舒適的實際例證，當下讓我決定今後台達新建的所有廠辦或研發中心，都要蓋成綠建築。為了多增加這方面的常識及經驗，我親自請替我們設計廠房的建築師及公司的營建主管，還有台達基金會的同仁，一起再度到泰國看

Bio-Solar Home，接著還到德國去參觀許多已經使用的綠建築。德國及歐洲其他國家興建綠建築的風氣很盛，尤其是德國還有新能源環保研究機構，有訓練機構示範綠建築，還替業者訓練建築技工等等，德國已經進行了好多年，顯然我們是差太多了。其實這些事只要去認真學習研究，其成效及價值真是非常高。

而針對原本舊有的工廠，我們同仁也盡量修改與提升效率，並進行各項內部節能活動，去（2005）年，台北企業總部的大樓也獲得經濟部節約能源績優廠商選拔的優等獎。

■ 21世紀不容錯過的綠色商機

人類如何更有效使用能源，《綠色資本主義》作者羅文斯博士經常在他的文章中提到，有很多好方法，讓眾多聰明的生意人開拓商機。

他舉例，過去10年來，化學公司杜邦已將產能提高了近30%，但所消耗的能量卻降低7%，溫室氣體排放量也減少72%，至今節省了20億美元以上的成本。其他五大公司，包括IBM、英國電信、加拿大的阿肯（Alcan）、諾斯克加拿大（Norske Canada）、拜耳，自1990年代初期以來，也因為降低60%以上的二氧化碳排放量，總計省下了起碼20億美元。2001年，英國石油公司（BP）就達成了預定於2010年達成的目標，亦即讓二氧化碳排放量比1990年降低10%，因而在10年間便減少6億5,000萬美元的能源支出。2005年5月，奇異公司誓言要在2012年之前提升30%的能源效率，以提高公司的股價。

這些精明的公司，知道**提升能源效率可以增加利潤，而且產生更有價值的附帶效益：能源效率高的工廠，品質與可靠度較高；能源效率高的辦公室，勞動生產力會提高6至16%；商店巧妙運用日光來做為主要照明，生意則會提高40%**。事實上，要創造不影響氣候的能源使用方式，提升能源效率是最重要的步驟，再來改用排碳量較少的燃料，也有舉足輕重的效果。過去兩個世紀以來，含碳量高的燃料（如煤炭）已逐漸被含碳量少的燃料（燃油或天然氣）甚至無碳燃料（太陽能和風力等再生能源）取代。

目前，美國每1美元經濟產值所需的能源，比30年前少了47%，每天因而省下10億美元。較低的能源開支不但沒有妨礙，反而加速全球發展。此外，在能源生產、分配、消費過程的每一階段，都還有很多價值可以利用。例如將發電廠中的煤，轉換成家用的白熾燈光時，只有3%的效率；全美國電廠在運作中浪費掉的熱量，比日本全國所用能量還多20%，這大部分都可以回收以增加收益；而全美家庭因為家用電器待機電路設計不良而浪費的電，相當於12座10億瓦的電廠全速運轉的產能。整體來說，這些原本可避免的能源浪費，每年在美國造成數千億美元的損失，對全球經濟更高達1兆美元。這種浪費造成全球氣候失調，卻未產生任何正面價值。

邀請羅文斯博士來台灣演講時，他引述了戶外活動服飾與設備的生產廠商巴塔哥尼亞創辦人修納的話：「**每回嘗試做對的事，總是讓我賺到更多的錢。**」（Whenever I try to do the right thing, and I end up making more money.）我記得他一說完，全場觀眾都笑了起來。但是其實這句話是很有深意的，尤其是在仔細觀察環境保護意識與產業發展的互動趨勢時，它特別可以讓人咀嚼再三。

經營企業的眼光要遠，了解未來的市場需要，開發製造對社會真正有價值的產品，我相信對社會有貢獻及價值的產品，自然會賺錢。台達近年來很關心自然環境惡化、能源短缺、地球暖化等問題，並積極著手研發潔淨能源與替代能源，研究如何有效的使用能源及資源，這項工作機會很多，不僅有助解決環保及能源需求，也是很好的商機。

我剛剛提過，21世紀的環境面臨危機，人類應該要覺醒，不要對自然資源及能源做不當的使用或無謂的浪費，把這美好的自然環境破壞殆盡，犧牲了生活品質，甚至造成大的災難讓我們及我們的後代無以為繼。因此，我們要有新的工業革命，這也是一個創新的契機，值得有志的企業精英們把握。

41

永續發展，從環保節能做起

「安徽合肥工業大學」演說（2007年8月）

尊敬的趙校長（韓）、尊敬的各位貴賓，早上好：

非常高興到合肥工業大學來參加電力電子技術國際研討會，合肥工業大學在再生能源系統如太陽能應用領域做了很多研究，是中國國家「211工程」的重點建設學校，今天很榮幸有這個難得的機會，與各位學者專家見面，談一談「永續發展，從環保節能做起」，還請大家多多指教。

我在中學時代，離開福建家鄉到外地就學，後來隻身來台灣，從此整年都住在學校的宿舍裡。漫長的寒暑假，學校的同學們大多回家，我則常常在夜深人靜的晚上，一個人坐在學校的大操場上，望著天空高掛的明月及數不清的星星，有時候還可以看到流星。當時我腦海中浮現出許多問題，到底宇宙有多大？有多少星星？太陽與地球是何時誕生的？還能存在多久？

那時，我對地球及浩瀚的宇宙充滿好奇心，也希望將來可以知道這些答案。人類從20世紀末到最近的20多年來，對宇宙的了解進展了許多，1990年裝置了哈伯太空望遠鏡，1993年修好正式啟用，增加了觀測宇宙的視野，人類不僅可以將宇宙看得更遠、更清楚，也因此看到了宇宙之大、宇宙之美。

地球跟太陽的距離約9,300萬英里，一架速度每小時500英里的噴射機從地球出發，日夜不停的飛，也要超過20年的時間才能到達太陽，天文學家把這個距離定為一個天文單位，我們太陽系中各個行星與太陽的距離，就可以用這個單位來表示。因此，我們可以從圖中看到各個行星與太陽的距離，離太陽最近的水星還不到0.4個天文單位，離太陽最遠的冥王星，距離是則地球到太陽之間的39.5倍之多。

現在，讓我們越過這些行星，朝太陽系之外更遠的恆星望去。這時候，剛才提的天文單位就不適用了，我們必須用光運行一年的距離（大約6兆英里）來做單位，地球最近的恆星鄰居是「半人馬座 α 星」，與我們相距4.3光年。各位可以想像，在我們這個螺旋狀的銀河系中，有好幾隻長臂延伸出去，而地球所在的太陽系位在其中一隻長臂上，離銀河中心有2萬5千光年，而銀河系的直徑則跨越了長達10萬光年的空間。根據天文學家的估計，銀河系中恆星的數目可能高達2千多億顆，但這僅指我們所在的銀河系，它只不過是宇宙中的一個星系而已，在銀河系之外，宇宙還可能存在著1千億個其他的星系。雖然我們無法看到這些它們現在的模樣，但卻能透過哈伯天文望遠鏡看到久遠以前光線離開時的樣子。

哈伯望遠鏡顯示了一些遙遠星系的影像，在130億光年之外，當我們注視著這些模糊的光影，等於看到了從130億年以前就開始向我們行進的「光」，讓我們有機會看到宇宙誕生之初的模樣。宇宙之浩瀚，真是難以想像，相形之下，我們居住的地球以及太陽系，也不過是在銀河系一隅的小星星而已。

■ 得天獨厚的地球

宇宙中充滿了許多流浪的隕石、彗星，因此每個星球受到彗星撞擊的可能性都很高。地質學家發現，6,500萬年前，地球因為受到大撞擊，造成了一個直徑達170公里的隕石坑，而漫天的粉塵，阻擋了陽光照射，也使得恐龍絕跡；第二次的大撞擊是3,600萬年前，一顆直徑5公里的大彗星，墜落於美國華盛頓南方200公里的乞沙比克灣（Chesapeake Bay），形成一個直徑85公里的大坑洞以及60,000度的高溫，數十噸的熔岩蒸發到空中之後落下，把地球變成廣大的熾熱煉獄，接下來的很長一段時間，飛揚的塵土同樣遮蓋了陽光，又讓地球經歷了長時間的酷寒。經過分析探勘，地質學家發現地球上的生命絕跡了近萬年。而天文學家的研究則顯示，每年有數千噸的宇宙塵落到地球上，這些宇宙塵內含的左旋胺基酸，極有可能就是地球生物生命的起源。

一個世紀以來，科學家們認為地球正好在太陽系中絕佳的位置，讓我們的氣溫適宜，保有液態水以及大氣，使地球綠意盎然。此外，在我們的外圍，有質量比地球大318倍的巨大木星作為屏障，當彗星飛向太陽系時，這些入侵者可能落向引力更大的木星，讓地球免於被傷害，而質量為地球95倍的土星，同樣具備這個作用。如果沒有大型行星的保護，地球遭受撞擊的機率可能是目前的1,000倍，根本沒有足夠的時間來演化出目前地球上的高等生物以及有智慧的人類。

1994年，舒梅克－李維9號（Shoemaker-Levy 9）彗星撞上木星，全地球的望遠鏡都對準了這個巨大的行星，讓我們清楚地看到了撞擊之後的大火球，以及木星表面被撞擊了如地球大小般的痕跡。由此可知，我們所居住的地球，在宇宙中是多麼的難能可貴，也就是因為有了許多條件「剛好」結合在一起，宇宙才能創造出像地球這麼一個可以孕育萬物生命的星球，所以人類應該要用最大的力量來保護地球、愛惜地球。近一個世紀，天文學家都在尋找另一個地球，雖然到目前還沒有得到一個確切的答案，但天文學家亦是樂觀的，因為宇宙有那麼多的星球，總該有與地球環境相似的吧！

■ 工業發展對地球的破壞

可惜的是，宇宙與太陽系經過了46億年演化所形成的地球，卻因人類的工業發展，把美好的天然環境在短短不到300年間就破壞了。地球因人類活動的頻繁與工業的發展，打破了原有的生態平衡，並造成各種汙染及能源短缺。

各種能源及天然資源在人口的持續增加下，消耗的速度更是愈來愈驚人。除了大家所熟知的石油與各種礦藏，還有水資源問題。聯合國已經提出警告，如果人類仍然以今天這樣的速度消耗水資源，到了2025年時，全世界至少有27億人嚴重缺乏淡水，屆時，飲用水將取代石油成為引發國際戰爭的火種。

工業高度發展的負面影響，除了天然資源短缺之外，還有一個大家經常聽到的名詞，就是「溫室效應」與「地球暖化」。溫室效應，本來是一種對人類及其他生物有利的自然現象，太陽光照耀大地，一部分反射回太空、一部分則因大氣層使熱輻射停留在地球上，讓地球維持孕育萬物的適當溫度。

可是因為人類過量排放二氧化碳、甲烷、一氧化二氮……等溫室氣體到大氣層中，因此，使得反射到太空的熱輻射減少，留在地球上的增加，這使地球愈來愈暖化，同時帶來氣候異常、冰河消融、海水溫度上升等問題。

在高爾（Al Gore）的《不願面對的真相》（*An Inconvenient*

Truth）書中，科學家將從極圈挖掘出的冰柱做了精密的分析，冰柱中的氣泡可以顯示6萬5千年來不同時期空氣中的二氧化碳與氧氣含量。工業時代之前，二氧化碳量維持在200至260ppm之間，工業時代開始至今，二氧化碳含量已經高達380ppm；科學家們再分析出不同時期的大氣溫度，發現溫度的高低變化與二氧化碳的含量呈正相關曲線；另外一批學者則研究淺層海水溫度60年來的變化。他們發現，假設不考慮人為因素，完全依據自然的季節轉換來觀察，海水溫度的變化非常平緩，年平均溫度幾乎是恆定。但事實上，60年來的海水溫度是持續上升的，而且恰好與二氧化碳含量增加等非自然因素的上升曲線吻合。

上述兩個例證告訴我們，地球持續暖化的原因，與溫室氣體的排放絕對有著密切的關聯性。這讓科學家們嚴正提出「現在如果不馬上做出改變，減少溫室效應氣體的排放，50年內將演變到難以挽救的地步」的警告，我們更是要正視這個危機。

■ 節能行動是當務之急

我們應該要立即付諸行動，一面減少化石燃料的使用、開發新能源，一面提高能源使用效率，朝節能去努力。經營企業多年來，我也不斷設法在工作的同時，注重保護地球環境。就拿台達設計製造的交換電源來說，我經常勉勵同仁，要盡其所能的提高交換電源產品效率，從早期的60至70%提升到現在的90%以上，這呼應了2006年底Intel技術長與Google工程師在英特爾開發者論壇中的呼籲。依Google工程師的計算，這些電源供應器只要被世界上1億台電腦採用，每台電腦每天工作8小時，3年內就可以為地球省下400億度電，以美國加州的電費計算，可節省50億美元。但更重要的是減少大量二氧化碳的排放，這才是對環境最有幫助的部分，也讓我們的工作更有意義。

有效的節能方案很多，如興建綠建築。早年讀到《自然資本論》書中對於綠建築的描述，為此，我在2004年帶領營建處的員工與建築師到歐洲的德國與荷蘭去參觀綠建築，我自己也特地到泰國見了專精於綠建築設計與工法的教授Dr. Soontorn Boonyatikarn，參觀他所設計監造的綠建築，僅使用一般建築1/15的耗電量，就可以在全年炎熱的泰國，將室溫保持在25℃上下、相對濕度保持在50%左右，並維持優良的空氣品質。

運用「自然化、簡單化、低成本化、本土化、因地制宜化」的概念，台達電子在台灣台南新建的廠辦就是一棟綠建築，最近我們將在上海市開工興建的研發中心，也將是一座綠建築。除了節省能源及資源的損耗，提供通風良好、舒適健康的環境使員工工作效率提升，則是另一項重大的收穫。

國際間設計綠建築的人愈來愈多，但還是有人運用了太多新潮的技術跟建材來堆砌。其實綠建築的真義就是設計簡單、符合大自然運轉模式，達到羅文斯等學者在《四倍數》書中提到「資源使用減半，人民福祉加倍」的目的，就是好的綠建築。

此外，在運輸工具方面，加速電動車、燃料電池車的研發，積極開發其關鍵零組件，並且開發新的車體材料，降低車身重量與阻力，也是當前主要的節能環保工作。

說了這麼多，無非是希望大家在面對人類自己所造成的21世紀環境危機時，應該要及早覺醒，不要等到環境惡化的程度讓生存受到威脅，才恍然大悟，那時候就太晚了。宇宙在自然運行之中，結合了這麼多巧妙的條件才創造出地球，大家要用感恩之心來愛護地球環境，讓地球永續運行，也讓我們的下一代仍然能夠保有這份宇宙的恩典。

我們公司多年來非常關切環境問題，近年積極研發潔淨與替代能源產品技術，研究如何更有效使用資源。我們一邊學習一邊努力去做，不僅對環保有益，也是21世紀的新商機，落實了企業永續發展的目標。今天有幸參加這個有意義的研討會，研究分布式發電系統及可再生能源新技術等有重大價值的課題，在這裡我預祝這次研討會圓滿成功，謝謝各位！

42

謙卑感受，人類有多渺小

「中央大學小行星命名記者會」致詞（2008年7月）

葉副校長（永烜）、各位中央大學的師長們、楊庭彰同學，以及在場的各位貴賓、羅益強先生、各位媒體朋友：大家好！

今天非常高興也非常榮幸參加這個典禮，謝謝中央大學與國際天文學聯合會（International Astronomical Union，IAU）將這個新發現的行星，以我這個僅僅是對宇宙天文有興趣的人來命名，這對我來說是高度的榮耀。尤其中央大學是國內首屈一指的研究型大學，在天文遙測技術與地球科學方面，有著傲人的成就，我在兩年多前受邀參觀位於玉山上的中大鹿林天文台時，就對於中大在硬體設備與人力的投入深表欽佩，也同時讓我惕勵自己必須再多充實這一方面的知識與訊息。

我對宇宙產生好奇心的開始，大約在中學時代。我十多歲就離開福建家鄉到外地就學，後來又隻身待在台灣，從此整年都住在學校的宿舍裡。漫長的寒暑假，學校的同學們大多回家，我則常常在夜深人靜的晚上，一個人坐在學校的大操場上，望著天空高掛的明月及數不清的星星，有時候還可以看到流星。當時我腦海中就已經浮現出許多問題，到底宇宙有多大？有多少星星？太陽與地球是何時誕生的？還能存在多久？那時，我對地球及浩瀚的宇宙充滿好奇心，希望將來可以知道這些答案。

■ 人類對浩瀚宇宙的認識

事實上，人類從20世紀末到最近的20多年來，對宇宙的了解，比過去進展了許多，1990年裝置了哈伯太空望遠鏡，1993年修好正式啟用，增加了觀測宇宙的視野，人類不僅可以將宇宙看得更遠、更清楚，也因此看到了宇宙之大、宇宙之美。哈伯望遠鏡顯示遙遠星系的光影，有的甚至在130億光年的宇宙邊緣之外，看到宇宙最早的恆星只有氫元素融合成氦元素產生能量而發光，如此讓我們有機會見到宇宙誕生、星球成長、爆炸、死亡等情景，一直到現代，這也讓我們了解太陽系的誕生與成長過程，並且推斷我們將來的命運。

宇宙之浩瀚，真是難以想像，相形之下，我們居住的地球以及太陽系，不過是在銀河系一個角落的小星星而已。宇宙中充滿了許多流浪的隕石、彗星，因此每個星球都可能受到彗星撞擊。其實地球在距今6,500萬與3,600萬年前分別遭受到兩次大撞擊，而這兩次的撞擊都讓地球上的生命絕跡、物種消失。

在知道了太陽系各個行星的運行軌道與相對位置後，我們了解，如果沒有大型行星的保護，地球遭受撞擊的機率可能是目前的1,000倍，根本沒有足夠的時間來演化出目前地球上的高等生物以及有智慧的人類。由此可知，我們所居住的地球，在宇宙中是多麼的難能可貴，也就是因為有了許多條件「剛好」結合在一起，宇宙才能創造出像地球這麼一個可以孕育萬物生命的星球，所以人類應該要用最大的力量來保護地球、愛惜地球。

從20世紀以來，人類意識到科技與工業的發展雖然帶給我們生活的便捷，同時也造成許多對自然環境的衝擊，諸如天然物資的大量耗損、能源短缺，空氣、水資源以及土地的汙染，化學毒物及重金屬危害人類健康等等。尤其，人類排放過度的二氧化碳等溫室氣體到大氣層中，造成了全球暖化效應。如何及時克制這樣的現象，以避免世紀末可能發生的大災難，是我們企業界、政府以及全民都要立即採取行動的問題。

近幾年來，全球暖化已喚起國際間的重視，2007年初，聯合國政府間氣候變遷專家小組公布了自1988年成立以來的第4份報告，科學家們相信，近世紀人類排放了過量的二氧化碳等氣體至大氣層中，造成全球暖化，使得冰河及極地冰帽融化、洋流和氣候改變以及海平面升高。他們預估，若各國不能在2015年前阻止大氣中的二氧化碳濃度上升突破450 ppm，那麼21世紀末，全球溫度將較1990年代再上升攝氏2度，屆時將會有數十億人口因水源地的枯竭面臨缺水危機，甚至因極端氣候造成的巨大天災而成為無家可歸的環境難民，同時還會有3成的物種從地球上消失，可見此問題之嚴重性與迫切性。

■ 為了讓地球生生不息

所以，如果把天文學及地球科學當成是生活在地球上的人類應有的常識，讓大家認識我們所賴以生存的地球，甚至宇宙，了解我們身處的環境之後，再討論自視為萬物之靈的人類，應該怎麼做，才能使自己及我們的後代，乃至於自然界所有與人類共生共存的萬物，能夠永續生存及發展。

環保、節能是台達長期以來的經營使命，作為一個企業公民，我們必須竭盡所能降低溫室氣體的排放，以減緩地球暖化。多年來，台達電子在日常營運中，也確實不斷專注設法提高產品的效率，並且開發新能源。

不只是產品追求環保節能，我們更將這些概念深化在公司日常運作中。台達在工廠的燒機區，由同仁自行設計並加裝電力回收模組，使得電力可回收70至85%不等。另外我們也在塑膠射出成型機與銲錫爐的設備表面做隔熱處理，因此減少了許多熱氣的排放，不僅節省空調用電，還讓同仁的工作環境更為舒適。

此外，我們在台南科學園區興建了一棟綠建築，獲得內政部「黃金級綠建築標章」的肯定。綠建築可比傳統建築物節省30%的能源與50%的水資源，並且可以透過良好的通風與採光設計，帶給同仁更健康舒適的工作環境，也得到更高的工作效率。

有遠見的公司，應該善用環保節能的優勢來創造公司本身與產品的價值，同時也會藉由這樣的特質，讓公司不斷成長創新。台達近年來很關心自然環境惡化、能源短缺、地球暖化等問題，並積極著手研發潔淨能源與替代能源，研究如何有效的使用能源及資源，不僅有助解決環保及能源需求，也是很好的商機。

有幸獲得中央大學的提名，並獲得國際天文學聯合會審議通過，這顆以我的名字來命名的小行星在天體中運行，更讓我深切體會到地球天然環境與資源的得來不易。當前的環境面臨危機，人類應該要覺醒，不要對自然資源及能源，做不當的使用或無謂的浪費，把這美好的自然環境破壞殆盡，犧牲了生活品質，甚至造成大的災難，讓我們及後代子孫無以為繼。

宇宙在自然運行之中，結合了這麼多巧妙的條件才創造出地球，大家要用感恩之心來愛護地球環境，讓地球永續運行，也讓我們的下一代，仍然能夠保有這份宇宙的恩典。

43

把握時機，共創美好生活環境

「兩岸合作發展論壇演講 —— 江蘇昆山」演講（2010年9月）

尊敬的曹副部長（健林）、鄭副理事長（新立）、于院士（宗先）、劉所長（震濤），各位兩岸企業界的先進、各位嘉賓：

今天非常高興也非常榮幸來參加這個兩岸合作發展論壇，與各位先進共同討論如何把握時機，更積極來共創美好的生活環境及富強康樂的社會。

我13歲的時候，學校因為戰亂停課，我離開閩北的家鄉到福州想繼續上學，最後輾轉到了台灣，直到35年之後才與大陸的父母兄弟們見面。每次回到大陸，看著祖國近30年來經濟及各方面的進步，突飛猛進；尤其這次金融海嘯，甚至國際間希望我們來提供援助，證明我們的國家終於強起來了，真是無比的興奮。

北京的奧運會、上海的世博會都辦得有聲有色，不但讓國人與國際人士有更多接觸的機會，也向全世界展示國家的實力。每次回到大陸，仰望天空時大多感覺灰茫茫的空氣汙染，奧運及世博會這兩次活動，似乎北京及上海空氣品質都有改善。

美國人長期造成的資源浪費及溫室氣體排放不在話下，中國人口眾多，汙染及溫室氣體排放，今天已和美國並駕齊驅，成為世界上的兩大碳排放國。雖然最近這幾年，國家把環保及減排列為改善重點，但我覺得企業界及全民，都要加強教育，讓大家知道其嚴重性。

■ 中國，有必要重蹈美國覆轍嗎？

人類出現在地球上只有25萬年，工業革命後短短200多年間，人口爆炸性的增加，人類的各項活動不僅大量的耗費自然資源，同時破壞了自然的生態平衡造成能源短缺，也汙染了大地空氣及水，毒害自己與地球的其他生物，甚至改變了地球的氣候。與地球年齡46億年相比，人類是地球上很晚才出現、年資非常淺的新物種，但也是腦筋特別發達、對地球自然生態破壞力最強的動物，居然在這麼短的時間造成地球暖化氣候變遷。

這幾年大家都感覺到氣溫異常、水災、旱災增多，這些都只是個開始。如果全球的人類還不快速採取更積極的行動，更嚴重的氣候異常、天災頻繁及海平面升高會緊接而來；地球上不斷有物種消失，人類可要小心，不要害我們的子孫活不下去。

過去30年來，中國的GDP平均每年成長超過9%，國家富強了，人民的物質生活水平也提高許多。以前我看電視的Discovery頻道訪問年輕人，許多人的願望都是能像好萊塢電影裡的俊男美女一樣，開著轎車到處跑，好像這樣才能顯示出身分地位，是自己有能力過好日子的證明。

這讓我想起40年前，我還是一個年輕工程師，第一次到美國TRW公司去受訓，那位美國廠長很客氣，在受訓的第一個週末，執意要請我吃晚餐，傍晚下班後坐上他的新轎車，在郊外的公路上開了兩個半小時，終於在山頂上看到一座燈火通明的餐廳，讓我大開眼界。吃過晚餐，回程又開了兩個多小時才回到旅館，已經是深夜了。當時我覺得「美國人真注重生活品味」。但現在想起來不禁反思：「真有必要這樣做嗎？」把住宅社區及生活設施分散，不僅增加交通流量、浪費資源，而且製造空氣汙染。這其實是美式生活給人類帶來的不良示範。

中國的經濟成長了，人民生活水平提高了，但是中國人的生活方式有必要重複美國人的老路嗎？

我覺得政府應該要開發便捷及環保的公共運輸系統，以現在的科技，不難開發出軟件，利用手機或其他手持設備，輸入出發地點以及預定到達的目的地及時間，經過遠端系統設定整個行程後，我們就照著指示走。這樣不僅不用費心開車，而且還能更快速到達目的地。因為大眾運輸工具都使用了環保無排放的車輛，沒有空氣汙染，人們如果都居住在這樣無汙染且綠化的環境中，那該有多好！目前我們公司正在加速開發用於電動車快速充電的超級電容及動力系統，希望早日可以實現。

■ 致力從源頭開始節能

多年來，我們致力於產品設計及研發，提升核心技術，台達在創業初期就將經營使命定為「環保、節能、愛地球」。在電源產品方面，我們致力提升效率，目前台達的開關電源產品使用在計算機、通信、消費電子、醫療器材等市場，產品效率從80年代的60至70%，不斷提升到現在的90%以上，尤其我們的光伏逆變器效率高達98%，通信基站用電源效率達到96%，其他各種計算機用開關電源的效率都是全球最高的。讓我們維持高度的產品競爭力與市場占有率，也善盡了企業的社會責任。

台達在太陽能產業，包括太陽能板、太陽能模組、光伏逆變器等，已整合成太陽能電力系統的設計與製造能力。2009年台灣高雄世運館屋頂1MW的系統工程，這是全世界體育場太陽能發電裝置容量最大的系統。合約中議定的全年發電量，僅使用九個月就已達成；這套系統不但可供給體育館內所需的用電，還有餘裕可以回銷給電力公司。

耗能的運輸方面，台達已成功開發了油電混合動力車的動力及控制系統，目前已有車廠採用。全電動車被消費大眾期待了很長一段時間，但因電池壽命、重量及體積密度之受限，除了用於短程小型車，目前仍以Hybrid混合動力的方式，較為實際可行。

LED是新世代的照明光源，台達已經開發出多種LED燈具，包括家用燈泡與LED路燈。LED的照明比節能燈泡更省電、壽命更長，且無汞汙染需要回收的問題。LED燈泡的壽命長達40,000小時以上，可以使用至少10年，目前LED燈泡的用電，是白熾燈泡的1/10，而隨著技術的發展，以後還會更好。

建築物的能耗及溫室氣體排放，占世界能源總消耗的1/4到1/3。想要降低溫室氣體排放，最具成本效益的5項措施，建築物的隔熱、照明、空調及熱水系統就占了4項，唯有車輛節能不包括在內。綠建築是最具成本效益的節能方法，我們新建的綠建築廠房的確證明了這個事實，所以從此公司的新建案都採用綠建築，並且鼓吹大家去蓋綠建築。為了讓大家看到實際的好處，我也將綠建築做為學術捐助，並贊助綠建築設計比賽，下一步要研究及學習如何改善過去的建築，達到節能減排的效果。

■ 善用科技與知識，開創新局

台達最早的大陸投資，是1992年在廣東東莞石碣鎮建廠，1998年到天津，2001年再到江蘇吳江，然後是安徽蕪湖和湖南郴州。感謝各地的領導熱心的支持，讓我們的營運都很順利。

我覺得在大陸經營工廠的歷程與在台灣有許多相像的地方，因而讓我更能夠預測後面可能發生的情況，如最低工資的調升及員工福利保護等等。我很高興看到這些事情的發生比我預計的還更快，雖然有壓力，但這卻是國家進步的表現。我們要努力去達成ECFA的簽訂，開啟兩岸合作的新局面，也開展了企業發展的新契機，大陸廣大的市場讓我們更有機會創立品牌，從自己的國家市場開展到全球。

最後我要提醒大家：我們現正處在地球生態危機之中，人類應該立刻停止對自然物資及能源做不當及無謂浪費，把美好的自然環境破壞殆盡，讓後代子孫無以為繼。因此我們要有新的工業革命，觀念要改變，做法要改變。善用科技與知識，學習物資的循環使用、無廢料的做法，節能減碳開發新能源。這是解救目前環境危機迫切要做的事，也是企業創新的商機——掌握節能與環保，機會就是現在。

44

The 21st Century Challenge

Speech at Forum of President Clinton's visit (Nov, 2010)

President Clinton, Mayor Hau, Ladies and Gentlemen,

Good evening everyone. It is a great honor for me to be here today speaking on the same stage as President Clinton. On behalf of the business community in Taiwan, I extend to President Clinton a very warm welcome and I wish you an enjoyable and comfortable stay in our fair city.

A good friend of mine, Dr. Amory Lovins, the author of the book *Natural Capitalism*, once told me that President Clinton is arguably the best communicator and the most inspiring of all American presidents. He made great contributions to our global community when he was president, and he continues to make great contributions today through his William J. Clinton Foundation. Another of my close friends, Mr. Liang Congjie, the founder of "Friends of Nature", which is the first environmental NGO officially recognized by China's government, has also told me that Mr. Clinton is a great communicator with a broad vision.

If you go to the Clinton Foundation website, you will see that President Clinton is doing work to improve our world that is truly inspiring. I have a special appreciation for the Clinton Climate Initiative and I deeply share Mr. Clinton's concern for our environment and the future of our planet.

President Clinton, the Taipei International Flora Expo is now in progress and I hope you will attend. The Flora Expo is the biggest and the longest international event ever held in Taipei, and our Mayor Hau Long-bin is doing an outstanding job. Many Taiwan companies are participating, including my company, Delta Electronics. To carry out Delta's corporate social responsibility, Delta is sponsoring projectors for the 3D movie *Taiwan, Face the Truth* at the Expo Theater. This 3D environmental movie increases people's awareness of how climate change affects Taiwan. Delta is also contributing our 360 degree projection technology to the circle-vision theater at the Pavilion of

Dreams. We sincerely invite President Clinton, and everyone here to experience these advanced display technologies. Besides many exhibits that are quite breathtaking, the Flora Expo is also highlighting environmental protection and eco-friendly living.

President Clinton has remarked that going green is good for business. This is true. Today I would like to talk about how our company, Delta Electronics, is making every effort to go green. This not only raises our core competitiveness to a new level, but also saves energy and protects our planet. Going green is our commitment and a major responsibility for Delta Electronics.

■ The Climate Crisis

The rapid development of science and technology has brought great convenience to our lives, but we are also aware of its many negative effects on our ecology and natural environment. These effects include the waste of natural resources, shortages of energy, the pollution of our air, water, and land, and the production of chemical poisons and heavy metals that are harmful to our health.

However, the greatest threat to mankind today is global warming. This could result in extreme climate change and the melting of glaciers and the ice at the north and south poles, rising sea levels, water shortages, species extinctions and other disasters.

In 2007 the IPCC, or Intergovernmental Panel on Climate Change, at the United Nations released a report concluding that the evidence for global warming and its potential catastrophe is indisputable, and could be even more severe than current estimates.

The IPCC's fourth assessment report states that if the ice in Antarctica melts, world sea levels would rise by 46 meters, and if the ice of Greenland melts, sea levels would rise by another 6 meters. If we do not take action now, the world could have 250 million environmental refugees by the year 2050, and any of us could be among them. The potential disasters are not just rising sea levels, but also severe droughts, torrential rainstorms, frequent floods, epidemics, and more. This is an issue we must not ignore.

Energy Saving

I founded Delta Electronics in 1971 to produce components for televisions. At that time Taiwan's economy was growing rapidly and factories experienced power shortages. I realized that using energy more efficiently to save energy was the cheapest and most effective solution to our energy problems — it was faster, cheaper, and easier than building new power plants. Recognizing that the energy efficiency of electronic devices was much too low, I decided to invest in the development and production of switching power supplies. I also established our mission statement: "to provide innovative, clean and efficient energy solutions for a better tomorrow." Today, most of Delta's power management products have surpassed 90% energy efficiency, such as our photovoltaic inverters with a conversion efficiency of over 98%, and telecom power supplies with 97% efficiency. Delta Electronics continues to be world's number one in power supply sales since 2002.

For nearly 40 years, Delta has pursued our mission and we are actively investing in renewable energy and other energy technology areas. Delta constructed the world's largest solar energy system for the 2009 World Games Stadium, supplying solar cells, modules, systems and key components. In addition, we have succeeded in developing high efficiency LED lighting systems and related products; a hybrid vehicle power train, control systems and related key components; and we have developed electronic paper to save trees. We have succeeded in using LED's as a light source for projectors that not only save energy and increase product life, but also display more vivid colors. Delta's high resolution, high brightness image projection systems can project 30,000 lumens. Other products we have developed include 3D cinema projection systems that you can see at the Flora Expo.

■ Green Buildings

Buildings are responsible for 1/3 of the world's total energy consumption, as well as a large proportion of greenhouse gas emissions. According to a study by the McKinsey Global Institute, four of the five most cost-effective measures to reduce greenhouse gases are related to buildings, which include heat insulation, lighting, air conditioning, and hot water supply. Only greenhouse gases from transportation are not directly related to buildings. Most people are not willing to give up their automobiles since we still lack comprehensive and convenient mass transit systems. This not only increases greenhouse gas emissions, it also increases traffic congestion. Don't forget that globally, over one million people a year die in traffic accidents. Air pollution also harms people's hearts, lungs, and reproductive systems, and is responsible for another one million deaths a year worldwide.

Green buildings are energy-saving, which is why we started early on to investigate, understand, and ultimately promote green architecture. Delta's green factory-office building in Taiwan's Tainan Science Park has a "Diamond Green Building" rating. Compared with conventional buildings, it uses 30% less energy, 50% less water and provides a healthy and comfortable work environment for our employees, who give it a 96% satisfaction rating. Because of this success, we are constructing new Delta buildings around the world as green buildings. I have also endowed research buildings that are green to Taiwan's National Central University, National Cheng Kung University, and National Tsing Hua University. For example, the Y.S. Sun Green Building Research Center at NCKU achieves 65% in energy-savings compared with conventional buildings and it aims to become carbon neutral.

In 1990 we established the Delta Electronics Foundation to promote environmental protection and increase our involvement with the community. It has focused on education and sponsorship of environmental and energy saving activities and events. These have included environmental scholarships in cooperation with the U.K. and The Netherlands, academic grants for sustainable energy research, and activities to teach households how to save energy.

■ Conclusion

Global Warming is a crisis that will potentially affect the lives of all people and every species on the planet. If we do not tackle this problem now, over time, it will become even more difficult, if not too late to repair. People must learn to co-exist with our environment and adjust our lifestyles to be in harmony with nature. Governments, businesses, and everyone must all work together to overcome this global climate crisis!

President Clinton has been one of the early advocates and a continuing supporter of green issues. We have learned a lot from your insight. I believe your visit will be a huge boost for our efforts here in Taiwan. Thank You.

44中文譯稿

21世紀的挑戰

「柯林頓總統訪台論壇」演講（2010年11月）

柯林頓總統、郝市長（龍斌）、各位貴賓：

大家晚安！今晚能夠跟柯林頓總統同台發表演說，對我而言，真是莫大的榮幸。在此我謹代表全台灣的企業，向柯林頓總統表達最溫暖的問候，並衷心希望柯林頓總統能夠在訪台期間，充分感受這個城市的美好。

我的一位好朋友——《綠色資本主義》作者羅文斯博士曾經跟我說過，柯林頓總統在歷任美國總統之中，無疑是一位最善於溝通並且最激勵人心的總統。不僅在總統任內，對國際社會帶來許多貢獻，直到目前，仍然透過柯林頓基金會（Clinton Foundation）持續對世界付出。我的另一位好友——梁從誡先生，是「自然之友」的創辦人，這是中國大陸第一個獲得政府認可的非營利組織，他也經常向我提及，柯林頓總統是一位擁有寬廣視野的最佳傳播者。

瀏覽柯林頓基金會的網站，大家將會發現，柯林頓總統一直在積極做出許多造福人類的工作，我對於《柯林頓氣候計畫》（*Clinton Climate Initiative*）中提及，人類生活環境與地球未來的憂慮極為認同，並且感同身受。

柯林頓總統訪台期間，正好是台北國際花卉博覽會的展期，我誠摯邀請柯林頓總統造訪花博，因為這是台北市首度舉辦規模如此盛大且展期最長的國際性盛會，郝龍斌市長為花博做了很大努力，讓許多台灣企業都用不同的方式參與盛會，當然也包括台達電子。在真相館，我們使用了目前最高端的3D投影技術，讓《面對台灣的真相》3D立體動畫，喚起台灣民眾對於氣候變遷的警覺。另外，台達在夢想館的環形劇場提供了最新的360度影像技術，我們誠摯邀請柯林頓總統以及在座所有貴賓，一同來體驗這最先進的投影顯像科技。當然，除此之外，花博還有更多令人讚嘆的展館與展區，同時強調環保，並展現出與自然生態和諧共存的生活方式。

我們一直非常認同柯林頓總統提出的「綠能之路充滿商機」，今天在這裡，我想跟各位分享台達電子朝綠能之路邁進的努力過程與成果，這不僅能提升公司競爭力，更可以保護地球環境。**發展綠能，對於台達電子而言，是對社會的承諾，也是最主要的企業責任。**

■ 氣候變遷的危機

科技與工業的迅速發展，帶來了我們生活的便捷，但同時也造成許多對自然生態及環境的衝擊，像是天然物資的大量耗損、能源短缺，空氣、水資源以及土地的汙染，化學毒物及重金屬危害人類健康等等。

更急迫的危機，則是由於人類排放了過量的二氧化碳及其他溫室氣體到大氣層中，造成了地球暖化效應，氣候異常致使兩極與冰河、冰山的融化，海平面升高，甚至有可能引發水源斷絕、生物滅絕等極為嚴重的災難。

從聯合國政府間氣候變遷專家小組2007年所公布的報告中顯示，地球暖化帶來這些災害已經證據確鑿，而且災害的程度都比預測中來得嚴重。

報告中指出，南極洲如果融化，全球海平面將上升46公尺；格陵蘭的冰山融化，也會造成海平面上升6公尺。如果現在再不積極行動，到2050年全球將出現2億5,000萬環境難民，或許你我都在其中，而且災難將不只海平面上升，還包括乾旱加劇、暴雨強勁、水災頻繁、傳染病流行……等，千萬不可掉以輕心。

■ 台達電子的節能作為

台達電子創立於1971年，當時正值台灣經濟快速起步發展的時期，每年的用電量平均增加7%，供電相當吃緊，工廠都會面臨不定時斷電的狀況，當時許多人提倡要興建電廠，這些基礎工程建設當然是必要的，但事實上，我當時就倡議「省電，是最便宜有效的解決方案」、「節能比蓋電廠更快、更經濟、更容易做到」。於是台達在創業初期就訂定了「環保、節能、愛地球」的經營理念。

80年代，我們因應市場的需求，投入開發及生產交換式電源供應器，早期各種電器設備所用的電源供應器，都是矽鋼片變壓器加整流器的線性電源，效率只有50%或更低，我當時從市場需求、台達自身的研發製造能力、與同業的競爭優勢……等各個面向去評估，投入了輕薄短小、效率更高的交換式電源；在電源管理方面，我們致力提升效率，目前台達的電源產品使用在電腦、通訊、消費電子、醫療器材等市場，產品效率從80年代的60至70%，不斷提升到現在的90%以上，尤其我們的太陽能電源轉換器效率高達98%，通訊用電源效率達到97%，自2002年開始我們各種電源產品的全球市場占有率始終維持第一，對於節能有很大貢獻。

近40年來，台達一貫秉持上述的經營理念，並持續開發可再生能源與各種新能源科技。由於擁有Cell、模組、系統關鍵零組件等技術，2009年，台達建置了高雄世運會主場館屋頂的太陽能電力系統，這是一套世界最大的戶外建物一體式太陽能電力系統。除此之外，我們成功開發出包括室內及戶外用的高效率節能LED照明系統；電動車及混合動力車的整套動力系統、控制系統與各項關鍵零組件；同時還有為了節省用紙、少砍樹而開發出的電子紙。在視訊顯像設備方面，我們成功運用了LED做為投影機的光源，不但可以節省耗電、延長使用壽命，更可以讓投影的色彩更加鮮明、栩栩如生。台達的高端投影顯像系統，已經擁有3萬流明的亮度。而其他的視訊產品，包括3D投影系統，也都可以在花博展館中看到。

■ 綠色建築概念

建築物的能耗及溫室氣體排放，占世界能源總消耗的1/3。根據麥肯錫全球研究院的報告指出，降低溫室氣體排放最具成本效益的5項措施，建築物的隔熱、照明、空調及熱水系統就占了4項，唯有車輛節能不包括在內。

事實上，當今就是因為缺乏綜合便捷的大眾運輸系統，許多人都離不開自用車，不但增加溫室氣體排放，也造成交通擁擠，別忘了，全球每年有超過百萬人死於交通意外，空氣汙染造成人們心肺功能、呼吸系統與生殖系統等疾病，每年也奪走超過百萬人的生命。

有鑑於綠建築的節能效果，我們很早就開始接觸、了解，並且推廣綠建築。台達電子在台灣台南科學園區的分公司，是一棟「鑽石級綠建築」，比傳統建築物節省30%的能源與50%的水資源，帶給同仁更健康舒適的工作環境，並且獲得96%的員工滿意度。透過這樣一個實際例證，從此讓我們在世界各地新建的工廠，都打造成綠建築，同時在中央大學、成功大學、清華大學捐贈的研發大樓，全部都是綠建築。尤其在成功大學所捐贈的孫運璿綠建築研究中心，跟一般傳統建築相較，已經達到65%的節能水準，終極目標則是達到零排碳。

此外，1990年我們就成立了台達電子文教基金會，宣導環保，增加多元社會參與，並且主推環保節能的各種教育與活動的贊助，如與英國及荷蘭合作的環境獎學金、永續能源的學術研究方案、住宅節能改造活動……等。

■ 結語

對於目前的生態危機，科學家不斷提出警告，但還是有許多人因循故態，雖然意識到危機，似乎不願意承認這個事實的存在，並未做出有效的改變。這是一個關係全人類及地球物種生命延續的危機，若不及早行動，將來會愈困難，甚至無可挽救。人類只要肯用心去了解人與自然生態互存的關係，共同努力學習，改變新的生活行為、一個更合乎自然生態與自然和諧共存的生活方式。不論是政府、企業及全民，讓我們一起來努力！

柯林頓總統很早就開始提倡這些綠能的議題，我們也不斷從柯林頓總統的觀點中學習，相信這次的訪台，對於台灣各界關注環境與氣候變遷，將有很大的推進作用。謝謝大家！

45

改變，讓正向循環發生

「國家地理頻道那瑪夏環保小學紀錄片首映記者會」致詞（2011年4月）

主辦單位國家地理頻道張執行長（鎮安）、行政院莫拉克重建委員會陳執行長（振川）、高雄市鄭局長（新輝）、各位貴賓及那瑪夏民權國小重建工作團隊，大家好！

今天非常榮幸，能與許多參與那瑪夏民權國小重建的工作團隊與夥伴，共同參與「偉大工程巡禮：那瑪夏環保小學」紀錄片的首映。2009年所發生的八八風災，事實上是台灣、甚至全世界都很關注的極端氣候事件。當台達在第一時間宣布，投入5億元協助政府進行災後重建時，所思考的就是要**重建一個低耗能的、回應大自然的、與生物共存的、尊重當地傳統文化的未來**。

師法自然，重建未來

在各方的協助下，歷經兩年來諸多的挑戰，重建後的那瑪夏民權國小，不但已取得最高等級鑽石級的綠建築標章，校園裡以

「原住民男子會所」設計出的圖書館，除了憑藉綠建築的優異設計工法，更經由台達所提供的智能綠生活解決方案，包括LED室內外照明系統、太陽能發電系統、風力發電系統等，達到了「淨零耗能」的高標準。

打造這樣一個環保小學，是很不容易的一件事，除了感謝所有協助重建的團隊外，也很感謝國家地理頻道的工作人員，不辭辛勞從學校動土的第一天起就參與拍攝，全程記錄。現在學校已落成，影片也同步完成，並被選為今年世界地球日系列節目裡，台灣地區唯一入選影片，之後還會在其他30多個國家或地區播映，這是很有意義的事。民權國小的重建，具體而微的呈現氣候異常時代下的縮影。在這部片裡，不只是看到台灣受災的一面，也看到重建團隊如何師法自然、重建未來，這對其他國家的人們，也是一種新的學習經驗。

我在紀錄片裡說，校舍重建完成是一個階段的結束，也是另一個階段開始。台達電子文教基金會由這幾年與十餘所學校合作，經營「台達能源教育基地」的經驗中發現：**一個綠建築是否能發揮最大的綜效，關鍵就是建築裡面的使用者**，也就是老師和小朋友的使用習慣。小朋友如果因為有了這麼節能與美麗的校舍，主動在日常生活中改變行為，再加上基金會導入能源教育的資源，教導小朋友節能減碳的知識，改變的正向循環就會發生。

像最近社會上很關心電價上漲的問題，其實就以那瑪夏民權國小為例，這座綠建築校園比起同樣規模的小學，節能可以達到65%，預估1年可以省下約25萬元的電費。上個禮拜民權國小收到電費單，總用電度數比設計時預估的還少一半，整年下來不但省下的電費可能更多，小朋友卻能擁有更舒適的空間可以學習，

希望大家都會喜歡這部紀錄片，也盼大家看過之後，可以找時間上山拜訪民權國小，多多關心莫拉克災區的重建現況，最後祝各位身體健康、萬事如意！謝謝。

46

追隨一位真心實意的環保運動者

「紀錄片《梁從誡》首映會」致詞（2012年7月）

尊敬的清華大學程（副）校長（建平）、環保部潘（副）部長（岳）、方老師、中國建築設計研究院張院長（軍）、國台辦王局長（征）、市台辦王（副）主任、各位領導、各位來賓、以及媒體朋友們：大家下午好！

感謝大家能撥冗出席紀錄片《梁從誡》的首映會，也感到十分榮幸。用這樣的一個下午，我們一起緬懷梁從誡先生，分享他的理念和精神，並正視我們所面臨的環境危機，我覺得是非常有意義的事。

■ 無私奉獻，投身環保工作

我與梁先生結緣，是從環保開始的。多年前，我在台灣的公共電視頻道中看了梁從誡先生的演講，就被他演講的內容深深打動。他用一種非常真誠的態度，表達出對環境保護的危機意識和責任感。在那次電視轉播之後，我就請北京的同事設法聯繫到梁先生，藉著出差的機會去拜訪他。當時梁先生邀請我去他的辦公室，真是非常的簡樸，甚至可以說是簡陋，但是卻有很多年輕的志願者參與進來，非常努力從事環保工作。我想，這大概是因為受到梁先生的環保理念及熱忱所感染的緣故。

早在80年代，出身名門的梁從誡先生就開始關注中國的環保問題，更為了投身環保工作，毅然辭去公職，後來還推動成立「自然之友」非營利環保組織，這樣的無私奉獻精神，令我十分敬佩。

10多年前，自然之友成立不久，梁先生就為了保護瀕臨絕種的金絲猴，能持續在原本的家園中存續，成功阻止了雲南德欽的濫砍森林開發土地，1998年美國總統柯林頓訪問中國時，梁先生還致贈了金絲猴照片給柯林頓總統。90年代末，當時已經年近古稀的梁先生，為了搶救藏羚羊，不遠千里親自登上海拔4千多米的崑崙山，同時寫信給當時英國首相布萊爾，希望他幫助打擊藏羚羊毛皮製品最大宗需求的英國市場，而布萊爾訪中時，也特地約見梁先生，表示希望能終止這種非法貿易。

自然之友就是這樣一個不怕生命危險，盡全力將各種環保調查資訊提供給政府或社會大眾的機構。梁先生告訴我，敢諫敢言這一點，他深受父親，也是中國知名建築師梁思成先生的影響，因為他的父親在二次大戰時，就曾建議美國，指出盟軍在轟炸德國時，應該要特別小心，不要因為戰爭而破壞了重要的歷史文物與建築史蹟。

我跟梁先生見面的機會雖然不多，但每次見面都言無不盡。值得一提的是，我多次造訪梁先生的辦公室跟住家，發現他的生活非常節儉，後來我才知道，原來梁先生把他所有的收入扣除基本生活開銷後，都捐到自然之友的基金，讓組織能夠持續運作，這一點也讓我非常感動。在這裡分享一個趣事，有一回梁先生要去開會，但卻被會場的保安給攔下，原因是保安從來沒有聽過、更沒有看過政協委員是騎自行車開會的，由此可見梁先生極其儉樸的習慣。

後來，梁先生來台灣考察，我也邀請他到台達做客參觀，一起與員工們討論應該如何來做環保的事情。在環保理念上，我們有許多共通之處。我與梁先生與梁夫人方晶老師，台達環境與教育基金會與自然之友都有多次接觸及合作。

改變地球命運的先驅者

梁先生做環保，宣導的是「真心實意、身體力行」，從後面紀錄片中也可以看到，梁先生的生活很簡樸。他並不是沒有能力讓自己享受更優越的生活條件。這是他的一種堅持。同時也告訴大家，我們還可以有這樣的一種生活：一種保護自然環境，珍惜地球資源的生活方式。我相信我們都很認同梁先生的觀點。

太陽系經過46億年才讓地球漸次演化成適合生物居住的環境，但人類卻在工業革命後這麼短的時間之內，破壞了環境、大量消耗了資源，改變了自然生態。再這樣下去，人類的未來不堪想像。**環保不是可做可不做的事情，而是地球上每一個人必須面對的生存選擇。**

但是有很多人並不理解。早年在台灣經營企業的時候，因為我覺得當時的能源利用效率非常的低，很多能源白白浪費掉，這非常不環保。後來又發現不合理的建築設計也會浪費能源，於是就開始嘗試建造並推廣綠色節能建築。我們把台達的經營使命定位為「環保、節能、愛地球」，做一些提高能效的環保節能產品，但在早期與一些同行談環保他們會覺得我們不務正業。

類似於這樣的奚落，或挫折打擊，我相信是很多環保志願者都會遇到的事情。而梁先生經歷的更多，承受的也更多。他做了很多事情，但也有許多努力沒能看到好的結果。但是梁先生始終不氣餒，一直堅持做下去，才會有了紀錄片中內蒙古額爾古納市兼顧經濟發展與自然生態保護的成績。我相信，我們可以做到的雖然不多，但是一點點的成績彙聚，一步步的經驗累積，終究可以改變未來，改變我們人類的命運。

而梁從誡先生，就是這樣一位帶領我們改變命運的先驅者！為了表示對梁先生的敬意，今年9月，台達環境與教育基金會通過了頒贈梁先生「中國環保貢獻終身成就獎」，沒想到他10月就辭世，因此台達環境與教育基金會主動找了上海電視台紀實頻道合作，聯合製作了這部紀錄片。希望在紀念梁先生的同時，也能讓更多人感受到梁先生的精神，投身環保事業之中。

在此，我要謝謝清華大學提供我們這麼好的音樂廳，也特感謝上海電視台紀實頻道在影片正式播出前，提供我們作放映。稍後，我要代表台達環境與教育基金會將紀錄片首張DVD光盤送給梁從誡先生的夫人方晶老師。謝謝梁先生的親友、自然之友、高校師生、及媒體朋友們的光臨！

讓我們一起來傳承梁先生的精神，加強環保工作的努力。

47

一起為減緩氣候變遷努力

「台達COP21啟程記者會」、「巴黎大皇宮記者會」致詞（2015年12月）

各位媒體朋友，午安！

感謝各位來參加COP21啟程記者會，向各位報告，這次台達團隊前往COP21巴黎氣候大會，參加周邊會議及舉辦綠建築展覽，把企業的自主承諾、提升產品效能的實績、以及推廣台達綠建築的節能成果，與國際社會交流。

20世紀末期開始，全球意識到科技與工業的發展，雖然帶給我們生活的便捷，但同時也造成對自然環境的衝擊。尤其是工業革命之後，人口快速增加，人類排放過多二氧化碳等溫室氣體到大氣層中，造成了全球暖化效應，使得氣候不正常，也就是我們常聽到的氣候變遷，全球各地天災愈來愈多，也愈來愈嚴重。

根據世界氣象組織（World Meteorological Organization，簡稱WMO）及美國國家海洋和大氣管理局（National Oceanic and Atmospheric Administration，簡稱NOAA）的最新報告顯示，

2015年是科學家開始記錄全球氣溫以來，溫度最高的一年，與工業革命之前（1880至1899年）相比，全球溫度已升高將近1℃。而國際上最具聲望的氣候研究組織IPCC，在第5份氣候變遷評估報告（Fifth Assessment Report，簡稱AR5）中則提出警告，若依照目前的二氧化碳排放趨勢，到本世紀末全球將再升溫4.8℃，全球的海平面將再上升0.98公尺，也就是比1901年上升超過1公尺，許多沿海城市將沉入海中。同時全球冰河加速融化，造成河流水源消失，我們將面臨缺水，進而影響食糧。地球暖化也同步影響海洋，由於二氧化碳融入海洋，使海水酸化，將影響海洋生物的生存。今天人類已經面臨生死存亡的最後關頭，如果再不覺醒，立即行動，後果真是不堪設想！

■ 讓世界看到台達的努力

台達創立於1971年，80年代隨著PC的發展進入資訊工業領域，開始投入交換式電源產品，經過多年的努力研發，台達的電源產品效率逐年提升，目前都超過90%，不僅開發出全球第一個80 plus鈦金級伺服器電源，平均效率超過96%，通訊電源與太陽光電變流器效率更高達97.5%與98.7 %。

40多年來，由於我們同仁的長期努力，產品銷售額逐年提高。2002年開始，電源產品躍升全球第一；2006年，直流散熱風扇也成為全球第一，且一直維持到現在。由於台達電源產品的市占率很高，高效電源產品與解決方案，從2010年起到2014年間，共為全球客戶節省約148億度電，等於減少790萬公噸的二氧化碳排放。

1999年，保羅・霍肯、艾默里・羅文斯和亨特・羅文斯寫了一本《Natural Capitalism》，讓我對環境保護有更深的認識；2002年天下雜誌出版中文譯本《綠色資本主義》，我買了近千本送各界閱讀，當中介紹了國外許多綠建築的例子，由於我們在泰國有廠，首先去泰國與建築師見面好多次，因為他的綠建築節能效果真的是「不看你不會相信」。

2005年，我與公司營建及基金會同仁，邀請常替台達設計廠辦的建築師走訪德國、美國及泰國的綠建築，深深感受到綠建築的好處，回國後就決定將台達接下來的廠辦，依綠建築的設計來蓋。台達第一座綠建築在2006年落成啟用，獲得台灣第一座黃金級廠辦標章，我們在使用過程中持續改善，2009年升格為鑽石級。因為綠建築空氣清鮮、環境舒適，員工滿意度高達90%以上，決定之後台達在世界各地的生產基地陸續打造了許多綠建築工廠。2011年底落成的桃園研發中心，使用台達自行研發的節能工業自動化產品和控制系統，電梯採用效率高達90%的永磁馬達，加上台達的電力回生系統，年度的單位面積用電量，比一般傳統辦公大樓的用電量節省了50%以上。

今年，台達美洲總部落成，運用了地底約71°C恆溫的道理，把地面空氣用長管通到地底冷卻或加溫再返回到大樓，綿密的管線全長約147公里，藏身在地底下、大樓地板和天花板中，使室內清涼舒適，自然導熱效果還不夠，加上熱泵系統的補助，可節省大部分的空調用電，再加上屋頂的太陽能供電系統，達成「淨零耗能」的標準。

台達的全球綠建築廠辦，2014年共節省超過1,300萬度，證明「節能一半」不只是口號而已。最近幾年應該有愈來愈多的企業選用綠建築，不僅節能減碳，環境也更為健康舒適。多年來，我們把綠建築具體可行的經驗及好處，透過學術捐贈與大家分享，如台南成大的孫運璿綠建築研究中心、中大國鼎光電大樓、清大台達館……等等。

此外，我們還把綠建築的經驗，用在災後重建工作上。例如，台灣高雄山區的那瑪夏民權國小。氣候變遷造成的莫拉克風災暴雨，毀了那瑪夏村。莫拉克風災過後，由台達所捐贈重建的這所學校，2012年落成後，經過一年的實測，全年每平方米的EUI，竟只需要7kWh，更在加裝少許太陽能板後，已於今（2015）年6月達成「淨零耗能」。這座綠建築平日是校園，災難時還可做為全村的避難中心，為受到極端氣候威脅的當地原住民朋友，提供水電無虞的安全避難場所。

台達電子文教基金會去（2014）年全程參與在祕魯首都利馬召開的「聯合國氣候變化綱要公約第20屆締約國大會」（COP20），今年也在巴黎的COP21氣候會議，舉辦一系列周邊活動，展示推廣台達過去10年來，興建與捐建的21棟節能綠建築，並在各國所關切的永續城市議題上，提出在基礎建設、能源管理和樓宇節能等方面的具體方案。

在這次的COP21會議中，各國都希望能簽訂接替《京都議定書》第二承諾期的新氣候協定，預計氣候公約的各個締約國，將陸續依「國家自主決定的預期貢獻」原則（Intended Nationally Determined Contributions，簡稱INDCs），提交氣候公約組織祕書處可行的減量目標，並進行討論。身為企業，台達也主動響應CDP（Carbon Disclosure Project，國際碳揭露計畫）的Commit to Action企業減碳活動，從2009年到2014年，工廠努力做節能活動，在過去5年30所工廠單位生產總值做到節電50%，往後我們並承諾2020年前將較2014年再下降30%。

台達持續不斷研究如何更有效使用能源、管理能源，並積極進入整合方案領域。我們一邊學習一邊努力去做，一方面對環保有益，一方面也落實永續發展。希望這次在COP21能讓世界看見台達的努力。

全球196國目前正在巴黎集會，各國領導人今天凌晨陸續發表演說，今年特別是新興快速發展的國家，提出非常具挑戰性的減碳承諾，要達到目的其實並不容易。但這件事關係到人類物種的生存，我們一定要真正了解危機，盡全力去做，並且從現在就開始做，不論如何艱難，沒有什麼比人類滅絕還要重要，是我們最優先要做的事。

這裡同時也呼籲更多的企業團體、地球公民一起採取實際行動，加入減緩氣候變遷的行列，謝謝各位！

\# # #

Good afternoon honored guests, ladies and gentlemen,

It has been more than one year since my last visit to Paris for the competition at the 2014 Solar Decathlon Europe. I am honored to be in Paris again at the Grand Palais to share with you Delta's commitment, endeavors, and achievements in sustainability, especially our long-term efforts in green buildings, which will ultimately benefit our future generations.

The rapid development of science and technology has brought great convenience to our lives, but we are also aware of its many negative impacts on our ecology and natural environment. These effects include the waste of natural resources, shortages of energy, the pollution of our air, water, and land, and the production of chemical poisons and heavy metals that are harmful to our health.

However, in the last decade of the 20th century, people became aware that the greatest threat to mankind was the excessive emissions of CO_2 and other greenhouse gases that cause global warming. This is resulting in extreme climate change and the melting of glaciers and the ice at the north and south poles, rising sea levels, water shortages, species extinctions and other disasters.

The UN established the Intergovernmental Panel on Climate Change (IPCC) in 1988. This panel publishes a new climate assessment report every 6 to 7 years. According to the 5th IPCC assessment report published in 2013, the average global temperature in 2010 was 0.85ºC higher than in 1880. It predicted that under the current trend of CO_2 emissions, the average temperature increase will be 4.8ºC by the end of this century. In addition, from 1901 to 2010, the global sea level increased by 0.19m and it predicts that the sea level will rise another 0.98m by 2100. This would mean that the total rise in sea level will be one meter higher than it was in 1901. Many coastal cities will be engulfed by the sea. Actually, 2015 has been the hottest year since before the Industrial Revolution. Temperatures have already increased one degree.

I founded Delta Electronics in 1971 to produce components for televisions. At that time Taiwan's economy was growing rapidly and factories experienced power shortages. I realized that increasing the power efficiency of the system to save energy was the cheapest and most effective solution to the problem — it was faster, cheaper, and easier than building new power plants. Recognizing that the energy efficiency of Linear Power Supply was much too low, I decided to invest in the development and production of switching power supplies. I also established our company mission statement at the same time, which is: "To provide innovative, clean and energy-efficient solutions for a better tomorrow."

Through our strong focus on innovation, Delta continuously improves the efficiency of our power supplies, and today most surpass 90%. We developed the world's first 80 Plus Titanium power supply with an average efficiency of over 96%. Currently, the efficiency of Delta's telecom power supply and solar PV inverters has reached 97.5% and 98.7%, respectively.

Delta continues to pursue our energy saving mission. More than 40 years have passed, and through the efforts of our colleagues, Delta has grown significantly and continues to develop innovative energy efficient products and solutions. Since 2002, Delta has been the global leader in switching power supplies, and the market share of our DC brushless cooling fans has also been No.1 globally since 2006.

With our high efficiency and a leading market share, Delta's products and solutions helped our global customers save 14.8 billion kWh of electricity between 2010 and 2014, which is equivalent to a reduction of 7.9 million tons of CO_2 emissions.

Buildings are responsible for more than 1/3 of the world's total energy consumption which includes heat insulation, lighting, air conditioning, hot water supply, and others.

Green buildings are energy saving, which is why we started early on to investigate, understand and ultimately promote green architecture. Delta has built several industrial office and plant buildings that have earned green building certifications from both the U.S. LEED and Taiwan's EEWH systems.

In 2006 Delta opened our first green factory-office building in Taiwan's Tainan Science Park, which earned a "Diamond Green

Building" rating. Compared with conventional buildings, it uses 35% less energy, 50% less water and provides a healthy and comfortable work environment for our employees, who give it a 96% satisfaction rating. Delta's Taoyuan R&D Center in Taiwan is our smart green building showcase. Its eco-friendly features include solar panels, LED lighting, water resource processing and renewable energy equipment and industrial automation solutions. It not only uses over 50% less energy than conventional buildings, but also reduces 1,000 tons of CO_2 emissions and uses about 75% less water.

This year, we completed building our new headquarters for the Americas in Fremont, California, in the USA. This building has a ground source heat pump system that utilizes the constant underground temperature of about 21°C. A 92 mile (147km) long pipe circulates water between the underground and the building for heating and cooling. The pipe loops into the building's bi-directional radiant floor and ceiling tubes embedded in the concrete to bring comfortable air to the people inside. This system achieves a 60% reduction in energy consumption compared to traditional HVAC systems. Together with a solar PV system on the rooftop, our new Americas headquarters has qualified as a "net-zero energy building".

Over the years, we have deepened our experience in green buildings and shared it with everyone by donating green buildings to 3 universities in Taiwan, including the Magic School at National Cheng Kung University.

We have even brought the green building concept to reconstruction projects following disasters. For example, Delta donated a new green building to replace an elementary school campus in Taiwan which was destroyed by a typhoon. In the year of 2013, the energy use intensity (EUI; early energy use per square meter) of this building was less than 7 kWh. After we installed additional solar panels, it became a net-zero energy building. The school building also serves as a shelter for local residents when natural disasters threaten their community.

Delta has also exclusively sponsored 5 editions of the "Delta Cup International Solar Building Design Competition" which is hosted by the International Solar Energy Society and the China Renewable Energy Society. In Sichuan, China, we used an award-winning design in this competition to build the "Delta Sunshine Elementary School," which was completed in 2011. The building uses natural ventilation and lighting techniques that help reduce the indoor temperature by

1 to 3 degrees Celsius and humidity by 10% to 30%, providing a much more comfortable environment for the students. In addition, the smart use of the skylight helps reduce energy consumption. This was Delta's very first donated primary school in Sichuan. We leveraged this experience to rebuild another school destroyed by an earthquake in Longmen, Sichuan, which became the "Delta Sunshine Junior High School."

As of today, Delta has commissioned 21 green buildings all over the world. Of these, our factories and offices saved a total of 13 million kWh of electricity in 2014 alone. This shows that if we continue our efforts, we can deliver even more meaningful results for energy conservation. In recent years, a growing number of corporations have implemented the green building concept, not only for energy-saving purposes but also as a means to provide a more eco-friendly and healthy environment for their employees and other stakeholders.

The Delta Electronics Foundation was founded in 1990 to expand our influence in society and to help apply our rich experience and knowledge in power electronics to our daily lives. The foundation hosts activities such as environmental exhibitions, film shows, speeches, teaching material and workshops. We also invite green building experts to Taiwan to give seminars at the foundation to train green building architects and interior designers. We are all dedicated to giving our best efforts towards a green future for Taiwan. Through persistent innovation and world-class CSR, Delta continues to contribute to the sustainable development of mankind.

At the moment, 196 countries are gathering in Paris and leaders from different countries started giving their speeches a few days ago. The emerging and fast growing countries, especially, are making commitments to carbon reduction this year. It won't be easy to achieve the target, but it does relate to the survival of the human species. We must really understand this crisis, endeavor to take action from now on, no matter how difficult, because nothing is more important than preventing human extinction, which should be our first priority.

It has been my great pleasure to share my experiences with you today. Thank you!

各位貴賓，各位女士先生，午安：

距離上次參加2014年歐洲盃太陽能十項全能綠建築競賽（Solar Decathlon Europe），已經過了一年多。很榮幸能夠再次來到巴黎大皇宮，與大家分享台達對永續的承諾、努力與成就，特別是台達長期投入綠建築，將能嘉惠未來的世世代代。

科學與技術的快速發展，雖然給生活帶來極大的便利，但我們也感受到這給生態與自然環境帶來諸多負面影響。其中包括自然資源的浪費，能源的短缺，空氣、水和土地的汙染，此外還產生許多有害人體的化學毒物與重金屬。

但大家在20世紀的最後10年開始體認到，過度排放二氧化碳與其他溫室氣體會造成全球暖化，成為對人類的最大威脅。這正在導致極端的氣候變遷，使兩極與冰河、冰山融化，海平面上升，甚至可能造成缺水、生物滅絕等極為嚴重的災難。

聯合國在1988年成立了政府間氣候變遷委員會（Intergovernmental Panel on Climate Change, IPCC），每6到7年提出一次新的氣候評估報告。而根據IPCC在2013年提出的第5份評估報告，2010年的全球氣溫比1880年高了0.85℃，並預測如果按照目前的二氧化碳排放趨勢，平均氣溫到本世紀末將上升4.8℃。此外，從1901年到2010年，全球海平面已經上升0.19公尺，預計到2100年還會再上升0.98公尺，也就是總計將比1901年高出超過1公尺。許多沿海城市將會被海洋吞沒。事實上，自從工業革命之前以來，2015年是最熱的一年，氣溫已經上升1℃。

台達電子創立於1971年，當時正值台灣經濟快速起步發展，每年的用電量平均增加7%，供電相當吃緊，我當時就了解，提升系統的能源效率，會是省電最便宜有效的解決方案，比起蓋電廠更快、更經濟，也更容易做到。我也發現，線性式電源供應器的能源效率太低，所以決定投資研發生產交換式電源供應器。同時，我還制定了台達的經營使命，也就是：「環保、節能、愛地球」（To provide innovative, clean and energy-efficient solutions for a better tomorrow）。

台達持續專注創新，不斷提升電源供應器的效率，如今多半超過90%。台達也研發出全球第一款80 Plus鈦金級伺服器電源，平均效率超過96%。目前台達的通訊電源供應器與太陽能變流器效率也分別達到97.5%與98.7%。

台達的節能使命絕不會停止。40多年來，經過同仁努力不懈，台達大幅成長，而且不斷研發創新的高效電源產品與解決方案。自2002年起，台達一直是全球交換式電源供應器的領導者；自2006年起，我們的直流無刷散熱風扇市占率也成為全球第一。

由於台達產品與解決方案的效率高、市占率也高，從2010年到2014年間，共為全球客戶節省約148億度電，相當於減少790萬公噸的二氧化碳排放。

建築物的能耗項目包括有隔熱、照明、空調、熱水供應系統等等，占世界能源總消耗的1/3以上。

有鑑於綠建築的節能效果，台達很早就開始接觸、了解及推廣綠建築。台達目前的分公司與工廠，已有數間取得美國LEED與台灣EEWH標準的綠建築認證。

2006年台達電子在台灣台南科學園區的分公司，就是一棟「鑽石級綠建築」，比傳統建築物節省35%的能源與50%的水資源，帶給同仁更健康舒適的工作環境，並且員工滿意度也高達96%。台達的桃園研發中心，是我們的智慧型綠建築標竿，環保功能包括裝設太陽能板、LED照明、水資源處理、可再生能源設備、工業自動化解決方案，不但用電量比傳統建築減少超過50%，也讓二氧化碳排放量減少1,000公噸、用水量減少約75%

今年，台達美洲新總部在加州佛利蒙市落成，採用地源熱泵系統，運用大約21℃的恆定地下溫度，透過綿密的管線（全長約為147公里），讓水循環於地下與建築之間，用於加熱和冷卻。以這套管線系統，搭配位於建築物地板與天花板的雙向輻射加熱冷卻管線，就能為內部人員營造舒適的溫度。相較於傳統的空調系統，這套系統的能耗節省了60%。此外再搭配屋頂的太陽能供電系統，就讓台達的新美洲總部達到淨零耗能的標準。

多年來，台達不斷深化在綠建築上的經驗，也將綠建築捐贈給台灣3所大學，其中就包括在國立成功大學的「綠色魔法學校」（也就是孫運璿綠建築研究中心）。

台達甚至也把綠建築的概念帶到災後重建工作中。舉例來說，台灣曾有一所小學的校園遭到颱風毀損，台達便以綠建築加以捐贈重建。而在2013年，這棟建築全年每平方公尺的EUI竟然不到7 kWh。經過我們加裝少許太陽能板後，已經達到淨零耗能。而這棟學校建物也能在出現自然災害、威脅當地居民時，成為水電無虞的安全避難場所。

台達也在中國大陸連續冠名贊助5屆《台達杯國際太陽能建築設計競賽》。這個競賽是由國際太陽能學會、中國可再生能源學會主辦。在中國四川，我們運用競賽的獲獎作品，興建「楊家鎮台達陽光小學」，2011年落成啟用。這項建案運用自然通風採光，室內溫度可降低1至3℃，相對溼度降低10%至30%，為學生提供更舒適的環境。此外，教室也聰明運用了天窗設計，有效節約照明用電。這是台達在四川境內第一所捐贈的小學，而應用這個經驗，我們也在四川雅安地震後重建另一所學校，成為「龍門鄉台達陽光初級中學」。

時至今日，台達在全球已經有21棟綠建築的經營經驗，其中自用的廠辦，單單在2014年就節電達1,300萬度。事實證明，只要繼續努力下去，就能為節能帶來更有意義的結果。近年來，對愈來愈多企業發揮了綠建築的概念，不僅節能減碳，也是為員工與相關人士提供更環保、更健康的環境。

台達電子文教基金會成立於1990年，向外擴大社會影響層面，運用台達積累的電力電子技術與知識，從生活中做起。不僅舉辦環境展演、電影、演講、工作坊等活動，也與專家共同開發節能教材。我們也集合了台灣綠建築專家，在基金會開班授課，培訓綠建築的建築師及室內設計師，共同為台灣的綠色未來付出最大努力。透過不斷的創新與世界級的企業社會責任，台達會繼續為人類的永續做出貢獻。

現下正有196個國家在巴黎聚會，各國領導人幾天前開始陸續發表演說。特別是新興快速發展的國家，許多在今年都提出了減碳承諾。這項目標並不容易，但這件事確實關係到人類物種的生存，我們一定要真正了解危機，盡全力去做，並且從現在就開始做，不論如何艱難，沒有什麼比人類滅絕還要重要，是我們最優先要做的事。

很高興今天能與大家分享我的經驗。 謝謝各位！

48

我們已經沒有以後

《世界又熱、又平、又擠》再版序（2020年4月）

■《世界又熱、又平、又擠》再版序

得知天下文化要再出版《世界又熱、又平、又擠》，並二度邀我寫序，讓我有機會對書中的內容再做了一次思考。

本書作者佛里曼（Thomas L. Friedman）不僅在美國、更是在全球輿論界擁有強大影響力的新聞工作者。我開始注意到他，是從2005年出版的《世界是平的》這本書，因為他在書中提到台達泰國廠（泰達電子），讓我印象深刻。

2008年，《世界又熱、又平、又擠》初版付梓前，天下文化的高希均創辦人給了我一份送印前的書稿，邀請我對本書寫序，我利用差旅中搭乘飛機的過程與返台後的幾個晚上把它讀完，深覺佛里曼先生是一位非常敬業的新聞從業人員，他著作中的所有內容，都是親身深入調查與採訪，甚至進入烽火連天的戰地也不畏懼，然後運用他的智慧與遠見寫出精采生動的文章，其中充滿公正的描述與精闢的分析，這讓我對他又認同又欽佩。

而後，佛里曼先生又花了3年的時間撰寫了《謝謝你遲到了》（*Thank You for Being Late: An Optimist's Guide to Thriving in the Age of Accelerations*）一書，書中的第2部談到2007年科技與市場重大又快速的變化，讓讀者感受到世界飛速的進步，科技產品如電腦取代了人的工作，做得又快又好，而未來我們的工作機會又在哪裡？時代巨輪快速滾動，我們必須拋棄舊思維，不斷自我學習才能夠跟得上時代，提出新的創意。

■ 環境變遷速度太快

我們正處於數位時代，將進入速度更快、數量更龐大的量子時代。這不禁讓我反思，科技與工業的快速進步，改善了人類的生活，但大家在享受這些便利的同時，卻忽略了天然資源的大量耗損及環境汙染，甚至因為我們排放過多的溫室氣體，造成自然環境的改變，讓我們後代子孫的生存無以為繼。

太陽系誕生至今大約是46億年，早期的地球並未具備有利於生物生存的條件，當地球誕生之初，地質活動十分劇烈，灰燼遮蔽大氣層，太陽光無法照射地面，氣溫不穩定，加上許多物體在星際間狂亂飛舞，導致地球經常受到小行星撞擊，因此，在最初約10億年間，生物根本無法在地球上生存或繁衍。

時至今日，低等生物已經在地球上存活了35億年，早期動物則存活了7億年，陸地動物4億年，哺乳動物2億年；至於第一批靈長類動物大約是1億年前出現，其中大猩猩是距今1,000萬年前、南方古猿200萬年、巧人與尼安德塔人皆約150萬年、智人則不到50萬年。這也就是說，人類歷史是在目前地球46億年歷史的後面短短100到150萬年，經過了這麼長時間的演化，人類自稱為萬物之靈實不為過，經過石器、農牧時代，進展到現在的工商業時代，發展成高度文明的社會與生活水準，還有能力探索宇宙的歷史，並從中獲知人類自身的演進過程。

可惜的是，工業發展至今，跟46億年相比只是一轉瞬而已，但人類從事的各種活動，不僅大量耗用及浪費自然資源，造成能源短缺，而且破壞了原來的生態平衡及自然環境，汙染了空氣跟水，毒害了自己與地球的其他生物，使得某些地區已經不適合人類居住，甚至因為溫室效應的加劇，改變了地球的氣候。20世紀末，科學家們已經確定，人類因為大量使用化石燃料，導致過量的二氧化碳等溫室氣體排放到大氣層中，造成了地球暖化。

佛里曼先生在新版的書序提到「我們已經沒有以後」，事到如今，因為過度開發跟汙染，環境變遷的速度讓我們再也無法留待以後，我們有可能永遠無法重溫過去的一切。雖然我們真的不願意發生，但要是若干年後真像佛里曼先生所說的沒有「以後」

了，台達所開發出的世界第一台8K超高解析度投影機就變得別具意義。所謂8K，其解析度是4K的4倍、Full HD的16倍，也就是大約3,300萬個像素，投射出來的畫面，細膩度幾乎超過肉眼能力所及，而且使用雷射光源的機型，對真實自然界色域的覆蓋率較傳統光源提高非常多，加上超高流明的亮度，依我們實際做過的巡迴展演，最大可以投影到超過800吋的大銀幕。藉由這樣的設備，我們可以將目前地球上的各種美景都拍攝下來留存紀錄，如果自然環境惡化速度愈來愈快，我們的後代還能透過8K投影的方式，觀賞如同親臨現場般的勝景。當前，這樣的內容也可以應用於如中國大陸等有著極為旺盛旅遊人口的國家，或者因為高齡或其他不便而無法實際到景點旅遊的人們，可減少往返的勞頓，也達到節能減碳的目的。

■ 人類必須立刻行動

1988年，聯合國政府間氣候變遷專家小組（IPCC）成立，這個由全球110多國、超過2千位科學家所集合而成的組織，每隔5到7年，就會公布一份氣候變遷報告，而在2014年的第5次評估報告（AR5）之後，於2018年和2019年卻連續公布了兩份分別為《地球暖化1.5度C》與《氣候變遷和土地》特別報告，科學家警告人們，全球已經有超過1/4的土地陷入退化危機，人類必須改變使用土地的方式，以應對氣候危機。

緊接著，IPCC在2019年又正式發布《氣候變遷下的海洋與冰凍圈特別報告》（*Special Report on the Ocean and Cryosphere in a Changing Climate*，簡稱SROCC），對氣候變遷在全球海洋和冰凍地區造成的影響和狀況，發出嚴厲警告。這份正式報告說明了幾個令人擔憂的現況，包括：

- 兩極地區的升溫比全球平均升溫都要快，北極更是全球平均值的兩倍。而極地冰原與冰山的融化，導致冰雪覆蓋面積急劇減少，極地冰層的減少，造成全球海平面上升速度加快，以及河流水源的減少。
- 因為極地的永凍土也在融化中，目前許多極圈內的土地如格陵蘭，已經出現充滿沼氣的「氣泡」，如果不採取積極的措施，預計西元2100年將有數百億乃至上千億噸的甲烷和二氧化碳逸散到大氣中，而甲烷造成得暖化效應，大約是二氧化碳的25倍之多。

所以，妥善控制溫室氣體排放，不僅是國際組織與國家之間的規範、推廣，更需要全民的行動來配合。

由於我們充分體會到科技進步及產業發展，所造成天然資源耗損、環境汙染及自然生態的衝擊有多麼嚴重，所以從很早期就開始關注環境與能源議題。70到80年代，台灣的工業開始蓬勃發展，用電量大增但供電經常不足，工廠往往面臨分區供電、輪流停電的問題，當時許多人提出要興建電廠的建議，而我認為提升電源轉換的效率是更直接且經濟有效的辦法，於是台達開始投入交換式電源供應器的研發，並在1983年正式量產，用以取代當時效率較低的傳統線性電源供應器。最初的產品效率可以達到65%，由於工程師們持續努力不懈，到了2000年，台達的電源產品效率皆已超過90%。

後來，我們開發出一具效率超過96%的伺服器電源，送到國際認證機構80 plus之後，他們認為台達產品的效率已經高過原本最高等級白金級的標準，因此特別為台達制定出一個更高的「鈦金級」標準。而台達的通訊電源與太陽光電變流器，目前效率更高達98%與99.2%。由於市場占有率很高，從2010年到2018年，我們的電源產品共為全球客戶節省約281億度電，等於減少1,506萬公噸的二氧化碳排放。

另外，台達在全球擁有30多個生產據點推動工廠節能，其中在電源產品的測試與燒機設備，設計能源回收系統，將負載端的電阻，改為直流轉成交流的逆變器（DC-AC Inverter），交流電再併回原本工廠的市電，此舉能回收95%的用電。此外，廠房使用變頻空調、窗戶使用低輻射玻璃或隔熱膜、利用太陽熱能或空調冷卻水來預熱宿舍用水……等節能改善項目，從2009年到2014年，統計各生產基地的單位產值用電量，5年間平均節省高達50%。

IPCC的報告亦顯示，建築物具有50至75%的減碳潛力。台達台南廠早在2006年落成啟用就獲得台灣第一座黃金級綠建築標章，我們在使用過程中持續改善，2009年升格為鑽石級。之後這10多年，台達在世界各地的生產基地陸續打造了27棟綠建築，以及2座綠色資料中心。

其中最值得一提的是2016年啟用的美洲區總部新大樓，這棟大樓運用了獨特的「地源熱泵系統（ground source heat pump system）」，將地表下約21°C的恆溫，透過全長147公里、藏身於地底、大樓地板、天花板的綿密管線，以及管線內12,000加侖的水，不斷循環調節，在夏天地表溫度比地下溫度高的時候，吸收大樓的熱導入地下，再帶著地下的冷返回大樓，讓室內清涼舒適；反之，冬天時則可以將地底下較熱的溫度帶進建物室內。這套系統搭配節能變頻器以及屋頂的太陽能板等設備，使得建築全年的用電量不超過自身利用太陽能所發的電量，達成「淨零耗能」的高標準。

2009年莫拉克風災重創南台灣，那瑪夏是災情最嚴重的鄉鎮（後改制為區）之一，當時台達決定援助那瑪夏民權國小的重建，我們順應原住民的傳統建築習慣與當地的自然環境，打造了可調式的地面通風與屋頂通風，以及遮陽與隔熱建材等節能設計，加上22kW的太陽能供電系統，達到每平方公尺的EUI僅1.03kWh的成績，成為全台灣第一座能源產出量大於使用量的淨零耗能校園。

在交通工具方面，目前的趨勢都在推廣電動車取代傳統的燃油引擎車，但我個人認為電動車的鋰電池不論在生產過程或是汰役之後的處理，都還不是最理想的。日本大廠如豐田、本田，都已投入研發氫燃料車，豐田量產的氫燃料車更是早在2014年就上市，並預測未來10年內將成為環保節能交通工具的主流。氫氣充填速度快，不像電動車需要花長時間充電，且利用氫氣、氧氣的燃料電池，發電過程只會釋放水蒸氣，這是最為環保可行的方式。一旦燃料電池系統成本有所突破，運用在陸地交通之外，航空飛行器的採用也是指日可待。

■ 我們只有一個地球

從本書初次面世至今，將近12年就這樣過去了，我們人類究竟有哪些實際的行動？在我看來，除了少數的歐洲國家較為認真制定並執行環境與能源政策以外，全球各地、各國所做的，可以說嚴重的不足——有的是說得很多、做得很少；有的則是改朝換代後的政治人物因著自身的利益或者是對這類議題的盲目無知，不夠警覺環境破壞與氣候變遷的嚴重性。

佛里曼先生的再版自序中提及，過去我們投入大量資源設法達成全球氣候協議，但卻只能要求幾百個國家致力於非常細微的改變。雖然這個行動沒有錯，但如果我們著眼於那些占全球80%排碳排的前幾名國家，如中國、美國、墨西哥、蘇俄、巴西、印度、加拿大、德國……等等，讓排碳大國在未來5到10年的碳排放都處於減少趨勢，這樣將可以達到更高的減碳效益。我非常同意這個觀點，而且我認為聯合國或其他國際性組織必須更嚴格且強硬規範，並要求這些國家切實執行減排政策。

作者所在的美國，從企業界到民間，許多人已經漸漸覺悟，並主動開始有所作為，可是我們看到，照目前這樣的情勢發展，由於全人類的行動不夠積極，大自然已經開始反撲，天災日益嚴重且頻繁，甚至我們已經可以想像不久的將來，氣候變遷的嚴重性會到達不可挽救的地步。尤其，最近我們看到全球各地的旱災、水災、森林大火、昆蟲危機、新興病毒傳染疾病等不安現象一波接著一波，天下文化於此時再版本書，我認為仍然具有高度的社會價值，充滿警示意義。

環保節能，是我們長久以來關心與努力的方向，看著地球上的災難一年比一年嚴重，令我十分憂心，希望所有過去來不及接觸本書的人能夠好好閱讀，即刻行動。各國政府需要更有遠見、提出真正有效的政策；企業界要有新的工業革命，並且必須注意、甚至預防產業與經濟發展時的環境問題；全人類也都要有環保、節能、愛地球的認知，以及新的生活習慣。現在立刻開始，讓我們一起為地球的永續發展而努力。

財經企管 BCB786

鄭崇華演講集

台達的成長之路

作者 — 鄭崇華

總編輯 — 吳佩穎
副總編輯 — 黃安妮
責任編輯 — 黃筱涵、李依蒔
自序文字整理 — 王維玲
講稿英翻中譯者 — 林俊宏（第 12, 14, 15, 16, 17, 21, 23, 47 篇）
封面設計 — 張議文
內頁美術設計 — 江儀玲

出版者 — 遠見天下文化出版股份有限公司
創辦人 — 高希均、王力行
遠見・天下文化　事業群董事長 — 高希均
事業群發行人／CEO — 王力行
天下文化社長 — 林天來
天下文化總經理 — 林芳燕
國際事務開發部兼版權中心總監 — 潘欣
法律顧問 — 理律法律事務所陳長文律師
著作權顧問 — 魏啟翔律師
社址 — 台北市 104 松江路 93 巷 1 號
讀者服務專線 —（02）2662-0012
傳真 —（02）2662-0007；2662-0009
電子郵件信箱 — cwpc@cwgv.com.tw
郵政劃撥 — 1326703-6 號　遠見天下文化出版股份有限公司

電腦排版 — 立全電腦印前排版有限公司
製版廠 — 中原造像股份有限公司
印刷廠 — 中原造像股份有限公司
裝訂廠 — 中原造像股份有限公司
登記證 — 局版台業字第 2517 號
總經銷 — 大和書報圖書股份有限公司 電話／ (02)8990-2588
出版日期 — 2022 年 11 月 30 日第一版第 1 次印行

定價 — NT 600 元
ISBN — 978-986-525-962-4
EISBN — 9789865259709（EPUB）；9789865259716（PDF）
書號 — BCB786

天下文化官網 — bookzone.cwgv.com.tw

國家圖書館出版品預行編目(CIP)資料

鄭崇華演講集：台達的成長之路/鄭崇華著.
-- 第一版. -- 臺北市：遠見天下文化出版股份
有限公司, 2022.11
面；公分. -- (財經企管；BCB786)

ISBN 978-986-525-962-4(精裝)

1.CST: 言論集

078　　111017947

天下文化
BELIEVE IN READING